New Start 라오스어 첫걸음

이두호 지음 | (ນ່ອຍ) ນ.ສົມສະໜິດ 녹음

SAMJI BOOKS

New Start
라오스어 첫걸음

발 행 2024년 01월 30일

저 자 이두호
발행인 이재명

발행처 삼지사

등록번호 제406-2011-000021호
주 소 경기도 파주시 산남로 47-10
Tel 031)948-4502, 948-4564
Fax 031)948-4508

책값은 뒤표지에 있습니다.

잘못된 책은 구입하신 서점에서 교환해 드립니다.
http://samjibooks.com

라오스어를 접하면서...

라오스어를 강의하면서 국내에 한글로 된 교재의 부족함을 많이 느껴왔습니다. 처음 라오스어 공부를 시작하시는 분들을 대할 때마다 특별하고 대단한 라오스어 교재가 필요한 것이 아니라, 쉽고 편하게 라오스어 기초를 이해하고 공부할 수 있는 교재가 있으면 참 좋겠다 싶었습니다. 이러한 바람은 라오스어를 가르치는 저도 그러하지만 또 배우시는 입장에서도 같은 마음이라 봅니다.

라오스어 공부 중 가장 큰 걸림돌이라 하면 단연 '단어 익히기'입니다.
라오스어 글자가 어렵다 보니 단어 공부가 참으로 쉽지 않습니다. 외국어의 효율적인 공부를 위해서는 단어 공부가 우선인데요. 문제는 모르는 단어가 나올 때마다 미처 손에도 익숙하지 않은 라오스어 사전을 찾아야 합니다. 그나마도 몇 개의 단어 찾다가 시간 다 보내는 그런 모습들을 보면서 결국 이런 요인들이 라오스어 말만 배우고 글자를 포기하는 또 하나의 이유가 됨을 알기에 안타까웠습니다.

따라서 「New Start 라오스어 첫걸음」은 라오스어 단어장이 없어도 이 책 한 권만으로도 최소한의 라오스어를 이해하고 공부할 수 있는데 초첨을 맞췄습니다.
책 안의 모든 내용은 〈회화편〉은 물론 맨 마지막의 〈문법편〉 예문에 이르기까지 라오스어 문장에는 처음과 끝 모두 해당 문장 아래에 단어를 이해하고 공부할 수 있도록 각 단어의 뜻을 1:1로 표시했습니다. 따라서 본 교재는 앞뒤 순서에 관계없이 어디든 필요한 부분을 펼쳐 공부할 수 있으며, 별도로 사전을 찾지 않고도 공부할 수 있습니다.

이 한 권의 「New Start 라오스어 첫걸음」으로 단어와 예문 등 초급 공부를 마스터하면 이후 중급 혹은 그 이상의 책을 접하더라도 더 자신감을 가지고 라오스어 공부를 할 수 있을 것이라 확신합니다. 라오스어의 기초 입문용, 개인 공부, 그룹 스터디 그리고 학원 등에서의 공부에도 유용하게 활용될 수 있기를 기대합니다.

이 책이 나오기까지 1년 동안 함께 힘을 보태주시고 수정 및 보완에 도움을 주신 네이버의 〈라오스어의 달인〉 카페 회원분들께 감사드립니다. 특히 최동욱(딘회장님), 정문한(싼타반장님), 이성희(해강거사님), 신동엽(차드님), 임희진(소울님), 고세진(찰스님), 김미정(해오라기님), 김태우(라이언님), 권선옥(선옥님) 그리고 서울시의원 문상모 의원님께도 진심으로 감사드립니다. 또한 이번 녹음에 참여해 준 라오스 현지인 [너이(ນ່ອຍ)], 라오스에서 감수를 도와 준 [폳짜만(ພິດຈະມານ)] 그리고 [컨싸완(ຄອນສະຫວັນ)]도 감사합니다. 마지막으로 1년 동안 편집을 위해 정말 어려운 글자 하나 하나 다듬어 주시느라 고생하신 편집실 심재경 대표님께도 감사 말씀드립니다.

저자 이두호

공부하기 전에 꼭 읽어보세요

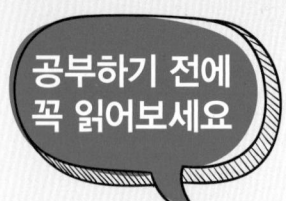

1 구성 : 기본 표현, 응용 문장, 복습

각 과는 [기본 표현]과 [응용 문장] 그리고 [복습]으로 나누어져 있습니다. [복습]은 왼쪽 페이지에는 한글만, 오른쪽 페이지에는 그 한글 내용을 해당 '라오어 독음'으로 표기했습니다. 각 과를 공부한 다음 [복습]의 문장을 참고해 '한글 문장'만을 보고 '라오스 문장'으로 연습, 그리고 '라오스 문장'만 보고 '한글 문장'으로 쌍방향 연습이 가능하도록 했습니다. 각 과의 처음 제시 문장인 [라오스어 원문장] → [문장별 설명] → [복습]편까지 필요에 따라 각각의 내용을 부분별로 활용이 가능하도록 했습니다.

2 라오스어 글자 읽기 표기

모든 라오스 문장 및 단어의 읽기 표기(독음)는 기초 공부의 완성을 위해 교재에 소개해 드린 기초독음 방법으로 표기했습니다.

예 ຂໍ/ໂທດ. ຂ້ອຍ/ໄປ/ກ່ອນ

커-4 토-옫. 커6-이 빠이 꺼5-언

죄송합니다 나, 저 가다 먼저

→ 죄송합니다. 저 먼저 가겠습니다.

처음에는 조금 귀찮더라도 가능하면 본 독음 표기 방법대로 성조까지 표시하여 꾸준히 연습하기 바랍니다. 그럼 라오스어의 장단모음과 성조까지 몸에 익히는 데 도움이 되실 겁니다. 성조 및 읽기 공부가 익숙해 졌을 때 휴대으로 SNS, 카페 등에 글을 쓸 때 필요에 따라 약식으로 표기하면 편리합니다.

예 커-4 토-옫. 커6-이 빠이 꺼5-언 → 커톧. 커이 빠이 껀

3 띄어쓰기가 없는 라오스어

라오스어 문장은 단어별 띄어쓰기가 없습니다. 따라서 처음에는 어떻게 끊어 읽어야 하는지 방법을 몰라 글자 공부를 포기하는 경우가 많습니다. 이를 위해 아래의 예문처럼 본 교재는 해당 문장을 설명할 때 각 단어에 구분 표기를 해놓았습니다. 그러나 구분이 되어있는 문장에만 익숙해지면 구분이 없는 라오스어 문장에 적응하기 어렵기 때문에 각 과의 시작부분에 띄어쓰기 구분이 없는 원래의 문장을 수록했습니다.

예 ເຈົ້າ/ມາ/ຈາກ/ປະເທດ/ໃດ? (19과 참고)

4 단어 공부

외국어의 가장 기본은 단어입니다. 단어의 의미를 모르고서는 외국어의 정복은 불가능하다 말할 수 있겠습니다. 그런데 문제는 라오스어 글자가 어려워 공부 초기에 모르는 단어를 사전 등으로 찾는 데 너무나 많은 시간이 소모되는 문제가 있습니다. 따라서 본 교재는 기초 라오스어 이해와 습득을 위해 만들어진 교재이므로 교재에 실린 모든 문장에 각 라오스어 단어의 의미를 각 해당 문장 아래에 모두 표기하였습니다.

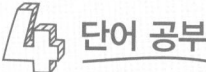

예 ເຈົ້າ/ມາ/ຈາກ/ປະເທດ/ໃດ?
짜2오 마-아 짜-악 빠테-엔 다이
당신 오다 ~로부터 국가 어느(의문사)
→ 당신은 어느 나라에서 오셨습니까?

처음 라오스어를 공부하는 독자들도 또는 이제 막 라오스어를 시작해 라오스어 단어장이 없거나 혹은 있어도 단어를 찾을 줄 모르는 독자들도 본 교재를 보는 순간 각 문장에 단어가 모두 표시되어 있어 단어를 추가로 찾아야 하는 번거로움없이 효율적으로 쉽게 라오스어를 이해하고 공부할 수 있습니다.

5 라오스어 성조

본 교재의 성조 표기는 모두 「라오스어 기본 6성」을 기준으로 하여 표기했습니다. 라오스어가 희귀어에 속해 성조관련 내용은 아직 불완전한 면이 있습니다. 국내외 시중의 여러 교재나 사전, 참고서적에서도 서로 다른 다양한 방법으로 소개되고 있습니다. 현장에서 강의를 하면서 느낀 것은 그 내용의 맞고 틀림을 떠나 라오스어 성조가 어떤 구조와 소리인지 좀 더 자세히 알고 싶어하시는 분들을 정말 많이 만나게 됩니다. 그래서 누군가는 이 부분을 발전시켜 나가야 한다 보고 있습니다. 따라서 본 교재는 미래의 공부를 위해 현재까지 파악된 내용을 토대로 라오스어의 기본 6성(1성~6성) 성조를 가능한 한도 내에서 상세히 설명드렸습니다. 내용 중 보완 혹은 수정이 필요한 부분이 생길 수도 있습니다. 그런 내용은 추후 「삼지사」의 홈페이지나, 네이버의 「라오스어의 달인」 카페 혹은 이후 개정판에 지속적으로 수정보완해 드리겠습니다.

목차

PART 01

라오스어 글자 및 기본 성조

01 라오스어 글자

(*괄호 안의 라오스어 글자는 받침 또는 종자음으로 사용)

기본 자음	(특수 자음)	발음	음가	
			초자음	받침(종자음)
(ກ)		꺼-어	ㄲ	ㄱ
ຂ		커-어	ㅋ	
ຄ		커-어	ㅋ	
(ງ)	ຫງ	응어-어	ng (응)	~ng / ㅇ
ຈ		쩌-어	ㅉ	
ສ		써-어	ㅆ	
ຊ		써-어	ㅆ	
(ຍ)	ຫຍ	녀-어	녀	(이)
(ດ)		더-어	ㄷ	ㄷ
ຕ		떠-어	ㄸ	
ຖ		터-어	ㅌ	
ທ		터-어	ㅌ	
(ນ)	ຫນ (ໜ)	너-어	ㄴ	ㄴ
(ບ)		버-어	ㅂ	ㅂ
ປ		뻐-어	ㅃ	
ຜ		퍼-어	ㅍ	
ຝ		풔f-어	ㅍ(f)	
ພ		퍼-어	ㅍ	
ຟ		풔f-어	ㅍ(f)	
(ມ)	ຫມ (ໝ)	머-어	ㅁ	ㅁ
ຢ		여-어	여	
ລ	ຫລ (ຫຼ)	러-어	ㄹ	
(ວ)	ຫວ	워-어	우	(오/우)
ຫ		허-어	ㅎ	
ອ		어-어	ㅇ	
ຮ		허-어	ㅎ	
*ຣ	(특수 자음 추가)	러r-어	R	(외래어 표기에 사용)

02 라오스어 글자 쓰기

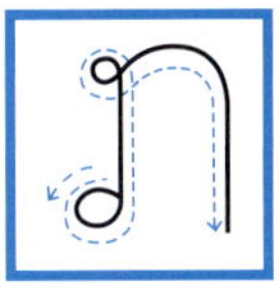

[꺼-어]

라오스어 글자는 동그라미에서부터 시작합니다.

*아래 **[마-아]** 글자는 예외로 동그라미가 글 중간에 있습니다.

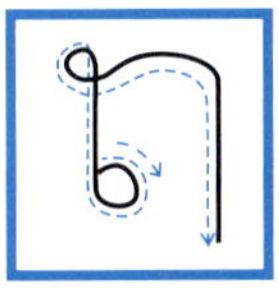

[터-4어]

왼쪽 맨 아래 동그라미에서 출발해 위로 올라간 후
오른쪽으로 돌아 내려와 마무리합니다.

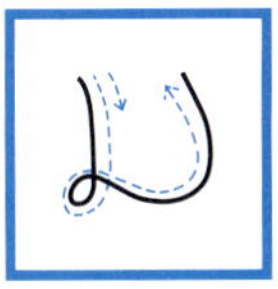

[마-아]

동그라미가 중간에 있는 형태의 글자입니다.
위에서 출발해 동그라미 방향으로 써 내려오는 글자가 됩니다.

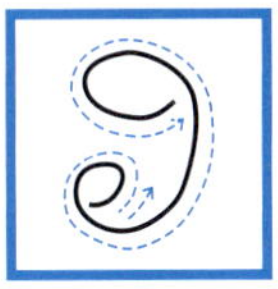

[어-어]

동그라미 모양이 상하 두 개인 경우입니다.
맨 아래 동그라미에서 시작해 위로 올라가면서 마무리합니다.

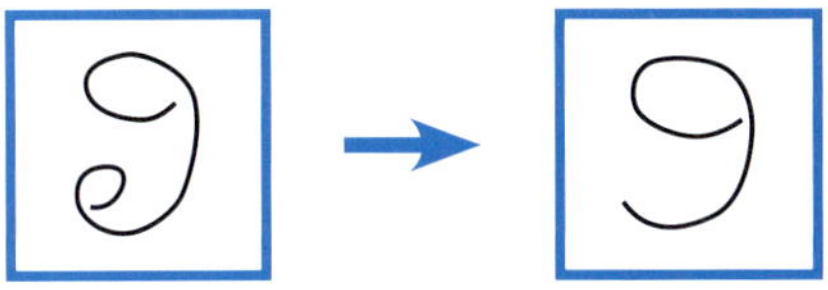

[어-어]의 인쇄체와 필기체 유형입니다.

*필기체에서 동그라미가 사라진 경우로 필기체(우측)에서 처음 시작하는 동그라미를 생략한 형태입니다. 현지인들은 필기체에서 동그라미를 거의 생략합니다.

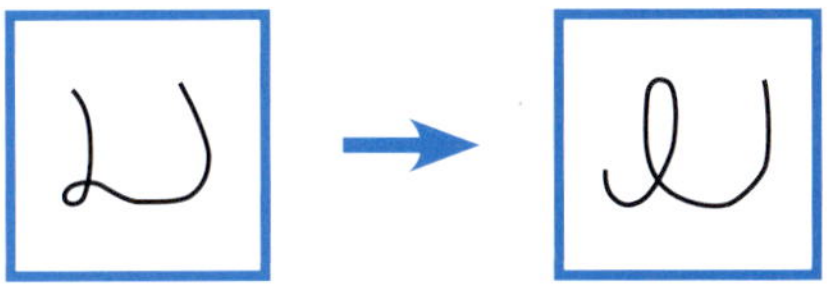

[마-아]

인쇄체와 필기체 유형입니다.

*인쇄체(왼쪽) 모양과 필기체(오른쪽)의 글자가 확연히 다른 형태입니다.

03 라오스어 자음 ① (중·고·저자음)

악썬쑹 (고자음)			악썬깡 (중자음)			악썬땀 (저자음)		
ຂ	ㅋ	커-어	ກ	ㄲ	꺼-어	ຄ	ㅋ	커-어
ຫງ	ㅇ	응어-어	ຈ	ㅉ	쩌-어	ງ	ㅇ	응어-어
ສ	ㅆ	써-어	ດ	ㄷ	더-어	ຊ	ㅆ	써-어
ຫຍ	ㄴ	녀-어	ຕ	ㄸ	떠-어	ຍ	ㄴ	녀-어
ຖ	ㅌ	터-어	ບ	ㅂ	버-어	ທ	ㅌ	터-어
ຫນ (ໜ)	ㄴ	너-어	ປ	ㅃ	뻐-어	ນ	ㄴ	너-어
ຜ	ㅍ	퍼-어	ຢ	여	여-어	ພ	ㅍ	퍼-어
ຝ	ㅍ(f)	퍼f-어	ອ	어	어-어	ຟ	ㅍ(f)	퍼f-어
ຫມ (ໝ)	ㅁ	머-어				ມ	ㅁ	머-어
ຫລ (ຫຼ)	ㄹ	러-어				ລ	ㄹ	러-어
ຫວ	우/오	워-어				ວ	우/오	워-어
ຫ	ㅎ	허-어				ຮ	ㅎ	허-어

라오스어 받침 8글자

① ກ ດ ບ
ㄱ ㄷ ㅂ

② ມ ນ
ㅁ ㄴ

③ ວ ງ ຍ
우 ㅇ (이/야)

04 라오스어 자음 ❷

악썬쑹 (고자음)			악썬깡 (중자음)			악썬땀 (저자음)		
ຂ 커-어	ໄຂ່ 카5이	알	ກ 꺼-어	ໄກ່ 까5이	닭	ຄ 커-어	ຄວາຍ 쿠와-이	물소
ຫງ 응어-어	ເຫງັນ 응엔4	사양 고양이	ຈ 쩌-어	ຈອກ 쩌-억	컵	ງ 응어-어	ງົວ 응우-와	소, 황소
ສ 써-어	ເສືອ 쓰ㅓ으-4아	호랑이	ດ 더-어	ເດັກ 덱	아이	ຊ 써-어	ຊ້າງ 싸2-앙	코끼리
ຫຍ 녀-어	ຫຍ້າ 냐6-아	잔디	ຕ 떠-어	ຕາ 따-아	눈	ຍ 녀-어	ຍຸງ 늉	모기
ຖ 터-어	ຖົງ 통4	가방	ບ 버-어	ແບ້ 배2-애	염소	ທ 터-어	ທຸງ 퉁	깃발
ຫນ (ໜ) 너-어	ຫນູ 누-4우	쥐	ປ 뻐-어	ປາ 빠-아	물고기	ນ 너-어	ນົກ 녹	새
ຜ 퍼-어	ເຜິ້ງ 프ㅓ6ㅇ	벌	ຢ 여-어	ຢາ 야-아	약	ພ 퍼-어	ພູ 푸-우	산
ຝ 퍼f-어	ຝົນ 폰f4	비	ອ 어-어	ໂອ 오-오	금속그릇, 물바가지	ຟ 퍼f-어	ໄຟ 파f이	불
ຫມ (ໝ) 머-어	ຫມາ 마-4아	개				ມ 머-어	ແມວ 매-오	고양이
ຫລ (ຫຼ) 러-어	ຫຼາ 라-4아	물레				ລ 러-어	ລີງ 리-잉	원숭이
ຫວ 워-어	ແຫວນ 왜-4앤	반지				ວ 워-어	ວີ 위-이	부채
ຫ 허-어	ຫ່ານ 하5-안	거위				ຮ 허-어	ເຮືອນ 흐ㅓ으-안	집

기본 성조

→	↷	↗	⌣↗	⊖	⌝
(평,1)	2	3	4	5	6

성조	부호	◌່	◌້
	평성	1성	2성
고	4	5	6
중	평	5	2
저	평	3	2

05 라오스어 모음 ❶

단모음			장모음		
독음	받침 없을 때	받침 있을 때	독음	받침 없을 때	받침 있을 때
아	◌ະ	◌ັX	아-아	◌າ	◌າX
이	◌ິ	◌ິX	이-이	◌ີ	◌ີX
으	◌ຶ	◌ຶX	으-으	◌ື	◌ືX
우	◌ຸ	◌ຸX	우-우	◌ູ	◌ູX
에	ເ◌ະ	ເ◌ັX	에-에	ເ◌	ເ◌X
애	ແ◌ະ	ແ◌ັX	애-애	ແ◌	ແ◌X
오	ໂ◌ະ	◌ົX	오-오	ໂ◌	ໂ◌X
어	ເ◌າະ	◌ັອX	어- /어-어	◌ໍ	◌ອX
의야	ເ◌ັຍ	◌ັຽX	의-야	ເ◌ຍ	◌ຽX
으ㅓ	ເ◌ິ	ເ◌ິX	으ㅓ-	ເ◌ີ	ເ◌ີX
으ㅓ으	ເ◌ຶ	ເ◌ຶX	으ㅓ으-으	ເ◌ື	ເ◌ືX
으ㅓ으아 (으ㅓ으어)	ເ◌ຶອ	ເ◌ຶອX	으ㅓ으-아 (으ㅓ으-어)	ເ◌ືອ	ເ◌ືອX
특수모음 (단모음)	ໄ◌ 아이	ໃ◌ 아이	ເ◌ົາ 아오	◌ຳ 암	

* 'ະ'는 받침이 없는 단어의 단모음으로, '◌ັ'는 받침이 있는 단어의 단모음으로 사용.

06 라오스어 모음 ②

단모음			장모음		
독음	받침 없을 때	받침 있을 때	독음	받침 없을 때	받침 있을 때
와	ວະ	ວັX	와-아	ວາ	ວາX
우와	◌ົວະ	◌ວັX	우-와	◌ົວ	◌ວX
	-	-	우와-아	◌ວາ	◌ວາX
에우	ເ◌ັວ	-	에-우	ເ◌ວ	-
웨	ເວະ	ເວັX	웨-에	ເວ	ເວX
왜	ແວະ	ແວັX	왜-애	ແວ	ແວX
우웨	-	ເ◌ວັX	우웨-에	-	ເ◌ວX
우왜	-	ແ◌ວັX	우왜-애	-	ແ◌ວX

[ນ, ອ, ຍ, ຢ] + [ຽ] / [ເ◌ຍ] 독음표기 및 발음 참고					
니-야	ນຽX	받침 (○)	이-야	ອຽX	받침 (○)
니-야	ເນຍ	받침 (×)	이-야	ເອຍ	받침 (×)
늬-야	ຍຽX	받침 (○)	의-야	ຢຽX	받침 (○)
늬-야	ເຍຍ	받침 (×)	의-야	ເຢຍ	받침 (×)

글자 및 독음 구분을 위해 한글 독음 표기 방법은 다르나 **[이-야/의-야]**는 **[이-야]**로 **[니-야/늬-야]**는 **[니-야]**로 각각의 소리는 같은 것으로 합니다.

* ◌ : 초성자음 X : 받침 혹은 종성자음

07 라오스어 글자 읽기 및 독음 표기 연습 ①

단모음	단모음 + 받침	장모음	장모음 + 받침
ກະ 까	ກັນ 깐	ກາ 까-아	ການ 까-안
ດິ 디	ດິນ 딘	ດີ 디-이	ດີນ 디-인
ຄຶ 크	ຄຶນ 큰	ຄື 크-으	ຄືນ 크-은
ປຸ 뿌	ປຸກ 뿍	ປູ 뿌-우	ປູກ 뿌-욱
ເປະ 뻬	ເປັນ 뻰	ເປ 뻬-에	ເປນ 뻬-엔
ແປະ 빼	ແປັບ 뺍	ແປ 빼-애	ແປບ 빼-앱
ໂກະ 꼬	ກົນ 꼰	ໂກ 꼬-오	ໂກນ 꼬-온
ເມາະ 머	ມັອນ 먼	ມໍ 머-	ມອນ 머-언
ເບິ 브ㅓ	ເບິງ 브ㅓㅇ	ເບີ 브ㅓ-	ເບີງ 브ㅓ-ㅇ
ເບ 브ㅓ으	ເບຶງ 브ㅓ응	ເບື 브ㅓ으-	ເບືງ 브ㅓ으-ㅇ
ເຮືອ 흐ㅓ으아	ເຮືອນ 흐ㅓ으안	ເຮືອ 흐ㅓ으-아	ເຮືອນ 흐ㅓ으-안
ເບັຍ 븨야	ບຽນ 븨얀	ເບຍ 븨-야	ບຽນ 븨-얀

[ເ◌ືອ]의 소리는 [흐ㅓ으-어]와 [흐ㅓ으-아]의 중간 소리로 한글독음 표기는 [흐ㅓ으-어] 혹은 [흐ㅓ으-아]로 하지만, 실제 소리는 [흐ㅓ-어] 혹은 [흐ㅓ-아]와 같습니다.

[흐ㅓ으-아]와 같이 독음에 [으]글자를 포함하여 익힘은 나중 [으ㅓ으-어] 같은 독음을 보게 되면 여기 '으'에는 반드시 라오스 모음에 단모음 [◌ຶ] 혹은 [◌ື] 가 포함된 단어임을 유추할 수 있습니다.

예 흐ㅓ으-어/흐ㅓ으-아 ເຮືອ : 배, 선박

크-으 ຄື : 같다

단어를 공부할 때는 글자의 정확한 장단모음과 성조를 익히기 위해 가능한 위의 독음 표기 법칙에 따라 공부하기 바랍니다. 단, 일반적인 문자발송, 메모 등에는 다음과 같이 약식으로 표기가 가능합니다.

예 흐ㅓ으-안 → 흐ㅓ-안/흐ㅓ안/흐-안　　까-아 → 까/까-　　크-은 → 큰/큰-

08 라오스어 글자 읽기 및 독음 표기 연습 ❷

단모음	단모음 + 받침	장모음	장모음 + 받침
ວະ 와	ວັນ 완	ກາ 까-아	ການ 까-안
ກົວະ 꾸와	ກວັນ 꾸완	ກົວ 꾸-와	ກວນ 꾸-완
ຄວາ 쿠와-아		ຄວາມ 쿠와-암	
ເອັວ 에우		ເອວ 에-우	
ເວະ 웨	ເວັນ 웬	ແວ 왜-애	ແວນ 왜-앤
ແຄວັງ 쿠왱		ແຄວງ 쿠왜-앵	

[ນ 너-어]와 복자음 [ຍ 녀-어] 독음 표기 ❶

ເນຍ / ນຽນ 니-야 / 니-얀	ເອຍ / ອຽນ 이-야 / 이-얀
ເຍຍ / ຍຽນ 늬-야 / 늬-얀	ເຢຍ / ຢຽນ 의-야 / 의-얀

[ນ 너-어]와 복자음 [ຍ 녀-어]] 독음 표기 ❷

라오스어	독음 표기	라오스어	독음 표기
ນະ / ນາ	나 / 나-아	ຍະ / ຍາ	냐 / 냐-아
ໂນະ / ໂນ	노 / 노-오	ໂຍະ / ໂຍ	뇨 / 뇨-오
ນິ / ນີ	니 / 니-이	ຍິ / ຍີ	늬 / 늬-이
ນຶ / ນື	느/ 느-으	ຍຶ / ຍື	느ㅕ / 느ㅕ -으
ນຸ / ນູ	누 / 누-우	ຍຸ / ຍູ	뉴 / 뉴-우
ເນ / ແນ	네-에 / 내-애	ເຍ / ແຍ	녜-에 / 냬-애

09 라오스어 받침

- 라오스어는 기본 자음 26개와 특수 자음 6개로 되어 있습니다.
- 「ຣ 러-어」는 외래어를 쓰기 위한 글자로 영어로는 [R] 발음에 해당합니다.
  * 「ຮ 허-어」 글자와 비슷하니 유의해야 합니다.

1 라오스어 자음(받침)

라오스어의 받침은 모두 8개입니다.

ກ	ດ	ບ	ມ	ນ	ວ	ງ	ຍ
ㄱ	ㄷ	ㅂ	ㅁ	ㄴ	~우	ㅇ	(~이/야)

- 글자 : ກ / ດ / ບ / ມ / ນ + ວ / ງ / ຍ
- 대표 음가 : ㄱ, ㄷ, ㅂ / ㅁ, ㄴ / ~우, ㅇ, (~이/야)
- 암기 방법 : [구듯방(에서) / 만나 + 웅 이(야)!]
- 모두 받침으로 사용하며, [ວ], [ຍ]는 '받침'이 아닌 독자적 '종자음'으로 사용합니다.

2 라오스어 자음[사음]

자음 받침으로 '죽은 음', 즉 사음은 소리가 울려 이어지지 않고 닫힌 음으로 소리가 납니다.

- 받침 3 자음 : ກ / ດ / ບ
- 대표 음가 : ㄱ, ㄷ, ㅂ
- 예 ມັກ 막 (좋아하다) ເຮັດ 헫 (하다) ແຊບ 쌔-앱 (맛있다)

3 라오스어 자음[생음]

자음 받침으로 '살아 있는 음'으로 즉 생음 자음을 말합니다.

ມ	ນ	ວ	ງ	ຍ
ㅁ	ㄴ	우	ㅇ	(~이/야)

- 음가 : ㅁ, ㄴ + 우, ㅇ, (이/야)

4 라오스어 자음 [ວ(우), ງ(ㅇ) & ຍ(이/야)]

- [ວ/ງ/ຍ]는 '받침'이 아닌 독자적 '종자음'으로 사용합니다.
- [ວ]는 '우'와 '오'의 중간 발음입니다.

예 ແລ້ວ [래2-우] / [래2-오]

ຮອດແລ້ວ [허-얻 래2-우] / [허-얻 래2-오] : 도착했어요

- [ຍ]는 단어 끝에 위치해 [~이] 혹은 [~야]의 소리를 냅니다.
- [ຍ] 소리 참고

글자(종자음)	~ຍ	ເ~ຍ
소리	[~이]	[의~야]
예	ຂ້ອຍ 커6-이 (나, 저)	ເບຍ 븨-야 (맥주)
참고	◌ອຍ 어-이	ເ◌ຍ 의-야

참고하세요

라오스어 받침 8개 자음 중 종자음 [~ຍ]의 [~야] 소리는 엄격하게는 [ຍ] 자음 단독으로 [~야] 소리가 되는 것이 아닙니다. [ຍ]자음이 [ເ/에-에] 모음과 합쳐져서 [~야]의 소리를 내는 것입니다.

* [~ຍ]와 [ເ~ຍ] 소리를 별도로 공부할 경우 혼돈될 수 있으므로 하나로 묶어서 [~ຍ]는 종자음 → [이/야] 소리가 나는 것으로 정리합니다.

5 라오스어의 자음 [ງ]

- 단어 맨 앞에 와서 초성으로 사용되면 [응] 소리가 납니다.
- 단어 마지막에 종성으로 쓰이면 받침 [ㅇ]으로 소리가 납니다.

예 초성 : ງົວ 응우-와 (소, 황소)　　　종성 : ຫ້ອງ 허6-엉 (방)

10 라오스어 성조

1 라오스어 성조 (기본 6성)

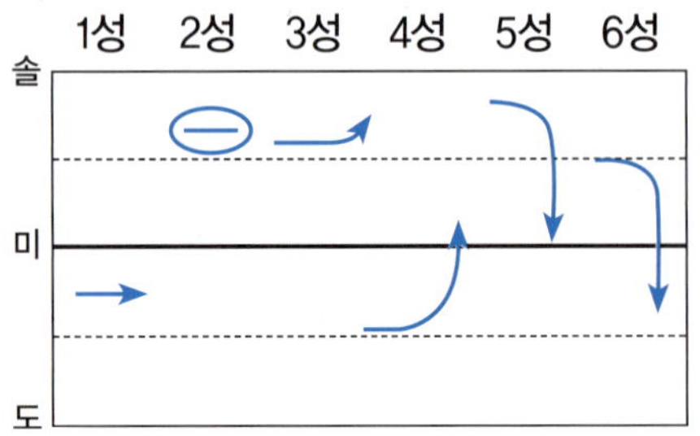

[성조유형 ①]

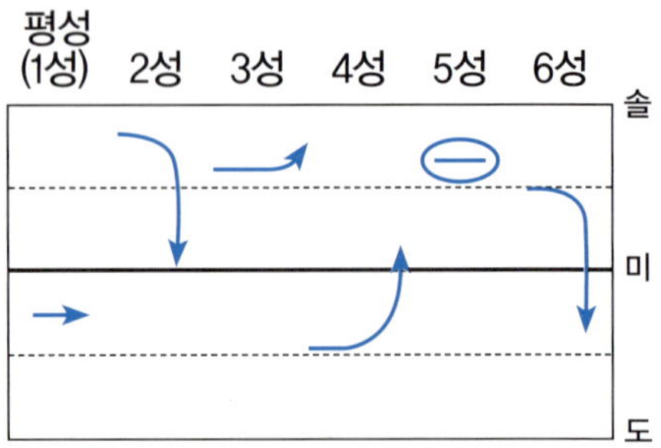

[성조유형 ②]

'성조'란 소리의 '고저·높고낮음'을 의미합니다. 라오스어는 크게 8성의 성조로 소개되고 있지만 기본적으로는 5성 혹은 6성의 성조를 가지고 있습니다. 위의 그림은 라오스어 6성 성조에 관한 여러 유형 중 2가지 형식입니다. 그중 본 교재는 6성 성조를 기준으로 한 **[성조 표기방법 유형 ②]** 를 기준으로 성조법을 설명드리겠습니다.

(*[성조유형 ①]과 [성조유형 ②]의 차이점은 같은 성조 소리에 약속된 인식표기 혹은 숫자 중 '2성과 5성'의 순서만 서로 바꾸어져 있습니다. 사실 숫자나 순서보다는 라오스어가 어떻게 소리가 나는지 그 소리 형태를 이해하는 것이 중요하므로 성조 표기 방법은 어느 쪽 성조법을 사용하든 전체 6성 성조 소리는 같습니다.)

[성조 표기방법 유형 ②]의 장점

① **[성조유형–②]**는 라오스어 성조를 익힘은 기본이고, 라오스어와 태국어를 동시에 공부하고자 하는 경우, 혹은 이미 태국어를 배워 그 성조 표기법에 익숙하신 분에게도 라오스어 성조를 공부하고 이해하는 데 훌륭한 안내자 역할을 해드릴 것입니다. 라오스어와 태국어가 서로 비슷한 언어이지만 두 글의 성조 표기의 다름으로 인한 성조 습득의 어려움을 줄이고 각 성조를 쉽게 공부할 수 있도록 법체화한 성조 법칙입니다.

② 라오스어 글자 발음을 '한글발음(독음)'으로 쉽고 정확하게 표기할 수 있습니다. 또한 이 성조법의 중요한 목적은 이 방법으로 공부를 하면 라오스어 글자없이 '한글로 표기된 발음(독음)'만 보고도 역으로 라오스어로 정확하게 쓰고 연상할 수 있도록 고안 연구되었습니다. 이 방법으로 공부하여 내공을 키우면 라오스어 단어와 문장에 대한 이해와 공부 시간을 몇 배로 줄일 수 있습니다.

2 라오스어 성조 부호

라오스어의 각 '성조 부호'와 그 명칭은 다음과 같습니다.
성조를 설명할 때 [**마2이 에-엑**], [**마2이 토-오**]등으로 설명이 될 때도 있으니 그 용어를 같이 알아두면 도움이 되겠습니다.

성조 부호			
1성 부호	2성 부호	3성 부호	4성 부호
◌່	◌້	◌໊	◌໋
마2이 에-엑	마2이 토-오	마2이 띠-이	마2이 짠 따 와-아
ໄມ້ເອກ	ໄມ້ໂທ	ໄມ້ຕີ	ໄມ້ຈັດຕະວາ

참고하세요

① 위 표의 동그라미 위에 붙어있는 표시는 '성조'가 아닌 '성조 부호' 혹은 '성조 마크'입니다.

예 ◌່ **마2이 에-엑** : 1성 성조 부호　　◌້ **마2이토-오** : 2성 성조 부호

② 한글 독음 등에 표기된 (1, 2, 3, 4, 5, 6)의 숫자 혹은 표시(→ ⌒↗ ◡ ⊖ ↴)는 「성조 부호」가 아닌 라오스어를 읽고 발음하는 음의 '고저'에 해당하는 '소리방법'으로 '성조'를 의미합니다.

예 ໄມ້ **마2이** : 나무

❸ 성조 내용 (라오스어 6성 성조 및 소리 모양)

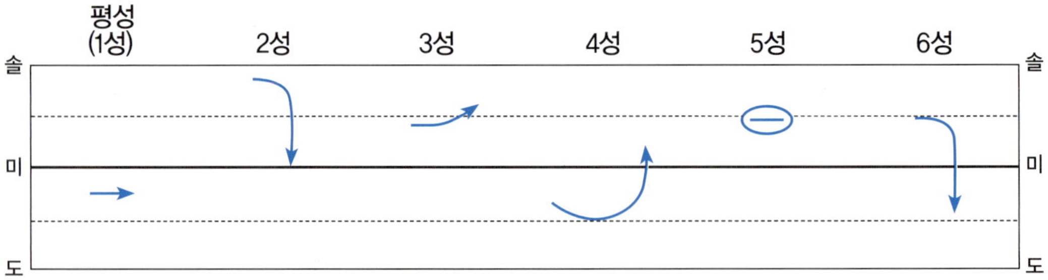

성조	1성(평성)	2성	3성
표기 방법	'→' 표기 혹은 단어에 숫자 표기 없음	'⌒' 표기 혹은 숫자 '2'로 표기	'↗' 표기 혹은 숫자 '3'으로 표기
소리 모양	중간음 혹은 중간음보다 조금 낮은 음 (Low–Middle)에서 시작 → 평형/수평 (middle)으로 발음 독음표기에서 '중자음'에 성조 부호가 없으면 → 평성(1성) 소리	'가장 강세가 있는 소리 아주 높은톤에서 시작하여 → 떨어 지는음 (falling) '중자음 및 저자음'에 2성 성조 부호가 있으면 → 2성 소리	중간음보다 조금 높은음(High–Middle)에서 시작 수평으로 발음이 되면서 + 끝이 위로 올 라가듯 하는 발음 *3성 주의 ① '저자음'에 성조 부호가 없을 때 단어의 독음에는 '평성' 혹은 '1성'으로 취급 성조 숫자 없음. 단, 실제 소리는 3성 소리로 함 ② 저자음에서 1성부호 (마2이 에–엑)이 붙었을 때 표기는 3성 ↗으로 하나, 실제 소리는 → '⊖' 5성성조 소리로 함
예	ຕາ 따-아 (안경)	ຮູ້ 후2-우 (알다)	ມາ 마-아 (오다)

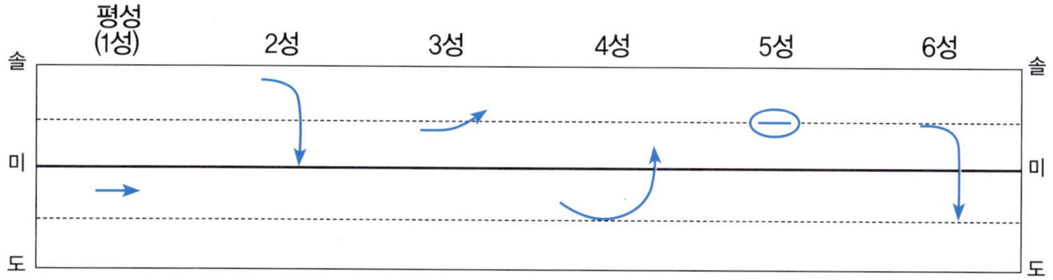

성조	4성	5성	6성
표기 방법	'◡' 표기 혹은 숫자 '4'로 표기	'㊀' 표기 혹은 숫자 '5'로 표기	'ᄀ' 표기 혹은 숫자 '6'으로 표기
소리 모양	중간음 보다 낮은음 (Low–Middle)에서 시작 → 서서히 위로 올라가듯 하는 발음 고자음'에 성조 부호가 없으면 → 4성소리	중간음 보다 조금 높은음에서 시작 /High–Middle → 같은 톤(음)으로 수평발음(혹은 끝이 살짝 내려가는소리) (참고) 여기서 같은 톤(음)으로 수평발음할 때 끝이 올라가면 [3성 성조] 소리 '고/중/저자음'에 1성 성조부호 '마2이 에–엑'이 있으면 소리는 모두 → 5성소리	중간음 보다 조금 높은음에서 시작 /High–Middle → 중자음의 '평성' 방 향으로 툭 떨어지듯 아래로 내려오는 발음 → 6성 성조 소리는 'ᄀ' 표기로 하되 소리의 모 양은 자연스럽게 떨어지는 '↘' 이런 형태 소리 '고자음'에 2성부호 '마2이 토– 오'가 있으면 → 6성 소리
예	ຂາ 카-4아 (다리)	ປ່າ 빠5-아 (숲)	ຂ້ອຍ 커6-이 (나)

4 유형 성조와 무형 성조

라오스어 글자에 다음 4개 중 하나의 '성조 부호(표기)'가 붙은 성조를 '유형 성조'라 하고 '성조 부호(표기)'가 없는 성조는 '무형 성조'라 합니다.

1성부호 ◌່	2성부호 ◌້	3성부호 ◌໊	4성부호 ◌໋

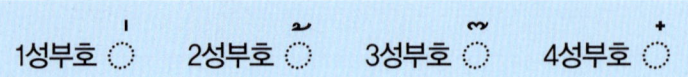

라오스어의 성조는 성조 부호(1성, 2성, 3성, 4성)가 글자 중 자음 위에 붙어 각 자음의 성격(고·중·저자음)과 뒤에 따라오는 모음 및 받침에 따라 성조 소리(발음)를 달리합니다.
(*성조 부호 중 3성 부호(◌໊)와 4성 부호(◌໋)는 거의 사용되지 않고 있습니다.)

5 한글 독음(읽기) 표기 방법

라오스어 글자 소리(성조)의 고저와 장단을 '한글독음'으로 표기할 수 있습니다. 방법은 다음 도표에서와 같이 1성에서 6성 성조 표기 방법(화살표 표기모양)으로 표기할 수 있고, 또는 숫자(1, 2, 3, 4, 5, 6)로도 붙여 표기가 가능합니다. 단, 성조표기(화살 표시)는 100% 실제 소리의 모양보다는 성조 소리에 대한 약속표기(표식)로 이해하시면 되겠습니다.
(*본 교재는 성조표시를 숫자 '1, 2, 3, 4, 5, 6'으로 한글독음에 표기했습니다.)

→	⌒	↗	◡	⊖	┐
(평성, 1)	2	3	4	5	6

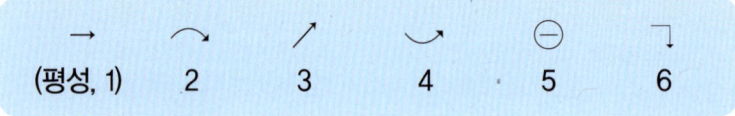

손으로 메모하는 글자는 화살표시 모양으로 표기가 편리하기도 합니다. 그러나 손글씨가 아닌 컴퓨터 자판으로 타이핑할 때는 성조표기(화살표 그림)는 글자와 함께 위에 붙이기는 어려우니 글자에 숫자를 붙여 성조표시로 사용하는 것이 편합니다.

예 ສະບາຍດີ 싸4 바-이 디-이 : 안녕하세요.

참고하세요

장모음이 있는 한글 독음의 성조 숫자 위치

라오스어의 한글 표기방법에서 중간에 장모음 표시인 '–'가 있을 때 숫자(성조)의 위치입니다.
소리의 강세가 앞쪽에 있는 2성, 5성, 6성의 성조 숫자는 장모음 표시 '–'의 앞에 하며, 3성, 4성의 성조 숫자는 '–'의 뒤에 표기합니다.

예 싸2-앙 (코끼리) 유5-우 (있다, 살다) 커6-이 (나, 저)
쑤와-3이 (돕다) 하-4아 (찾다, 구하다)

6 성조 비교표

기본 성조-1				기본 성조-2	
자음	싸만 (부호 없음)	◌່ 1성 부호	◌້ 2성 부호	(자음 + 장모음 + 사음) (사음 : ກ, ດ, ບ / ㄱ, ㄷ, ㅂ)	
고자음	4	5	6	고자음	6
중자음	평 (1)	5	2	중자음	6
저자음	평 (1)	3	2	저자음	2

(* 1성, 2성 부호에 붙어있는 '동그라미 점선 마크'는 자음의 위치를 의미함.)

7 성조 공식

기본 성조-1	기본 성조-2
고 4 5 6 중 평 5 2 저 평 3 2	고장사 6 중장사 6 저장사 2

8 독음의 성조 표기 (예-1) 6성 표기 (숫자 '6' 혹은 '↴' 표시)

'↴'로 표기했다하여 실제 소리가 이렇게 정확하게 'ㄱ'자와 같은 모양으로 꺽이듯 소리가 나는 것은 아닙니다. 성조표기 전체의 모양과 같이 위에서 아래로 떨어지는 소리로 보시면 되겠습니다.

예 ຂ້ອຍ 커6-이 : 나, 저

9 독음의 성조 표기 (예-2) 5성 표기 (숫자 '5' 혹은 '㊀' 표시)

평성(1성) 표기인 '→'와 3성 표기인 '↗'와 구분하기 위해 '㊀'로 표시합니다.

예 ໃໝ່ 마5이 : 다시, 새로운

11 한글 독음 표기 연습

1 고자음

① 고자음에 성조부호가 없으면 4성으로 표기합니다.
② 고자음에 1성 성조부호(່ 마20l 에-엑)가 붙으면 5성으로 표기합니다.
③ 고자음에 2성 성조부호(້ 마20l 토-오)가 붙으면 6성으로 표기합니다.

라오어	자음/모음 (조합내용)	독음-1 (성조 적용 전)	성조	독음-2 (성조 적용 후)
ຫຍັງ	ຫຍ(녀) + ັ(아) + ງ(ㅇ)	냥	없음	냥4
ສົ່ງ	ສ(ㅆ) + ົ(오) + ງ(ㅇ)	쏭	1성 부호	쏭5
ຂ້ອຍ	ຂ(ㅋ) + ອ(어-어) + ຍ(이)	커-이	2성 부호	커6-이

단어 : ຫຍັງ 무엇(의문사)　ສົ່ງ 보내다　ຂ້ອຍ 나, 저

참고하세요

고자음에 성조 부호가 없을 때 한글 독음은 저자음과의 구분을 위해 숫자 '4'를 넣어 '4성'으로 표기합니다. (*한글 독음에 숫자 '4'가 있으면 그 글자는 모두 예외 없이 고자음입니다.) 대신 '고자음 + 단모음(받침 없음)'이거나 '고자음 + 단모음 + 받침(사음 : ㄱ, ㄷ, ㅂ)'일 때는 독음 성조 표기는 독음 법칙대로 4성으로 표시하지만, 실제 소리는 4성으로 하지 않고 약간 높은 음으로 짧게 발음합니다.

예 ພັກ 팍4 : 쉬다

단, '고자음 + 장모음'이거나 '고자음'에 받침이 '생모음'일 경우는 표기도 4성 그리고 소리도 4성입니다.

예 ໝູ 무-4우 : 돼지　ຫຍັງ 냥4 : 무엇(의문사)　ແຂນ 캐-4앤 : 팔

2 중자음

① 중자음에 성조가 없으면 평성(1성)으로 표기합니다. (아무 표시를 안함)
② 중자음에 1성 성조부호(່ 마20l 에-엑)가 붙으면 5성으로 표기합니다.
③ 중자음에 2성 성조부호(້ 마20l 토-오)가 붙으면 2성으로 표기합니다.

라오어	자음/모음 (조합내용)	독음-1 (성조 적용 전)	성조	독음-2 (성조 적용 후)
ຕາມ	ຕ(ㄸ) + າ(아-아) + ມ(ㅁ)	따-암	없음	따-암
ເບິ່ງ	[ເິ(ㅇ) + ບ(ㅂ)] + ງ(ㅇ)	브ㅓㅇ	1성 부호	브ㅓ5ㅇ
ໄດ້	ໄ(아이) + ດ(ㄷ)	다이	2성 부호	다20l

단어 : ຕາມ 따르다　ເບິ່ງ 보다　ໄດ້ 가능하다

3 저자음(저자음의 독음 표기와 실제 소리에 유의)

① 저자음에 성조가 없으면 평성(1성)으로 성조 표시를 안 합니다.
단, 실제 소리는 '높은 평성' 소리인 3성 성조소리 '↗'로 합니다.

② 저자음에 1성 성조부호(່ 마20l 에-엑)이 붙으면 표기는 3성으로 합니다.
단, 실제 소리는 5성 성조소리 '㊀'로 합니다.

③ 저자음에 2성 성조부호(້ 마20l 토-오)가 붙으면 표기와 소리는 모두 2성입니다.

라오어	자음/모음 (조합내용)	독음-1 (성조 적용 전)	성조	독음-2 (성조 적용 후)
ເຮືອ	ຮ(ㅎ) + ເ◌ືອ(으ㅓ으-아)	흐ㅓ으-아	(없음)	흐ㅓ으-아
ເຊື່ອ	ເ◌ືອ(으ㅓ으-아) + ຊ(ㅆ)	쓰ㅓ으-아	1성 부호	쓰ㅓ으-3아
ຍ້າຍ	ຍ(녀) + າ(아-아) + ຍ(이)	냐-이	2성 부호	냐2-이

단어 : [ເຮືອ 배(선박)] [ເຊື່ອ 믿다] [ຍ້າຍ 움직이다]

참고하세요

라오어 글자는 자음보다 모음이 먼저 오는 경우가 많습니다. 이 경우의 읽기와 독음 표기 방법은 항상 맨 앞 모음의 첫 글자 이응(ㅇ)자리에 뒤에 오는 자음을 붙이면 됩니다.

예 ເຮືອ : ເ◌ືອ(으ㅓ으-아) 모음 소리의 맨 앞 소리 [ㅇ] 위치에 바로 뒤에 오는 자음 [ㅎ]을 붙여 [흐ㅓ으-아]로 표기합니다.

4 무형성조 (자음 + 장모음 + 사음) 소리

단어에 성조부호가 없지만 발음에 소리가 달라지는 무형성조 중 '장모음'에 받침이 사음(ㄱ, ㄷ, ㅂ)이 올 때의 소리 법칙입니다. (*독음은 원래소리 그대로 적용해 표기)

라오어	자음/모음 (조합내용)	독음표기	공식참고	실제소리
ຖືກ	ຖ(ㅌ) + ◌ື(으-으) + ກ(ㄱ)	트-4윽	고장사6	트6-윽
ຢາກ	ຢ(여) + າ(아-아) + ກ(ㄱ)	야-악	중장사6	야6-악
ໂພດ	ໂ(오-오) + ພ(ㅍ) + ດ(ㄷ)	포-옫	저장사2	포2-옫

*고장사 : 고자음 + 장모음 + 사음　중장사 : 중자음 + 장모음 + 사음.　저장사 : 저자음 + 장모음 + 사음

단어 : ຖືກ 옳다, 맞다, (값)싸다　ຢາກ 원하다　ໂພດ 너무

12 성조 정리

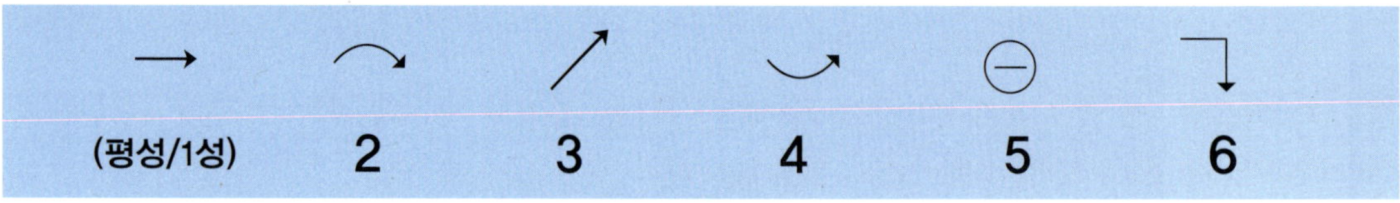

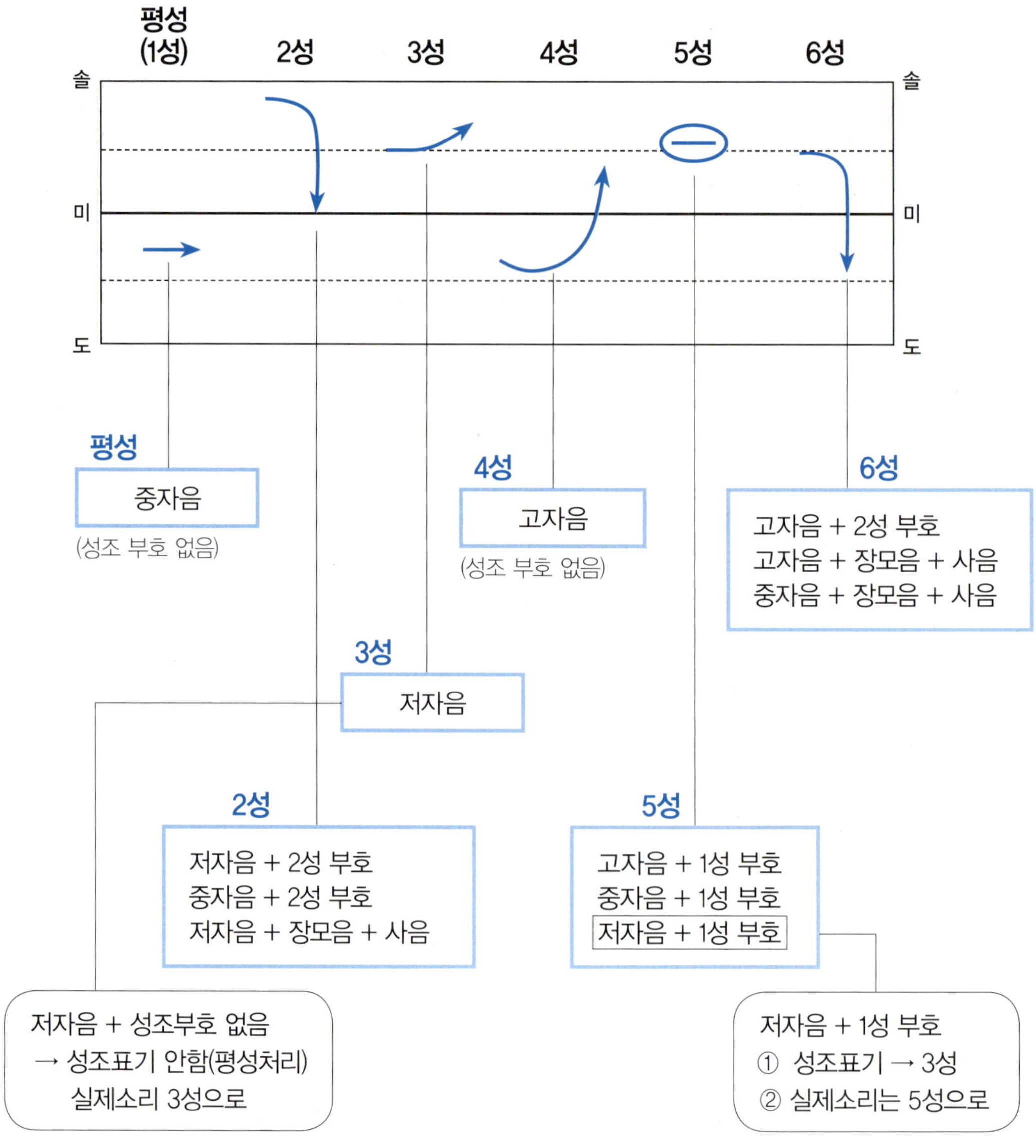

*위 내용 중 왼쪽 [도, 미, 솔]의 표기는 성조음의 높낮이(고저)의 이해를 돕기 위해 임의로 설정해 놓은 기준입니다. 사람마다 실제 소리는 조금씩 달라질 수 있습니다.

13 자음 익히기

1 라오스어 자음은 저자음부터 익히자.

① 저자음 : ຄ ງ ຊ ຍ ທ ນ ພ ຟ ມ ລ ວ ຮ

② 저자음 중 [ຄ ຊ ທ ພ ຟ (ㅋ, ㅆ, ㅌ, ㅍ)]를 제외하고는 저자음 글자 앞에 [ຫ]를 붙이면 모두 고자음이 됩니다. (저자음과 고자음을 제외한 글자는 모두 중자음임)

저자음	ຄ	ງ	ຊ	ຍ	ທ	ນ	ພ	ຟ	ມ	ລ	ວ	ຮ
+ ຫ	ຄ	ຫ	ຊ	ຫ	ທ	ຫ	ພ	ຟ	ຫ	ຫ	ຫ	ຫ
고자음	ຂ	ຫງ	ສ	ຫຍ	ຖ	ຫນ	ຜ	ຝ	ຫມ	ຫລ	ຫວ	ຫ
중자음	ກ	ຈ	ດ	ຕ	ບ	ປ	ຢ	ອ				

2 단모음

◌ະ	◌ິ	◌ຶ	◌ຸ	ເ◌ະ	ແ◌ະ	ໂ◌ະ	ເ◌າະ	ເ◌ິ	ເ◌ັຍ	ເ◌ຶ	◌ົວະ
아	이	으	우	에	애	오	어	으ㅓ	의야	으ㅓ으	우와

단모음 [◌ະ 아]의 장단모음 변화

① ຍາ 냐-아 (○)　　'아-아' 장모음에 받침이 없을 때

② ຍາງ 냐-앙 (○)　　'아-아' 장모음에 받침 'ㅇ'이 있을 때

③ ຍະງ 냥 (×)　　단모음 '아/ະ' + 받침은 불가능

④ ຍັງ 냥 (○)　　받침이 있는 단모음 '아'의 모양

단모음 'ະ 아'에 받침이 올 때는 'ະ'가 왼쪽의 자음 위로 올라가 '◌ັ'의 형태로 바뀝니다.

'꼭' 알아야 하는 라오스어 Tip 4

1 라오스어는 띄어쓰기가 없다.

라오스어의 문장은 띄어쓰기 없이 단어와 단어가 모두 붙어 있다.

2 라오스어의 기본 어순은 [주어(~는) + 동사(~이다)]이다.

기본 어순은 주어 다음에 동사가 오는 형식이다. 긴 문장이라 해도 가장 중심이 되는 문장의 형식은 **[주어 + 동사 + 목적어 + 장소]**이다.

(**문법** 01 라오스어의 문장구조편 참고)

3 라오스어의 의문문은 기본적으로 의문사를 사용한다.

단, 의문사가 없는 모든 의문문은 '~까?'에 해당하는 「ບໍ/버-」를 문장 끝에 붙여 의문문을 만든다. (**문법** 06 의문사편 참고)

예 먹다 ກິນ 낀

먹겠습니까? ກິນບໍ? 낀 버-

이 때 「ບໍ 버-」 대신 「ບໍ່ 버5-」를 사용할 수도 있다.

4 라오스어의 부정문은 동사 앞에 「ບໍ່ 버5-」를 붙인다.

예 갑니다 ໄປ 빠이

안 갑니다 ບໍ່ໄປ 버5- 빠이

(**문법** 16 부정문편 참고)

PART 02

기본 문장

01 안녕하세요
02 당신 이름이 무엇인가요?
03 제 소개를 하겠습니다
04 오늘은 날씨가 어떻습니까?
05 이것은 무엇입니까?
06 식사하셨습니까?
07 3일 전에 방을 예약해 두었습니다
08 나는 한국 사람입니다
09 당신은 라오스 사람이지요?
10 당신은 아름답습니다
11 당신 집은 어디에 있습니까?
12 의사 선생님 계십니까?
13 얼마입니까?
14 어떤 운동을 좋아 합니까?
15 어서오세요. 무엇을 원하십니까?
16 당신은 어디를 가고 싶습니까?
17 어디로 모실까요? (어디 가십니까?)
18 버스정류장으로 가는 길을 알려 주십시오
19 피싸이씨를 만나뵐 수 있겠습니까?
20 위라 씨 좀 바꿔 주세요
21 비엔티엔에 놀러 오신 적이 있습니까?
22 환전을 하고 싶습니다
23 여권 좀 보여 주세요

01 안녕하세요

❶ ສະບາຍດີ

❷ ສະບາຍດີບໍ?

❸ ຂ້ອຍສະບາຍດີ. ຂອບໃຈ

❹ ແລ້ວເຈົ້າເດ? ຂ້ອຍເຊັ່ນກັນ

❶ 안녕하세요.
❷ 안녕하십니까?
❸ 저는 별고 없습니다. 감사합니다.
❹ 그럼 당신은요? 저도 건강합니다.

핵심 포인트

1 ສະບາຍດີ

싸4바-이 디-이

안녕, 편안하다

➡ 안녕하세요.

2 ສະບາຍດີ/ບໍ?

싸4 바-이 디-이 / 버-

안녕, 편안하다 ~까?(문장끝에서 질문)

➡ 안녕하십니까? (별고 없으십니까?)

- **ສະບາຍດີ** 싸4 바-이 디-이

  ① 편안하다 : '건강, 안녕, 무사, 평안' 등을 의미한다.

  ② (아침, 점심, 저녁 관계없이) 처음 만났을 때 하는 인사말이다.

- **ສະບາຍ** 싸4 바-이 : ① 편안하다, 평안하다 ② 건강하다
- **ດີ** 디-이 : ① 좋다, 훌륭하다, 뛰어나다 ② 평안하다, 건강하다

3 ຂ້ອຍ/ສະບາຍ/ດີ. ຂອບໃຈ

커6-이 / 싸4바-이 / 디-이 커-4업짜이

나, 저 편안하다 좋다 감사

➡ 저는 별고 없습니다. 감사합니다.

4 ແລ້ວ/ເຈົ້າ/ເດ?

래2-우 / 짜2오 / 데-에

그럼 당신 ~은요?

➡ 그러면(그럼) 당신은요?

ຂ້ອຍ/ເຊັ່ນກັນ

커6-이 / 쎈3깐

나, 저 같다

➡ 저도 건강합니다. (직역: 마찬가지입니다.)

- **ແລ້ວ** 래2-우

① 동사 뒤에 위치하면 과거 혹은 완료형을 만드는 조동사이다.

② 「ແລ້ວ 래2-우」가 문장 앞이나 문장 사이에 위치해 접속사로 사용 가능하며, '그리고, 그런데, 그러면(그럼)' 등의 의미로 사용된다. (문법 22과 '접속사'편 참고)

- **ເດ** 데-에

① 문장 끝에서 강조 또는 의문의 뜻을 나타낸다.

② 의문형 : ~는요?, ~는 어때요?

예 ເຈົ້າເດ? 짜2오 데-에 : 당신은요?

③ ນີ້ເດ 니2-이 데-에 : 여기요 (여기 있습니다).

- **ເຊັ່ນກັນ** 쎈3 깐 : 마찬가지이다

① 「ເຊັ່ນດຽວກັນ 쎈3 디-야우 깐」을 줄여 [쎈3깐]으로도 사용한다.

② ເຊັ່ນດຽວກັນ 쎈3 디-야우 깐 : 마찬가지이다

③ ຄືກັນ 크-으 깐 : ~도(too), 마찬가지

❶ ລາກ່ອນ
❷ ໄປກ່ອນ
❸ ຂໍຕົວກ່ອນ
❹ ແລ້ວພົບກັນໃໝ່
❺ ຂໍໃຫ້ໂຊກດີ

❶ 먼저 가겠습니다.
❷ 먼저 가겠습니다.
❸ 먼저 가겠습니다.
❹ 그럼 또 뵙겠습니다.
❺ 행운을 빕니다.

핵심 포인트

1 ລາ/ກ່ອນ

라-아 / 꺼5-언

헤어지다 먼저

➡ 먼저 작별하겠습니다.

- ລາ 라-아 : ① 헤어지다 ② 작별하다
- ກ່ອນ 꺼5-언 : 먼저(부사)

2 ໄປ/ກ່ອນ

빠이 / 꺼5-언

가다 먼저

➡ 먼저 갈게요. (먼저 가겠습니다.)

3 ຂໍ/ຕົວ/ກ່ອນ

커-4 / 뚜-와 / 꺼5-언

요청 몸 먼저

➡ 먼저 가겠습니다.

- ຂໍ 커-4 : 요청하다, 요구하다, 부탁하다
- ຕົວ 뚜-와 : ① 자기, 본인, 모습, 신체 ② 수, 자모(字母)

4 ແລ້ວ/ພົບ/ກັນ/ໃໝ່

래2-우 / 폽 / 깐 / 마5이

그러면 만나다 같이 다시

➡ 그럼 또 만납시다.

- ແລ້ວ 래2-우 : 그리고, 그러면(그럼), 그런데
  동사 뒤에 위치하면 과거 혹은 완료의 의미가 된다.
  예 ໄປ 빠이 : 가다 ໄປແລ້ວ 빠이 래2-우 : 갔다
- ພົບ 폽 : 만나다
- ກັນ 깐 : 함께, 같이
- ໃໝ່ 마5이 : ① 새로운(형용사) ② 다시

5 ຂໍໃຫ້/ໂຊກດີ

커-4하6이 / 쏘-옥디-이

기원, 빌다 행운, 행복

➡ 행운을 빕니다.

- ຂໍໃຫ້ 커-4 하6이~ : ~하시기 바랍니다(기원, 바람에 주로 사용)
- ໂຊກ 쏘-옥 : 운, 운수, 행운
- ດີ 디-이 : ① 좋다, 훌륭하다, 뛰어나다 ② 평안, 건강하다
- ໂຊກດີ 쏘-옥 디-이 : 행운, 좋은 운세

응용 문장 1

1 ໄປກິນເຂົ້ານຳກັນບໍ?
ຂໍໂທດ. ບໍ່ມີເວລາ
2 ຖ້າຢ່າງນັ້ນພົບກັນໄດ້ເມື່ອໃດ?
3 ມື້ນີ້ວັນຫຍັງ? ວັນອາທິດ
4 ສະນັ້ນພົບກັນໃໝ່ວັນທີສາມໄດ້ບໍ?
5 ໄດ້. ແລ້ວພົບກັນໃໝ່

1 함께 밥 먹으러 갈까요? 미안해요. 시간이 없어요.
2 그럼 언제 만날 수 있나요?
3 오늘 무슨 요일입니까? 일요일입니다.
4 그럼 3일에 다시 만날 수 있을까요?
5 좋아요. 그럼 또 만나요.

1 ໄປ/ກິນ/ເຂົ້າ/ນຳກັນ/ບໍ?

ໄປ	ກິນ	ເຂົ້າ	ນຳກັນ	ບໍ
빠이	낀	카6오	남깐	버-
가다	먹다	밥	같이	까?

➡ 함께 밥 먹으러 갈까요?

- ກິນ 낀 : 먹다
- ກິນ/ເຂົ້າ 낀 카6오 : 밥을 먹다

ຂໍ/ໂທດ. ບໍ່/ມີ/ເວລາ

ຂໍ/ໂທດ	ບໍ່	ມີ	ເວລາ
커-4 / 토-옫	버5-	미-이	웨-에 라-아
미안	아니	있다	시간

➡ 미안해요. 시간이 없어요.

- ບໍ່ມີ 버5- 미-이 + ○○ : ○○이 없다

2 ຖ້າຢ່າງນັ້ນ/ພົບກັນ/ໄດ້/ເມື່ອໃດ?

타6-아 야5-앙 난2 / 폽깐 / 다2이 / 므ㅓ으-3아 다이

그럼 같이 만나다 가능하다 언제

➡ 그럼 언제 만날 수 있나요?

3 ມື້ນີ້/ວັນ/ຫຍັງ?

므2-으 니2-이 / 완 / 냥4?

오늘 날 무슨(의문사)

➡ 오늘 무슨 요일인가요?

ວັນອາທິດ

완 아-아 틷

일요일

➡ 일요일입니다.

• ມື້ນີ້ວັນຫຍັງ? 므2-으 니2-이 완 냥4

① 오늘 무슨 요일입니까?

② 오늘 무슨 날입니까? : 공휴일, 주요 행사 등의 질문에도 사용 가능하다.

참고하세요

ມື້ນີ້/ວັນ/ທີ/ເທົ່າໃດ?

므2-으 니2-이 / 완 / 티-이 / 타3오다이

오늘 일 째 몇, 얼마?(의문사)

➡ 오늘 며칠입니까? (직역: 오늘 몇 번째 날입니까?)

4 ສະນັ້ນ/ພົບກັນ/ໃໝ່/ວັນ/ທີ/ສາມ/ໄດ້ບໍ?

싸4난2 / 폽깐 / 마5이 / 완 / 티-이 / 싸-4 암 / 다2이버-

그럼 만나다 다시 날 번째 3 가능합니까?

➡ 그럼 3일에 다시 만날 수 있을까요?

5 ໄດ້. ແລ້ວ/ພົບກັນ/ໃໝ່

다2이. 래2-우 / 폽깐 / 마5이

가능. 그럼 같이 만나다 다시

➡ 좋아요. 그럼 또 만나요.

• ພົບກັນ 폽깐 : 같이 만나다

응용 문장 ②

❶ ສະບາຍດີ
❷ ບໍ່ໄດ້ພົບກັນດົນແລ້ວ
❸ ຂໍຝາກຄວາມຄິດຮອດໃຫ້ພໍ່ແມ່ແດ່ເດີ້
❹ ຫວັງວ່າຄົງຈະພົບກັນໃໝ່
❺ ໄດ້. ແລ້ວພົບກັນໃໝ່ມື້ໜ້າ

❶ 안녕하세요.
❷ 오랫동안 만나지 못했습니다.
❸ 아버지, 어머니에게 안부 전해 주세요.
❹ 또 만나뵙기를 바랍니다.
❺ 네. 그럼 나중(훗날)에 다시 뵙겠습니다.

1 ສະບາຍດີ

싸4바-이디-이

안녕

➡ 안녕하세요.

2 ບໍ່ໄດ້/ພົບກັນ/ດົນ/ແລ້ວ

ບໍ່ໄດ້	ພົບກັນ	ດົນ	ແລ້ວ
버5-다2 이	**폽깐**	**돈**	**래2-우**
못했다	같이 만나다	오래	~었다(과거, 완료)

➡ 오랫동안 만나지 못했습니다.

- ບໍ່ໄດ້ 버5- 다2이 : 못했다 　　*다2이 + 동사 : ~했다
- ພົບກັນ 폽깐 : 같이 만나다 　　*폽 : 만나다 　*깐 : 같이

3 ຂໍ/ຝາກ/ຄວາມຄິດຮອດ/ໃຫ້/ພໍ່/ແມ່/ແດ່/ເດີ້

커-4 / 파f-4악 / 쿠와-암 킨 허-얻 / 하60l / 퍼-3 / 매-30ㅐ / 대5-애 / 드ㅓ2-
요청 전하다 안부 ~에게 아버지 어머니 좀 (존대)

➡ 부모님께 안부 전해 주세요.

- ຂໍຝາກ 커-4 파f-4악 : (~을) 전해 주세요
- ຄວາມຄິດຮອດ = ຄວາມຄິດເຖິງ : 안부, 그리움
  쿠와-암 킨 허-얻 쿠와-암 킨 트ㅓ4ㅇ
- ຄິດຮອດ 킨 허-얻 : 그립다, 그리워하다
- ຄິດ 킨 : 생각하다
- ພໍ່ 퍼-3 : 아버지
- ແມ່ 매-30ㅐ : 어머니
- ພໍ່ແມ່ 퍼-3 매-30ㅐ : 부모님
- ຂໍ/ຝາກ/ຄວາມຄິດຮອດ/ໃຫ້ + 대상(○○)
  커-4 / 파f-4악 / 쿠와-암 킨 허-얻 / 하60l + 대상(○○) : ~에게 안부 전해 주세요

4 ຫວັງ/ວ່າ/ຄົງຈະ/ພົບກັນ/ໃໝ່

왕4 / 와-30ㅏ / 콩 짜 / 폽깐 / 마50l
바라다 ~기를 아마 같이 만나다 다시

➡ 또 만나기를 바랍니다.

- ຫວັງວ່າ 왕4 와-30ㅏ + (문장) : (~하기를) 희망하다, 바라다
- ຄົງຈະ 콩 짜 : (아마) ~일 것이다
- ພົບກັນ 폽 깐 : 같이 만나다
- ໃໝ່ 마50l : 다시, 새로

5 ໄດ້. ແລ້ວ/ພົບກັນ/ໃໝ່/ມື້ໜ້າ

다20l. 래2-우 / 폽깐 / 마50l / 므2-으나6-아
가능. 그럼 같이 만나다 다시 나중

➡ 예. 그럼 나중(훗날)에 다시 만나요.

복습하기 1

다음 문장을 라오스어로 말해보세요.

01 안녕하세요.

02 안녕하십니까? (평안하십니까? 별고 없으십니까?)

03 저는 별고 없습니다. 감사합니다.

04 그러면(그럼) 당신은요?

05 저는 편안(평안)합니다.

06 함께 밥 먹으러 갈까요?

07 미안해요. 시간이 없어요.

08 그럼 언제 만날 수 있나요?

09 오늘 무슨요일입니까? 일요일입니다. 그럼 월요일에 만납시다.

10 3일에 다시 만날 수 있을까요?

11 좋아요. 그럼 또 만나요.

12 안녕하세요.

13 오랫동안 만나지 못했습니다.

14 부모님께 안부 전해 주세요.

15 또 만나뵙기를 바랍니다.

16 네, 그럼 나중(훗날) 다시 뵙겠습니다.

복습하기 2

다음 문장을 읽으면서 연습하세요.

01 싸4 바-이 디-이

02 싸4 바-이 디-이 버-

03 커6-이 싸4 바-이 디-이. 커-4업 짜이

04 래2-우 짜2오 데-에?

05 커6-이 싸4바-이 디-이

06 빠이 낀 카6오 남깐 버-?

07 커-4 토-온. 버5- 미-이 웨-에 라-아

08 타6-아 야5-앙 난2. 폽깐 다20이 므ㅓ으-30아 다이?

09 므2-으 니2-이 완냥4? 완아-아 틷. 래2-우 폽깐 므2-으 완짠

10 폽깐 마50이 완 티-이 싸-4암 다20이 버-?

11 다20이. 래2-우 폽깐 마50이

12 싸4 바-이디-이

13 버5- 다20이 폽깐 돈 래2-우

14 커-4 파f-4악 쿠와-암킨 트ㅓ4ㅇ 하60이 퍼-3 매-30애 드ㅓ2-

15 왕4와-30아 콩짜 폽깐 마50이

16 다20이. 래2우 폽깐 마50이 므2-으나6-아

02 당신은 이름이 무엇입니까?

1 ເຈົ້າຊື່ຫຍັງ?
2 ຂ້ອຍຊື່ສົມປາດ
3 ຖ້າຢ່າງນັ້ນນາມສະກຸນເຈົ້າແມ່ນຫຍັງ?
4 ອຳມະພັນ
5 ລາວຊື່ຫຍັງ?
6 ລາວຊື່ໄພທູນ

❶ 당신은 이름이 무엇입니까?
❷ 저는 이름이 쏨빧입니다.
❸ 그렇다면 당신은 성이 무엇입니까?
❹ 암마판입니다.
❺ 그는 이름이 무엇입니까?
❻ 그는 이름이 파이툰입니다.

핵심 포인트

1 ເຈົ້າ/ຊື່/ຫຍັງ?

짜2오 / 쓰-3으 / 냥4
당신 이름 ~다 무엇(의문사)

➡ 당신은 이름이 무엇입니까?

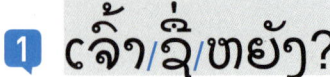

- A + ຊື່ 쓰-3으 + ○○ : A는 이름이 ○○이다

2 ຂ້ອຍ/ຊື່/ສົມປາດ

커6-이 / 쓰-3으 / 쏨4빠-앋
나, 저 이름 ~다 쏨빧

➡ 저는 이름이 쏨빧입니다.

3 ຖ້າ/ຢ່າງ/ນັ້ນ/ນາມສະກຸນ/ເຈົ້າ/ແມ່ນ/ຫຍັງ?

(타6-아 / 야5-앙 / 난2) / 나-암싸4꾼 / 짜2오 / 매-3앤 / 냥4

(그렇다면) 성 당신 ~이다 무엇(의문사)

➡ 그렇다면 당신은 성이 무엇입니까?

- ຖ້າຢ່າງນັ້ນ 타6-아 야5-앙 난2 : 그렇다면, 그럼
- ຖ້າ 타6-아 : 만약
- ຢ່າງນັ້ນ 야5-앙 난2 : 그렇게, 그런
- ນາມສະກຸນເຈົ້າ 나-암 싸4 꾼 짜2오 : 당신(의) 성
- ~ແມ່ນຫຍັງ? ~매-3앤 냥4 : (~은) 무엇입니까?

4 ອຳມະພັນ

암마판

➡ 암마판입니다.

5 ລາວ/ຊື່/ຫຍັງ?

라-오 / 쓰-3 으 / 냥4

그 이름이 ~다 무엇(의문사)

➡ 그는 이름이 무엇입니까?

6 ລາວ/ຊື່/ໄພທູນ

라-오 / 쓰-3으 / 파이투-운

그 이름이 ~다 파이툰

➡ 그는 이름이 파이툰입니다.

응용 문장 ①

❶ ຂໍໂທດ. ເຈົ້າຊື່ຫຍັງ?
❷ ຂ້ອຍຊື່ປະພົນ
❸ ນາມສະກຸນເຮືອງນະລົງ
❹ ຊື່ຫຼິ້ນວ່າແນວໃດ?
❺ ຊື່ສາຍ

❶ 죄송합니다(만) 당신은 이름이 무엇입니까?
❷ 저는 이름이 빠폰입니다.
❸ 성은 흐ㅓ앙나롱입니다.
❹ 별명이 무엇입니까? (별명은 어떻게 됩니까?)
❺ 싸이입니다.

1 ຂໍໂທດ. ເຈົ້າ/ຊື່/ຫຍັງ?

커-4토-옫 **짜2오 / 쓰-3으 / 냥4**

죄송 당신 이름이 ~다 무엇(의문사)

➡ 죄송합니다(만), 당신은 이름이 무엇입니까? (실례지만 이름이 뭐예요?)

2 ຂ້ອຍ/ຊື່/ປະພົນ

커6-이 / 쓰-3으 / 빠폰

나, 저 이름이 ~다 빠폰

➡ 저는 이름이 빠폰입니다.

3 ນາມສະກຸນ/ເຮືອງນະລົງ

나-암싸4꾼 / 흐ㅓ으-앙나롱

성 / 흐ㅓ앙 나롱

➡ 성은 흐ㅓ앙나롱입니다.

4 ຊື່ຫຼິ້ນ/ວ່າ/ແນວໃດ?

쓰-3으린6 / 와-3아 / 내-우다이

별명 ~라고 하다 어떻게(의문사)

➡ 별명은 무엇입니까? (별명은 어떻게 됩니까?)

5 ຊື່/ສາຍ

쓰-3으 / 싸-4이

이름이 ~다 싸이

➡ 싸이입니다.

참고하세요

• ຊື່ 쓰-3으

① 명사 : 이름 ② 동사 : 이름이 ○○이다

③ 부사 : ຊື່ໆ 쓰-3으 쓰-3으 똑바로 *ໆ : 앞 단어를 반복하라는 표시이다.

예 ໄປຊື່ໆ 빠이 쓰-3으 쓰-3으 똑바로 가다

• ນາມສະກຸນ 나-암 싸4 꾼 : 성(이름의 성, 성씨)

복습하기 1

다음 문장을 라오스어로 말해보세요.

01 당신은 이름이 무엇입니까?

02 저는 이름이 쏨빧입니다.

03 그렇다면 당신은 성이 무엇입니까?

04 암마판입니다.

05 그는 이름이 무엇입니까?

06 그는 이름이 파이툰입니다.

07 죄송합니다(만), 당신은 이름이 무엇입니까?

08 저는 이름이 빠폰입니다. 성은 흐ㅓ앙나롱입니다.

09 별명은 어떻게 부릅니까? (별명이 무엇입니까?)

10 싸이입니다.

복습하기 2

다음 문장을 읽으면서 연습하세요.

01 짜2오 쓰-3으 냥4?

02 커6-이 쓰-3으 쏨4빠-압

03 타6-아 야5-앙 난2 나-암 싸4꾼 짜2오 매-3앤 냥4?

04 암마판

05 라-오 쓰-3으 냥4?

06 라-오 쓰-3으 파이 투-운

07 커-4 토-온 짜2오 쓰-3으 냥4?

08 커6-이 쓰-3으 빠폰. 나-암 싸4꾼 흐ㅓ으-앙 나롱

09 쓰-3으 린6 와-3아 내-우다이?

10 쓰-3으 싸-4이

03 제 소개를 하겠습니다

❶ ສະບາຍດີ
❷ ຂ້ອຍຈະແນະນຳຕົວເອງກ່ອນ
❸ ຂ້ອຍຊື່ຄິມຮັນກຸກເປັນຄົນເກົາຫຼີ
❹ ສະບາຍດີ. ຍິນດີທີ່ໄດ້ຮູ້ຈັກ
❺ ເຈົ້າເຮັດວຽກຢູ່ໃສ?
❻ ຂ້ອຍເຮັດວຽກຢູ່ທະນາຄານລາວ

❶ 안녕하세요.
❷ 먼저 제 소개를 하겠습니다.
❸ 저의 이름은 김한국이고 한국 사람입니다.
❹ 안녕하세요. 알게 되어서 반갑습니다.
❺ 당신은 어디에서 일합니까?
❻ 저는 라오스 은행에서 일합니다.

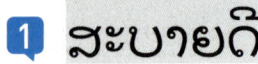

핵심 포인트

1 ສະບາຍດີ

싸4바-이디-이

안녕

➡ 안녕하세요.

• 한국말의 "처음 뵙겠습니다", "잘 부탁합니다" 등에 꼭 맞는 라오스말은 없다.
대신 「ສະບາຍດີ 싸4바-이디-이」 라고 인사하면 된다.

2 ຂ້ອຍ/ຈະ/ແນະນຳ/ຕົວເອງ/ກ່ອນ

커6-이 / 짜 / 내남 / 뚜-와 에-엥 / 꺼5-언
나, 저 ~일 것이다 소개 나, 자신 먼저

➡ 먼저 제 소개를 하겠습니다.

• 이 말은 우리말의 "인사드리겠습니다" 정도의 의미이다.

3 ຂ້ອຍ/ຊື່/ຄິມຮັນກຸກ/ເປັນ/ຄົນ/ເກົາຫຼີ

커6-이 / 쓰-3으 / 킴한꾹 / 뻰 / 콘 / 까오리-4이
나, 저 이름 김한국 ~이다 사람 한국

➡ 저의 이름은 김한국이고 한국 사람입니다.

*콘 까오리-4이 : 한국인

4 ສະບາຍດີ. ຍິນດີ/ທີ່ໄດ້/ຮູ້ຈັກ

싸4바-이디-이 닌디-이 / 티-3이 다2이 / 후2-우 짝
안녕 기쁘다 ~해서 알다

➡ 안녕하세요. 알게 되어서 반갑습니다.

• ທີ່ໄດ້ 티-3이 다2이 : ~해서
• ໄດ້ 다2이 : 조동사(생략 가능)
• ທີ່ 티-3이 : ~서(원인, 이유를 이끄는 관계대명사)

5 ເຈົ້າ/ເຮັດ/ວຽກ/ຢູ່/ໃສ?

짜2오 / 헫 / 위-악 / 유5-우 / 싸4이
당신 ~하다 일 ~에서 어디(의문사)

➡ 당신은 어디에서 일합니까?

6 ຂ້ອຍ/ເຮັດ/ວຽກ/ຢູ່/ທະນາຄານ/ລາວ

커6-이 / 헫 / 위-악 / 유5-우 / 타나-아카-안 / 라-오
나, 저 ~하다 일 ~에서 은행 라오스

➡ 저는 라오스 은행에서 일합니다.

❶ ສະບາຍດີ. ເຈົ້າຊື່ລຸນແມ່ນບໍ?

❷ ແມ່ນແລ້ວ. ຂ້ອຍຊື່ລຸນ

❸ ເຈົ້າຊື່ຫຍັງ?

❹ ຂ້ອຍຊື່ຄິມຮັນກຸກ. ເຈົ້າຮູ້ຈັກຄົນນີ້ບໍ?

❺ ຄົນນີ້ຊື່ລີຍອງໂຮເຮັດວຽກຢູ່ບໍລິສັດຊຳຊຸງ

❻ ຍິນດີທີ່ໄດ້ຮູ້ຈັກ. ຂ້ອຍຊື່ຊານ

❼ ຂ້ອຍກໍ່ເຊັ່ນດຽວກັນ

❶ 안녕하세요. 당신이 룬(씨)이지요?
❷ 네 그렇습니다. 제가 룬입니다.
❸ 당신의 이름은 무엇입니까?
❹ 저는 김한국이라고 합니다. 당신은 이분을 아십니까?
❺ 이분의 이름은 이영호입니다. 삼성회사에 근무하고 있습니다.
❻ 알게 되어서 반갑습니다. 제 이름은 싼입니다.
❼ 저도 마찬가지입니다.

핵심 포인트

1 ສະບາຍດີ. ເຈົ້າ/ຊື່/ລຸນ/ແມ່ນບໍ?

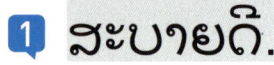

ສະບາຍດີ.	ເຈົ້າ	ຊື່	ລຸນ	ແມ່ນບໍ?
싸4바-이디-이	짜2오	쓰-3으	룬	매-3앤 버-
안녕	당신	이름	룬	맞지요?

➡ 안녕하세요.

➡ 당신이 룬(씨)이지요?

2 ແມ່ນແລ້ວ

매-3앤 래2-우

그렇습니다

➡ 네 그렇습니다.

ຂ້ອຍ/ຊື່/ລຸນ

커6-이 / 쓰-3으 / 룬

나, 저 이름 ~이다 룬

➡ 제가 룬입니다.

3 ເຈົ້າ/ຊື່/ຫຍັງ?

짜2오 / 쓰-3으 / 냥4

당신 이름 무엇(의문사)

➡ 당신 이름은 무엇입니까?

4 ຂ້ອຍ/ຊື່/ຄິມຮັນກຸກ

커6-이 / 쓰-3으 / 킴한꾹

너, 저 이름 김한국

➡ 저는 김한국이라 합니다.

ເຈົ້າ/ຮູ້ຈັກ/ຄົນ/ນີ້/ບໍ?

짜2오 / 후2-우짝 / 콘 / 니2-이 / 버-

너, 당신 알다 사람 이 ~까?

➡ 당신은 이분을 아십니까?

5 ຄົນ/ນີ້/ຊື່/ລີຢອງໂຮ/ເຮັດ/ວຽກ/ຢູ່/ບໍລິສັດ/ຊໍາຊຸງ

콘 / 니2-이 / 쓰-3으 / 리-이 여-엉 호-오 / 헫 / 위-약/ 유5-우 / 버-리쌑4 / 쌈쑹

사람 이 이름 이영호 ~하다 일 ~에서 회사 삼성

➡ 이분의 이름은 이영호입니다. 삼성회사에 근무하고 있습니다.

6 ຍິນດີ/ທີ່ໄດ້/ຮູ້ຈັກ

닌디-이 / 티-3이 다2이 / 후2-우짝

기쁘다 ~해서 알다

➡ 알게 되어서 반갑습니다(기쁩니다).

ຂ້ອຍ/ຊື່/ຊານ

커6-이 / 쓰-3으 / 싸-안

나, 저 이름 싼

➡ 제 이름은 싼입니다.

7 ຂ້ອຍ/ກໍ່/ເຊັ່ນດຽວກັນ

커6-이 / 꺼5- / 쎈3 디-야우깐

나, 저 ~도 마찬가지

➡ 저도 마찬가지입니다.

• 쎈3 디-야우깐 = 쎈3 깐 : 마찬가지

응용 문장 ①

❶ ຂ້ອຍຂໍແນະນຳລາວໃຫ້ຮູ້ຈັກກັບເຈົ້າ

❷ ຂ້ອຍຂໍແນະນຳໃຫ້ຮູ້ຈັກກັນ

❸ ເຈົ້າແນະນຳຜູ້ຍິງຄົນນັ້ນໃຫ້ຂ້ອຍຮູ້ຈັກໄດ້ບໍ?

❹ ໄດ້. ຂ້ອຍຈະແນະນຳໃຫ້ເຈົ້າຮູ້ຈັກເຂົາ

❶ 내가 그를 당신에게 소개해 드리겠습니다.
❷ 서로 알도록 소개해 드리겠습니다.
❸ 당신은 저 여자를 저에게 소개해 주실 수 있겠습니까?
❹ 네, 제가 당신에게 그를(그녀를) 소개하겠습니다.

1 ຂ້ອຍ/ຂໍ/ແນະນຳ/ລາວ/ໃຫ້/ຮູ້ຈັກ/ກັບ/ເຈົ້າ

ຂ້ອຍ	ຂໍ	ແນະນຳ	ລາວ	ໃຫ້	ຮູ້ຈັກ	ກັບ	ເຈົ້າ
커6-이	커-4	내남	라-오	하6이	후2-우짝	깝	짜2오
나, 저	~해드리다	소개하다	그(를)	~하도록	알다	~와, 과(에게)	당신

➡ 제가 그를 당신에게 소개해 드리겠습니다. (직역 : 제가 그를 당신과 서로 알도록 소개해 드리겠습니다.)

• ຂໍ 커-4 (*상황에 따라 해석이 달라질 수 있다.)

① 커-4 + [명사] : [명사]를 주세요

② 커-4 + [동사] : • ([동사]하는 것을) 요청·요구하다

→ '[동사]해 주세요'의 의미로 해석되는 경우가 가장 많다.

• (제가) [동사]해 드리겠습니다 / [동사]하고 싶습니다

2 ຂ້ອຍ/ຂໍ/ແນະນຳ/ໃຫ້/ຮູ້ຈັກ/ກັນ

ຂ້ອຍ	ຂໍ	ແນະນຳ	ໃຫ້	ຮູ້ຈັກ	ກັນ
커6-이	커-4	내남	하6이	후2-우짝	깐
나, 저	~해드리다	소개하다	~해주다(하도록)	알다	서로

➡ 서로 알도록 소개해 드리겠습니다.

3 ເຈົ້າ/ແນະນຳ/ຜູ້ຍິງ/ຄົນ/ນັ້ນ/ໃຫ້/ຂ້ອຍ/ຮູ້ຈັກ/ໄດ້/ບໍ?

짜2오 /	내남	/ 푸6-우닝 /	콘	/ 난2	/ 하6이 /	커6-이	/ 후2-우짝 /	다2이 /	버-
당신	소개해 주다	여자	사람	저	/ ~해주다(하도록) /	내(가)	알다	가능	~까?

➡ 당신은 저 여자를 제게(제가 알도록) 소개해 주실 수 있겠습니까?

- 내남 하6이 : 소개해 주다
- 내남 푸6-우닝 콘 난2 하6이 : 저 여자를 소개해 주다
- 내남 하6이 커6-이 후2-우짝 : 소개해 주다 + 내가 알도록 → 내가 알게(알도록) 소개해 주다
- ຮູ້ຈັກ 후2-우짝 : 알다
- ຜູ້ຍິງຄົນນັ້ນ 푸6-우 닝 콘 난2 : 저 여자(여기에서 「ຄົນ 콘」은 사람을 대신하는 유별사이며 생략 가능하다.)

4 ໄດ້. ຂ້ອຍ/ຈະ/ແນະນຳ/ໃຫ້/ເຈົ້າ/ຮູ້ຈັກ/ເຂົາ

다2이.	커6-이 /	짜 /	내남	/ 하6이 /	짜2오 /	후2-우짝 /	카4오
가능	나, 저 /	~일 것이다 /	소개하다 /	해주다~하도록 /	당신 /	알다 /	그, 그녀

➡ 네, 제가 당신에게 그를(그녀를) 소개하겠습니다.
(직역 : 가능합니다, 제가 당신에게 그를(그녀를) 알도록 소개하겠습니다.)

참고하세요

- [동사] + 하6이 : [동사]해 주다
- [동사1] + 하6이 + [동사2] : [동사1]해 주다 + [동사2]하도록
- 커6-이 (커-4 내남) 하6이 + [동사] : 제가 소개해 드리겠습니다, [동사]하도록
- ຂໍແນະນຳ~ 커-4 내남~ : (~를) 소개 드리겠습니다('소개해 주세요'가 아님에 주의한다.)
- ແນະນຳໃຫ້ 내남 하6이 : 소개해 주다

응용 문장 ②

❶ ເຈົ້າຊື່ຫຍັງ?
❷ ຂ້ອຍຊື່ທະວິນ
❸ ເຈົ້າອາຍຸຈັກປີແລ້ວ
❹ ຂ້ອຍອາຍຸສາມສິບປີ
❺ ສົມຊາຍເປັນເພື່ອນຂອງຂ້ອຍ
❻ ດີໃຈທີ່ໄດ້ພົບເຈົ້າ

❶ 당신의 이름은 무엇입니까?
❷ 저의 이름은 타윈입니다.
❸ 당신의 나이는 얼마입니까?
❹ 저의 나이는 30세입니다.
❺ 쏨싸이는 제 친구입니다.
❻ 당신을 만나서 반갑습니다.

1 ເຈົ້າ/ຊື່/ຫຍັງ?

짜2오 / 쓰-3으 / 냥4

너, 당신 이름 무엇(의문사)

➡ 당신의 이름은 무엇입니까?

• ຊື່ 쓰-3으 : ① (명사) 이름 ② (동사) 이름이 ~이다

2 ຂ້ອຍ/ຊື່/ທະວິນ

커6-이 / 쓰-3으 / 타윈

나, 저 이름 타윈

➡ 저의 이름은 타윈입니다.

3 ເຈົ້າ/ອາຍຸ/ຈັກ/ປີ/ແລ້ວ?

짜2오 / 아-아뉴 / 짝 / 삐-이 / 래2-우

너, 당신 　나이 　몇 　살, 해 　~었다(되었다)

➡ 당신의 나이는 얼마입니까?

- 나이(연령) + 래2-우 : ~살이 되었다

4 ຂ້ອຍ/ອາຍຸ/ສາມສິບ/ປີ

커6-이 / 아-아뉴 / 싸-4암 씹4 / 삐-이

나, 저 　나이 　30 　살(세, 년/年)

➡ 저는 나이가 30세입니다.

- 숫자(일, 월, 년 등) + 래2-우 : (일, 월, 년) 등이 되었다.

참고하세요

주어, 동사의 생략이 가능함에도 학습을 위해 주어, 동사를 모두 적어 소개할 때가 많습니다. 상대방과 마주 보면서 대화할 때 주어(특히 나, 너, 당신)나 이미 알고 있는 동사, 명사 등이 생략되어 표현되는 경우가 많습니다. 이를 염두에 두고 공부해 주세요.

위 문장을 예로 들면 실제 회화에선 [커6-이 아-아뉴]를 생략하고, [싸-4암 씹4 삐-이(30살)]이라고 대답합니다.

5 ສົມຊາຍ/ເປັນ/ເພື່ອນ/ຂອງ/ຂ້ອຍ

쏨4싸-이 / 뻰 / 프ㅓ으-3안 / 커-4엉 / 커6-이

쏨싸이 　~이다 　친구 　~의 　나, 저

➡ 쏨싸이는 나의 친구입니다.

6 ດີໃຈ/ທີ່ໄດ້/ພົບ/ເຈົ້າ

디-이짜이 / 티-3이다2이 / 폽 / 짜2오

기쁘다 　~해서 　만나다 　당신

➡ 당신을 만나서 기쁩니다.

복습하기 1

다음 문장을 라오스어로 말해보세요.

01 안녕하세요. 먼저 제 소개를 하겠습니다.

02 저의 이름은 김한국이고 한국 사람입니다.

03 안녕하세요. 알게 되어서 반갑습니다.

04 저의 이름은 싼입니다.

05 당신은 어디에서 일합니까?

06 저는 라오스 은행에서 일합니다.

07 안녕하세요. 당신이 룬(씨)이지요?

08 네 그렇습니다. 당신의 이름은 무엇입니까?

09 저는 김한국이라고 합니다.

복습하기 2

다음 문장을 읽으면서 연습하세요.

01 싸4바-이디-이. 커6-이 짜 내남 뚜-와 에-엥 꺼5-언

02 커6-이 쓰-3으 킴한꾹 뻰 콘 까오리-4이

03 싸4바-이디-이. 닌디-이 티-3이 다2이 후2-우 짝

04 커6-이 쓰-3으 싸-안

05 짜2오 헨위-약 유5-우 싸4이?

06 커6-이 헨위-약 유5-우 타나-아 카-안 라-오

07 싸4바-이디-이. 짜2오 쓰-3으 룬 매-3앤 버-?

08 매-3앤 래2-우. 짜2오 쓰-3으 냥4?

09 커6-이 쓰-3으 킴한꾹

04 오늘은 날씨가 어떻습니까?

❶ ມື້ນີ້ອາກາດເປັນແນວໃດ?
❷ ດີຫຼາຍ
❸ ແຕ່ຕອນບ່າຍເບິ່ງຄືວ່າຝົນຈະຕົກ

❶ 오늘은 날씨가 어떻습니까?
❷ 매우 좋습니다.
❸ 그러나 오후에는 비가 올 것 같습니다.

핵심 포인트

1 ມື້ນີ້/ອາກາດ/ເປັນແນວໃດ?

므2-으니2-이 / 아-아까-앋 / 뻰 내-우다이
오늘 날씨 어떻습니까(의문사)

➡ 오늘은 날씨가 어떻습니까?

- ແນວໃດ? 내-우 다이 : 어떻게, 어떤, 어떠한
- ເປັນແນວໃດ? 뻰내-우다이 : (~가) 어떻습니까?
  (날씨, 건강, 성격 혹은 물건 등의 상태가 어떠한지를 물을 때도 사용한다.)
- ອາກາດ 아-아 까-앋 : 날씨, 공기

2 ດີ/ຫຼາຍ

디-이 / 라-4이

좋다 많이

➡ 매우 좋습니다.

3 ແຕ່/ຕອນ/ບ່າຍ/ເບິ່ງ/ຄື/ວ່າ/ຝົນ/ຈະ/ຕົກ

때5-애 / 떠- 언 / 바5-이 / 브ㅓ5ㅇ / 크-으 / 와-3아 / 폰f4 / 짜 / 똑

그러나 ~에 오후 보다 처럼 ~라고 비 ~할 것이다 떨어지다

➡ 그러나 오후에는 비가 올 것 같습니다.

- ຕອນ 떠-언 : 때, ~에
- ບ່າຍ 바5-이 : 오후
- ຕອນບ່າຍ 떠-언 바5-이 : 오후(에)
- ຕອນນີ້ 떠-언 니2-이 : 지금
- ຕອນເຊົ້າ 떠-언 싸2오 : 아침(에)
- ຕອນກາງເວັນ 떠-언 까-앙 웬 : 낮(에)
- ຕອນຄ່ຳ 떠-언 캄3 : 저녁(에)
- ຕອນກາງຄືນ 떠-언 까-앙 크-은 : 밤중(에)
- ຕອນນັ້ນ 떠-언 난2 : 그때
- ເບິ່ງຄືວ່າ 브ㅓ5ㅇ 크-으 와-3아 : ~처럼(~같아) 보이다
- ຄື 크-으 : ~처럼, ~같이, 같다
- ວ່າ 와-3아 : ~라고, ~인지, ~기를
- ຝົນ 폰f4 : 비
- ຈະ 짜 : ~일 것이다(짜 + 동사)
- ຕົກ 똑 : 떨어지다

*기타 시간 관련 내용은 문법편 '시간'을 참고하세요.

❶ ຖ້າຝົນບໍ່ຕົກໄປເບິ່ງຮູບເງົາກັນບໍ?
❷ ສົມຊາຍ ສຸຂະພາບເຈົ້າເປັນແນວໃດ?
❸ ຫນັງສືນີ້ເປັນແນວໃດ?
❹ ເຂົາເປັນຄົນແນວໃດ?

❶ 만약 비가 안 오면 함께 영화 보러 가겠습니까?
❷ 쏨싸이 씨, 당신 건강은 어떠십니까?
❸ 이 책은 어떻습니까?
❹ 그는 어떤 사람입니까?

핵심 포인트

1 ຖ້າ/ຝົນ/ບໍ່ຕົກ/ໄປ/ເບິ່ງ/ຊີເນມາ/ກັນ/ບໍ?

타6-아 / 폰f4 / 버5- 똑 / 빠이 / 브ㅓ5ㅇ / 씨-이네-에마-아 / 깐 / 버-
만약 / 비 / 안 오다 / 가다 / 보다 / 영화 / 같이 / ~까?

➡ 만약 비가 안오면 함께 영화 보러 가겠습니까?

- ຖ້າ 타6-아 : 만약, 만약 ~라면(가정문을 이끄는 접속사)
- ໄປເບິ່ງ 빠이 ㅓ브ㅓ5ㅇ : ① 가서 보다 ② 보러 가다
- ເບິ່ງຊີເນມາກັນ 브ㅓ5ㅇ 씨-이 네-에 마-아 깐 : 같이 영화를 보다
- ຊີເນມາ 씨-이 네-에 마-아 : 영화(외래어 cinema)
- ໄປກັນບໍ? 빠이 깐 버- : 같이 가겠습니까?
- ກັນ 깐 : 같이

2 ສົມຊາຍ ສຸຂະພາບ/ເຈົ້າ/ເປັນແນວໃດ?

쏨4싸-이 / 쑤4카4파-압 / 짜2오 / 뻰 내-우다이

쏨싸이 / 건강 / 당신 / 어떻습니까(어때요)

➡ 쏨싸이씨, 당신 건강은 어떠십니까?

- ສຸຂະພາບເຈົ້າ 쑤4 카4 파-압 짜2오 : 당신(의) 건강
- ສຸຂະພາບ 쑤4 카4 파-압 : 건강
- ຂອງ 커-4엉 : ~의(소유격)
- ສຸຂະພາບຂອງເຈົ້າ 쑤4 카4파-압 커-4엉 짜2오 : 당신의 건강

  →「ຂອງ 커-4엉 ~의(소유격)」은 생략 가능하다.
- ແນວໃດ 내-우다이 : 어떻게(의문사)

  → ເປັນແນວໃດ 뻰 내-우 다이 : 어때요(의문사)

3 ຫນັງສື/ນີ້/ເປັນແນວໃດ?

낭4쓰-4으 / 니2-이 / 뻰 내-우다이

책 / 이(이것) / 어때요?

➡ 이책은 어떻습니까?

4 ເຂົາ/ເປັນ/ຄົນ/ແນວໃດ?

카4오 / 뻰 / 콘 / 내-우다이

그 / 이다 / 사람 / 어떤

➡ 그는 어떤 사람 입니까? (성격이 어떠한지를 묻는 말)

응용 문장 ①

❶ ມື້ນີ້ອາກາດຮ້ອນ
❷ ມື້ນີ້ອາກາດເຢັນ
❸ ມື້ນີ້ອາກາດໜາວ
❹ ໃນຕອນເຊົ້າແລະຕອນຄ່ຳອາກາດເຢັນລົງ

❶ 오늘은 날씨가 덥습니다.
❷ 오늘은 날씨가 선선합니다.
❸ 오늘은 날씨가 춥습니다.
❹ 아침과 저녁 때에는 날씨가 선선해졌습니다.

1 ມື້ນີ້/ອາກາດ/ຮ້ອນ

므2-으니2-이 / 아-아까-앋 / 허2-언

오늘 날씨 덥다

➡ 오늘은 날씨가 덥습니다.

2 ມື້ນີ້/ອາກາດ/ເຢັນ

므2-으 니2-이 / 아-아까-앋 / 옌

오늘 날씨 선선한, 찬

➡ 오늘은 날씨가 선선합니다.

3 ມື້ນີ້/ອາກາດ/ໜາວ

므2-으니2-이 / 아-아까-앋 / 나-4우

오늘 날씨 춥다

➡ 오늘은 날씨가 춥습니다.

4 ໃນ/ຕອນເຊົ້າ/ແລະ/ຕອນຄ່ຳ/ອາກາດ/ເຢັນ/ລົງ

나이 /	떠-언싸2오 /	래 /	떠-언 캄3 /	아-아까-앋 /	옌 /	롱
~에	아침	그리고	저녁에	날씨	선선한	~해지다

➡ 아침과 저녁 때에는 날씨가 선선해졌습니다.

- ໃນຕອນເຊົ້າ 나이 떠-언 싸2오 : 아침에
- ແລະ 래 : 그리고
- ຕອນຄ່ຳ 떠-언 캄3 : 저녁에
- ຄ່ຳ 캄3 : 저녁
- ອາກາດ 아-아 까-앋 : 날씨
- ເຢັນ 옌 : 선선하다, 차다 (ໜາວ 나-4우 : 춥다)
- ລົງ 롱 ① 내려가다
  ② ~해지다[형용사 + 롱]
  ~해지다(부동사로 사용되어, 어떤 상태가 내려가는 현상을 의미한다.)

- ຮ້ອນ 허2-언 : 덥다
- ໜາວ 나-4우 : 춥다
- ເຢັນ 옌 : 서늘한, 시원한, 차가운

응용 문장 2

1. ເຈົ້າມັກລະດູໃດ?
2. ຂ້ອຍມັກລະດູໜາວ
3. ໃນລະດູຮ້ອນໄປທ່ຽວທີ່ທະເລ
4. ໃນລະດູໜາວໄປຫຼິ້ນສະກີ
5. ມື້ນີ້ອຸນຫະພູມມີຈັກອົງສາ?
6. 23 ອົງສາ. ລົບ5ອົງສາ

❶ 당신은 어느 계절을 좋아합니까?
❷ 나는 겨울을 좋아합니다.
❸ 여름에는 바다에 놀러 갑니다.
❹ 겨울에는 스키를 타러 갑니다.
❺ 오늘 기온이 몇 도입니까?
❻ 영상 23도입니다. 영하 5도입니다.

1 ເຈົ້າ/ມັກ/ລະດູ/ໃດ?

짜2오	막	라두-우	다이
당신	좋아하다	계절	어떤(어느)

➡ 당신은 어느 계절을 좋아합니까?

2 ຂ້ອຍ/ມັກ/ລະດູ/ໜາວ

커6-이	막	라두-우	나-4우
나, 저	좋아하다	계절	추운

(라두-우 나-4우 : 겨울)

➡ 나는 겨울을 좋아합니다.

3 ໃນ/ລະດູ/ຮ້ອນ/ໄປ/ທ່ຽວ/ທີ່/ທະເລ

나이 / 라두-우 / 허2-언 / 빠이 / 티-30야우 / 티-30이 / 타레-에

~에 계절 더운 가다 놀러 ~에 바다 (라두-우 허2-언 : 여름)

➡ 여름에는 바다에 놀러 갑니다.

- ໄປທ່ຽວ(ທີ່) + ○○ 빠이 티-30야우 (티-30이) + ○○(장소) : ○○로 놀러 가다
- ທະເລ 타레-에 : 바다

4 ໃນ/ລະດູ/ໜາວ/ໄປ/ຫຼິ້ນ/ສະກີ

나이 / 라두-우 / 나-4우 / 빠이 / 린6 / 싸4끼-이

~에 계절 추운 가다 타다 스키 (라두-우 나-4우 : 겨울)

➡ 겨울에는 스키를 타러 갑니다.

- ຫຼິ້ນ 린6 + 운동명 : (~운동을) 하다
- ຫຼິ້ນ 린6 + 악기명 : (~악기를) 연주하다

5 ມື້ນີ້/ອຸນຫະພູມ/ມີ/ຈັກ/ອົງສາ?

므2-으니2-이 / 운하4푸-움 / 미-이 / 짝 / 옹 싸-4아

오늘 기온 가지다 몇 도, 온도

➡ 오늘 기온이 몇 도입니까?

- ອຸນຫະພູມ 운 하4 푸-움 : 기온, 온도

6 23/ອົງສາ

싸-오싸-4암 / 옹싸-4아

23 온도(도)

➡ 영상 23도입니다.

ລົບ5ອົງສາ

롭 / 하6-아 / 옹싸-4아

마이너스 5 온도(도)

➡ 영하 5도입니다.

- ຊາວສາມ 싸-오싸-4암 : 23
- ຫ້າ 하6-아 : 5

복습하기 1

다음 문장을 라오스어로 말해보세요.

01 오늘은 날씨가 어떻습니까?

02 매우 좋습니다.

03 그러나 오후에는 비가 올 것 같습니다.

04 만약 비가 안오면 함께 영화 보러 가겠습니까?

05 오늘은 날씨가 덥습니다.

06 오늘은 날씨가 선선합니다.

07 오늘은 날씨가 춥습니다.

08 아침과 저녁 때는 날씨가 선선해졌습니다.

09 당신은 어느(무슨) 계절을 좋아 합니까?

10 나는 겨울을 좋아합니다.

11 여름에는 바다에 놀러 갑니다.

12 겨울에는 스키를 타러 갑니다.

복습하기 2

다음 문장을 읽으면서 연습하세요.

01 므2-으니2-이 아-아까-앋 뻰 내-우다이?

02 디-이 라-4이

03 때5-애 떠-언 바5-이 브ㅓ5ㅇ 크-으 와-3아 폰f4 짜 뚝

04 타6-아 폰f4 버5- 뚝 빠이 브ㅓ5ㅇ 씨-이네-에마-아 깐 버-?

05 므2-으 니2-이 아-아 까-앋 허2-언

06 므2-으 니2-이 아-아까-앋 옌

07 므2-으 니2-이 아-아까-앋 나-4우

08 나이 떠-언 싸2오 래 떠-언 캄3 아-아까-앋 옌 롱

09 짜2오 막 라두-우 다이?

10 커6-이 막 라두-우 나-4우

11 나이 라두-우 허2-언 빠이 틔-3야우 티-3이 타레-에

12 나이 라두-우 나-4우 빠이 린6 싸4끼-이

05 이것은 무엇입니까?

❶ ອັນນີ້ແມ່ນຫຍັງ?
❷ ອັນນີ້ແມ່ນເຮືອນ
❸ ເຈົ້າແມ່ນໃຜ?
❹ ຂ້ອຍແມ່ນທະຫານ

❶ 이것은 무엇입니까?
❷ 이것은 집입니다.
❸ 당신은 누구입니까?
❹ 나는 군인입니다.

핵심 포인트

1 ອັນນີ້/ແມ່ນ/ຫຍັງ?

ອັນນີ້	ແມ່ນ	ຫຍັງ?
안니2-이	매-3앤	냥4
이것	~이다	무엇(의문사)

➡ 이것은 무엇입니까?

- ອັນນີ້ 안니2-이 : 이것
- ອັນນັ້ນ 안난2 : 저것

2 ອັນນີ້/ແມ່ນ/ເຮືອນ

안니2-이 /	매-3앤 /	흐ㅓ으-안
이것	~이다	집

➡ 이것은 집입니다.

- ເຮືອນ 흐ㅓ으-안 : 집
- ບ້ານ 바2-안 : 집, 동네, 마을

3 ເຈົ້າ/ແມ່ນ/ໃຜ?

짜2오 /	매-3앤 /	파4이
당신	~이다	누구(의문사)

➡ 당신은 누구입니까?

- A + 매-3앤 + 파4이 : A는 누구입니까?
- ເຈົ້າ 짜2오 : 당신
- ໃຜ 파4이 : 누구(의문사)

4 ຂ້ອຍ/ແມ່ນ/ທະຫານ

커6-이 /	매-3앤 /	타하-4안
나, 저	~이다	군인

➡ 나는 군인입니다.

참고하세요

라오스어의 어형 변화

① **동사** : 인칭, 성, 숫자 등에 의해 어형(단어의 모양) 변화가 없다.
② **시제(시간)** : 과거, 현재, 미래 등 시제에 관계없이 동사에 어형 변화가 없다.
③ **단어(어두/어미)** : 문장과 관계없이 모든 단어는 '어두/어미' 어형 변화가 없다.
④ 띄어쓰기가 없어 모든 글자는 붙여쓰기를 한다.

❶ ອັນນັ້ນແມ່ນຫຍັງ?
❷ ນັ້ນແມ່ນດອກໄມ້
❸ ໃຜແມ່ນຄົນລາວ?
❹ ຂ້ອຍແມ່ນຄົນລາວ

❶ 그것은 무엇입니까?
❷ 그것은 꽃입니다.
❸ 누가 라오스 사람입니까?
❹ 저는 라오스 사람입니다.

핵심 포인트

1 ອັນນັ້ນ/ແມ່ນ/ຫຍັງ?

안난2	매-3앤	냥4
그것	~이다	무엇?

➡ 그것은 무엇입니까?

- ອັນນັ້ນ 안난2 : 저것, 그것
- ອັນນີ້ 안니2-이 : 이것
- ○○○ + ແມ່ນຫຍັງ? 매-3앤냥4 : ○○○은 무엇입니까?

2 ນັ້ນ/ແມ່ນ/ດອກໄມ້

난2	매-3앤	더-억마2이
그것	~이다	꽃

➡ 그것은 꽃입니다.

- ດອກໄມ້ 더-억 마2이 : 꽃

3 ໃຜ/ແມ່ນ/ຄົນ/ລາວ?

파4이 / 매-3앤 / 콘 / 라-오

누가 ~이다 사람 라오스

➡ 누가 라오스 사람입니까?

- ລາວ 라-오 : ① 그, 그녀 ② 라오스
- ໃຜ 파4이 : 누구

4 ຂ້ອຍ/ແມ່ນ/ຄົນ/ລາວ

커6-이 / 매-3앤 / 콘 / 라-오

나, 저 ~이다 사람 라오스

➡ 저는 라오스 사람입니다.

- ຄົນ ລາວ 콘 라-오 : 라오스인
- ຄົນເກົາຫລີ 콘 까오리-4이 : 한국인
- ຄົນຈີນ 콘 찌-인 : 중국인
- ຄົນຍີ່ປຸ່ນ 콘 늬-3이 뿐5 : 일본인

참고하세요

라오스어의 의문문

① 의문사 : 누가, 언제, 어디서 등의 '의문사'를 사용해 의문문을 만든다.

② **버-** : 문장 끝에 「ບໍ 버-」를 사용해 '~까?'로 끝나는 의문문을 만든다.

응용 문장 1

❶ ໃຜເປັນນັກສຶກສາ?
❷ ຂ້ອຍແມ່ນນັກສຶກສາ
❸ ນີ້ແມ່ນໃຜ?
❹ ນີ້ແມ່ນອາຈານລີ
❺ ນັ້ນແມ່ນຫຍັງ?
❻ ນັ້ນແມ່ນໂຮງໝໍ

❶ 누가 대학생입니까?
❷ 제가 대학생입니다.
❸ 이 사람은 누구입니까?
❹ 이분은 이 교수님입니다.
❺ 저것은 무엇입니까?
❻ 저것은 병원입니다.

1 ໃຜ/ເປັນ/ນັກສຶກສາ?

ໃຜ	ເປັນ	ນັກສຶກສາ
파4이	뻰	낙쓱4싸-4아
누구?	~이다	대학생

➡ 누가 대학생입니까?

2 ຂ້ອຍ/ແມ່ນ/ນັກສຶກສາ

ຂ້ອຍ	ແມ່ນ	ນັກສຶກສາ
커6-이	매-3앤	낙쓱4싸-4아
나, 저	~이다	대학생

➡ 제가 대학생입니다.

- ນັກສຶກສາ 낙 쓱4 싸-4아 : 대학생
- ນັກຮຽນ 낙 히-얀 : 초·중·고등학교의 학생

3 ນີ້/ແມ່ນ/ໃຜ?

니2-이 / 매-3앤 / 파4이

이 사람 ~이다 누구(의문사)

➡ 이 사람은 누구입니까?

4 ນີ້/ແມ່ນ/ອາຈານ/ລີ

니2-이 / 매-3앤 / 아-아짜-안 / 리-이

이 분 ~이다 교수님 리(성씨)

➡ 이분은 이 교수님입니다.

- ອາຈານ 아-아짜-안 : 일반적으로 대학교의 교수
- ຄູ 쿠-우 : 초·중·고등학교의 선생님

5 ນັ້ນ/ແມ່ນ/ຫຍັງ?

난2 / 매-3앤 / 냥4

저것 ~이다 무엇?

➡ 저것은 무엇입니까?

6 ນັ້ນ/ແມ່ນ/ໂຮງໝໍ

난2 / 매-3앤 / 호-옹머-4

저것 ~이다 병원

➡ 저것은 병원입니다.

- ໂຮງໝໍ 호-옹 머-4 : 병원

복습하기 1

다음 문장을 라오스어로 말해보세요.

01 이것은 무엇입니까?

02 이것은 집입니다.

03 당신은 누구입니까?

04 나는 군인입니다.

05 그것은 무엇입니까?

06 그것은 꽃입니다.

07 누가 라오스 사람입니까?

08 저는 라오스 사람입니다.

09 누가 대학생입니까?

10 제가 대학생입니다.

11 이 사람은 누구입니까?

12 이분은 이 교수님입니다.

13 저것은 무엇입니까?

14 저것은 병원입니다.

복습하기 2

다음 문장을 읽으면서 연습하세요.

01 안니2-이 매-3앤 냥4?

02 안니2-이 매-3앤 흐ㅓ으-안

03 짜2오 매-3앤 파4이?

04 커6-이 매-3앤 타하-4안

05 안난2 매-3앤 냥4?

06 난2 매-3앤 더-억마2이

07 파4이 매-3앤 콘 라-오?

08 커6-이 매-3앤 콘 라-오

09 파4이 뻰 낙 쓱4 싸-4아?

10 커6-이 매-3앤 낙 쓱4 싸-4아

11 니2-이 매-3앤 파4이?

12 니2-이 매-3앤 아-아 짜-안 리-이

13 난2 매-3앤 냥4?

14 난2 매-3앤 호-옹머-4

06 식사하셨습니까?

❶ ຮູ້ສຶກຫິວຫຼາຍ. ກິນເຂົ້າແລ້ວບໍ?
❷ ຍັງບໍ່ທັນກິນ
❸ ຖ້າແນວນັ້ນໄປກິນເຂົ້ານຳກັນບໍ?
❹ ດີ. ຄິດວ່າມື້ນີ້ໄປກິນອາຫານຈີນດີກວ່າ
❺ ຕົກລົງ. ໄປເນາະ. ມື້ນີ້ຂ້ອຍຈະລ້ຽງເຈົ້າ

❶ 배가 매우 고픕니다. 식사 하셨습니까?
❷ 아직 못 먹었습니다.
❸ 그러면 식사 하러 함께 가시겠습니까?
❹ 좋아요. (제) 생각에 오늘은 중국 음식 드시는 게 더 좋을 것 같습니다.
❺ 좋습니다. 갑시다. 오늘은 제가 대접할게요.

핵심 포인트

1 ຮູ້ສຶກ/ຫິວ/ຫຼາຍ

후2-우쓱4 / 히4우 / 라-4이
느끼다 배고픈 많이

➡ 배가 매우 고픕니다.

ກິນ/ເຂົ້າ/ແລ້ວ/ບໍ?

낀 / 카6오 / 래2-우 / 버-
먹다 밥 ~었다 ~까?

➡ 식사 하셨어요?

- ຮູ້ສຶກຫິວ 후2-우 쓱4 히4우 : 배고픔을 느끼다, 시장기를 느끼다
- ຫິວ 히4우 : 고프다, 굶주리다, 갈망하다

• ຫິວເຂົ້າ 히4우 카6오 : 배고프다(직역: 밥이 고프다)

• ຫິວນ້ຳ 히4우 남2 : 갈증나다(직역 : 물이 고프다)

2 ຍັງ/ບໍ່/ທັນ/ກິນ

냥 / 버5- / 탄 / 낀

아직 아니 맞추다 먹다

➡ 아직 못 먹었어요.

• ຍັງ 냥 : 아직

• ທັນ 탄 : 따라잡다, 맞추다, 시간에 대다(*부정문에 사용되면 '미처 못 ~하다'의 의미이다.)

3 ຖ້າ/ແນວນັ້ນ/ໄປ/ກິນ/ເຂົ້າ/ນຳກັນ/ບໍ?

타6-아 / 내-우 난2 / 빠이 / 낀 / 카6오 / 남깐 / 버-

(만약 그러면) 가다 먹다 밥 같이 ~까?

➡ 그러면 식사하러 함께 가시겠습니까?

• ຖ້າແນວນັ້ນ 타6-아 내-우 난2 : 그러면, 만약 그러면

• ແນວນັ້ນ 내-우 난2 : 그렇게

4 ດີ. ຄິດ/ວ່າ/ມື້ນີ້/ໄປ/ກິນ/ອາຫານ/ຈີນ/ດີ/ກວ່າ

디-이 킫 / 와-3아 / 므2-으니2-이 / 빠이 / 낀 / 아-아하-4안 / 찌-인 / 디-이 / 꾸와-3아

좋다 생각하다 ~라고 오늘 가다 먹다 음식 중국 좋다 더

➡ 좋아요. (제) 생각에 오늘은 중국 음식 드시는 게 더 좋겠습니다.

• ອາຫານຈີນ 아-아하-4안 찌-인 : 중국 음식

5 ຕົກລົງ. ໄປ/ເນາະ.

똑롱 빠이 / 너

좋습니다 가다 ~합시다

➡ 좋습니다. 갑시다.

ມື້ນີ້/ຂ້ອຍ/ຈະ/ລ້ຽງ/ເຈົ້າ

므2-으니2-이 / 커6-이 / 짜 / 리2-양 / 짜2오

오늘 / 나, 저 / ~일 것이다 / 대접하다 / 당신

➡ 오늘 제가 대접할게요.

1. ຂໍໂທດຂໍເບິ່ງລາຍການອາຫານແນ່
2. ນີ້ເດີ້
3. ຈະສັ່ງຫຍັງ?
4. ຂໍຈືນປາ, ປີ້ງຊີ້ນ ແລະ ແກງເຜັດ
5. ແລະເຂົ້າສອງຈານ
6. ເອົາເຄື່ອງດື່ມຫຍັງ?
7. ຂໍກາເຟຫນຶ່ງຈອກ ແລະນ້ຳສົ້ມຫນຶ່ງຈອກ

1. 죄송합니다만 차림표(메뉴)를 좀 보여 주세요.
2. 여기 있습니다.
3. 무엇을 주문하시겠습니까?
4. 생선튀김, 불고기 그리고 매운탕을 주세요.
5. 그리고 밥 두 접시 주세요.
6. 음료수는 무엇으로 하시겠습니까?
7. 커피 한 잔과 오렌지 주스 한 잔 주세요.

핵심 포인트

1 ຂໍໂທດ. ຂໍ/ເບິ່ງ/ລາຍການ/ອາຫານ/ແນ່

커-4 토-옫 / 커-4 / 브ㅓ5ㅇ / 라-이 까-안 / 아-아 하-4안 / 내-3애

죄송 / 요청 / 보다 / 차림표(목록) / 음식 / 존대(~세요)

➡ 죄송합니다만 차림표(메뉴)를 좀 보여 주세요.

- ລາຍການ/ອາຫານ 라-이 까-안/아-아 하-4안 : 메뉴

2 ນີ້/ເດີ້

니2-이 / 드ㅓ2-

여기 (정중표현) ➡ 여기 있습니다.

3 ຈະ/ສັ່ງ/ຫຍັງ?

짜 쌍5 냥4

~일 것이다 / 주문하다 / 무엇(의문사)

➡ 무엇을 주문하시겠습니까?

4 ຂໍ/ຈືນ/ປາ, ປີ້ງ/ຊີ້ນ/ແລະ/ແກງ/ເຜັດ

커-4 / 쯔-은 / 빠-아, 삐2-잉 / 씨2-인 / 래 / 깨-앵 / 펟4

주세요 튀김 고기(생선) 굽다 고기 그리고 국 매운

➡ 생선튀김, 불고기 그리고 매운탕을 주세요.

- 커-4 + 명사 : 명사을 주세요

5 ແລະ/ເຂົ້າ/ສອງ/ຈານ

래 / 카6오 / 써-4엉 / 짜-안

그리고 밥 2(둘) 접시

➡ 그리고 밥 두 접시 주세요.

6 ເອົາ/ເຄື່ອງ/ດື່ມ/ຫຍັງ?

아오 / 크ㅓ으-3앙 / 드5-음 / 냥4

원하다 것(물건) 마시다 무엇?(의문사)

➡ 음료수는 무엇으로 하실래요?

- ເອົາ 아오 + 대상(○○) (ໄປ 빠이/ມາ 마-아) : ○○을 가지고 (가다/오다)
- ເອົາ 아오 + 대상(물건) : ~로 하다, ~를 원하다
- ເອົານີ້ 아오 니2-이 : 이것으로 하다
- ເຄື່ອງດື່ມ 크ㅓ으-3앙 드-5음 : 음료수
- ດື່ມ 드5-음 : 마시다

7 ຂໍ/ກາເຟ/ໜຶ່ງ/ຈອກ/ແລະ/ນ້ຳສົ້ມ/ໜຶ່ງ/ຈອກ

커-4 / 까-아페f-에 / 능5 / 쩌-억 / 래 / 남2쏨6 / 능5 / 쩌-억

주세요 커피 한 잔 ~과(와) 오렌지 한 잔

➡ 커피 한 잔과 오렌지 주스 한 잔 주세요.

- ຈອກ 쩌-억 : 잔

음식주문 관련 단어

무엇을 드시겠습니까? (뭘 드시는 게 좋겠습니까?)

ຈະກິນຫຍັງດີ?
짜 낀 냥4 디-이

ຈະຮັບຫຍັງດີ?
짜 합 냥4 디-이

- ໂຕະ 또 : 책상이나 식탁 등에 쓰이는 접두어로 '상'이라는 뜻이다.
- ໂຕະຫນັງສື 또 낭4 쓰-4으 : 책상
- ໂຕະອາຫານ 또 아-아 하-4안 : 식탁
- ວ່າງ 와-3앙 : 자리가 비다, 한가하다, 시간이 있다

- ລາຍການ 라-이 까-안 : 메뉴, 차림표
- ລາຍການອາຫານ 라-이 까-안 아-아하-4안 : 음식 메뉴(목록)
- ແກງ 깨-앵 : 국
- ເຜັດ 펜4 : 맵다
- ແກງເຜັດ 깨-앵 펜4 : 매운국, 매운탕
- ປີ້ງຊີ້ນ 삐2-잉 씨2-인 : 불고기(직역: 고기를 굽는 것)
- ປີ້ງ 삐2-잉 : 굽다
- ຊີ້ນ 씨2-인 : 고기 또는 소고기

무엇을 주문하시겠습니까? (뭘 주문하는 게 좋겠습니까?)

ຈະສັ່ງຫຍັງດີ?
짜 쌍5 냥4 디-이

- ຊີ້ນງົວ 씨2-인 응우-와 : 소고기
- ຊີ້ນໝູ 씨2-인 무-4우 : 돼지고기
- ຊີ້ນໄກ່ 씨2-인 까5이 : 닭고기

- ບ່ວງ 부5-왕 : 숟가락
- ໄມ້ຖູ່ 마2이 투5-우 : 젓가락
- ສ້ອມ 써6-엄 : 포크
- ເຂົ້າສອງຈານ 카6오 써-4엉 짜-안 : 밥 두 접시

참고하세요

* ຈອກ 쩌-억 : 잔, 컵(커피 잔, 술 잔, 물컵 등을 세는 단위)
* ຈານ 짜-안 : 접시(식사, 밥 등을 담는 그릇 등을 세는 단위)
* ຖ້ວຍ 투6-와이 : 그릇(국수 등을 세는 단위)
* ແກ້ວ 깨2-우 : 병(술, 맥주 등을 세는 단위)

응용 문장 1

❶ ນ້ອງ! ໂຕະນີ້ວ່າງບໍ? ບໍ່ວ່າງ
❷ ເຊີນນັ່ງໂຕະນັ້ນ. ຈະກິນຫຍັງດີ?
❸ ມື້ນີ້ມີອາຫານຫຍັງແຊບໆບໍ?
❹ ຈືນກຸ້ງແລະປີ້ງຊີ້ນໝູ

❶ 웨이터! 이 식탁이 비어 있나요? 비어 있지 않습니다.
❷ 저쪽 식탁에 앉으세요. 무엇을 드시겠습니까?
❸ 오늘 맛있는 음식이 뭐 있나요?
❹ 새우튀김과 돼지 불고기입니다.

1 ນ້ອງ, ໂຕະ/ນີ້/ວ່າງ/ບໍ? ບໍ່/ວ່າງ

ນ້ອງ,	ໂຕະ	ນີ້	ວ່າງ	ບໍ?	ບໍ່	ວ່າງ
너2-엉,	또	니2-이	와-3앙	버-	버5-	와-3앙
동생	탁자	이	비다	~까?	안	비다

➡ 웨이터, 이 식탁이 비었나요?
➡ 비어 있지 않습니다.

참고하세요

식당의 종업원을 부를 때 "헬로(여보세요)", "웨이터" 등으로 부르지 않고, 화자보다 어린 사람에게는 「ນ້ອງ 너2-엉(동생~!)」이라고 부르면 친근감이 있겠습니다.

2 ເຊີນ/ນັ່ງ/ໂຕະ/ນັ້ນ ຈະ/ກິນ/ຫຍັງ/ດີ?

ເຊີນ	ນັ່ງ	ໂຕະ	ນັ້ນ	ຈະ	ກິນ	ຫຍັງ	ດີ?
쓰ㅓ-ㄴ	낭3	또	난2	짜	낀	냥4	디-이
~하세요	앉다	식탁	저기	~일 것이다	먹다	무엇	좋다

➡ 저쪽 식탁에 앉으세요.
➡ 무엇을 드시겠습니까?(무엇을 먹는 게 좋을까요?)

- ເຊີນ 쓰ㅓ-ㄴ : 주로 권유할 때 사용한다. (어서~, ~하세요)
- 「ກິນ 낀」 대신 「ຮັບ 합」을 사용하면 공손체로서 '드시다'는 의미이다.

3 ມື້ນີ້/ມີ/ອາຫານ/ຫຍັງ/ແຊບໆ/ບໍ?

므2-으니2-이 / 미-이 / 아-아하-4안 / 냥4 / 쌔-앱 쌔-앱 / 버-

오늘 있다 음식 무엇 맛있는(아주) ~까?

➡ 오늘 맛있는 음식은 무엇이 있습니까?

4 ຈືນ/ກຸ້ງ/ແລະ/ປີ້ງຊີ້ນໝູ

쯔-은 / 꿍2 / 래 / 삐2-잉 / 씨2-인 / 무-4우

튀김 새우 ~과(와) 구이 고기 돼지

➡ 새우튀김과 돼지 불고기입니다.

- ຈືນ 쯔-은 : 튀기다(튀긴 음식)
- ກຸ້ງ 꿍2 : 새우
- ຊີ້ນໝູ 씨2-인 무-4우 : 돼지고기
- ຊີ້ນ 씨2-인 : 고기
- ໝູ 무-4우 : 돼지

참고하세요

새우튀김

① ຈືນກຸ້ງ 쯔-은 꿍2 : 새우튀김

② ທອດກຸ້ງ 터-얻 꿍2 : 새우튀김(새우 튀기는 것)

③ ກຸ້ງທອດ 꿍2 터-얻 : 새우튀김

참고하세요

ປີ້ງ 삐2-잉 + ○○○(고기 이름) : ○○○구이, 구운 ○○○

① ປີ້ງປາ 삐2-잉 빠-아 : 생선구이

② ປີ້ງໄກ່ 삐2-잉 까5이 : 닭구이

③ ປີ້ງຊີ້ນໝູ 삐2-잉 씨2-인 무-4우 : 돼지고기구이

응용 문장 ❷

❶ ມື້ນີ້ ໄປກິນອາຫານເກົາຫລີດີບໍ?

❷ ດີ. ຈະໄປຮ້ານໃດດີ?

❸ ຄິດວ່າຮ້ານອາຫານຄິມຊາງກູງເກົາຫລີເຮັດອາຫານແຊບ

❹ ຖ້າຢ່າງນັ້ນໄປບ່ອນນັ້ນເນາະ

❶ 오늘 한국음식 드시러 가는 것이 어떨까요(좋습니까)?
❷ 좋습니다. 어느 음식점(가게)으로 가는 것이 좋을까요?
❸ 한국 김상궁 식당이 음식을 맛있게 할 것으로 생각합니다.
❹ 그러면 그곳으로 갑시다.

1 ມື້ນີ້/ໄປ/ກິນ/ອາຫານ/ເກົາຫລີ/ດີ/ບໍ?

므2-으니2-이 / 빠이 / 낀 / 아-아하-4안 / 까오리-4이 / 디-이 / 버-

오늘 가다 먹으로 음식 한국 좋다 ~까?

➡ 오늘 한국음식 먹으러 가는 것이 어떨까요?(직역 : ~하는 게 좋습니까?)

2 ດີ. ຈະ/ໄປ/ຮ້ານ/ໃດ/ດີ?

디-이. 짜 / 빠이 / 하2-안 / 다이 / 디-이

좋아요 ~할 것이다 / 가다 / 가게 / 어느 / 좋은

➡ 좋습니다. 어느 음식점(가게)으로 가는 것이 좋을까요?

- **ຈະ** 짜 + 동사 : ~ 할 것이다다
- **ຈະໄປ** 짜 빠이 + 장소(○○) : ○○로 갈 것이다
- **ຮ້ານ** 하2-안 : 가게, 점포, 노점
- **ຮ້ານໃດ** 하2-안 다이 : 어느 가게, 어떤 가게

3 ຄິດ/ວ່າ/ຮ້ານ/ອາຫານ/ຄິມຊາງກູງ/ເກົາຫລີ/ເຮັດ/ອາຫານ/ແຊບ

킨 / 와-3아 / 하2-안 / 아-아하-4안/키-임 싸-앙 꾸-웅/까오리-4이/ 헨 /아-아하-4안 / 쌔-앱

생각하다 / ~라고 / 가게 / 식당 김상궁 한국 ~하다 음식 맛있다

➡ 김상궁 한국 식당이 맛있게 할 것으로 생각합니다.
(내 생각에 김상궁 한국 식당이 맛있게 할 것 같아요.)

- ຄິດວ່າ 킨 와-3아 : ~라고 생각한다, (내) 생각에 ~
- ເຮັດອາຫານແຊບ 헨 아-아 하-4안 쌔-앱 : 음식을 맛있게 만들다
- ເຮັດ 헨 : ~하다, 만들다
- ແຊບ 쌔-앱 : 맛있다
- ຮ້ານອາຫານ 하2-안 아-아 하-4안 : 식당
- ຮ້ານອາຫານຄິມຊາງກູງເກົາຫລີ 한국 김상궁 식당
  하2-안 아-아하-4안 키-임 싸-앙 꾸-웅 까오리-4이

4 ຖ້າຢ່າງນັ້ນ/ໄປ/ບ່ອນ/ນັ້ນ/ເນາະ

타6-아 야5-앙 난2 / 빠이 / 버5-언 / 난2 / 너

그러면 가다 곳 그, 저 ~합시다

➡ 그러면 그곳으로 갑시다.

- ໄປບ່ອນນັ້ນ 빠이 버5-언 난2 : 거기로 가다
- ບ່ອນນັ້ນ 버5-언 난2 : 거기, 그곳
- 「동사 + ~ເນາະ 너」 : ~합시다 → ໄປເນາະ 빠이 너 : 가요, 갑시다
- ຖ້າຢ່າງນັ້ນ 타6-아 야5-앙 난2 : 그러면

응용 문장 ③

❶ ມື້ນີ້ຂ້ອຍຈະລ້ຽງເຈົ້າ
❷ ເຊີນກິນຫຼາຍໆເດີ້
❸ ເອົາອີກບໍ່
❹ ບໍ່ເອົາ. ອີ່ມແລ້ວແຊບຫຼາຍ
❺ ເຮັດໃຫ້ເຜັດ(ສົ້ມ, ຫວານ)ແດ່ຫນ້ອຍຫນຶ່ງ
❻ ຂໍບິນແດ່. ບໍ່ຕ້ອງທອນ

❶ 오늘은 제가 대접할게요.
❷ 많이 드십시오.
❸ 더 드실래요?
❹ 아닙니다. 배부릅니다. 매우 맛있습니다.
❺ 좀 맵게(시게, 달게) 해 주세요.
❻ 계산서 좀 주세요. 거스름돈은 필요없습니다.

1 ມື້ນີ້/ຂ້ອຍ/ຈະ/ລ້ຽງ/ເຈົ້າ

므2-으니2-이 / 커6-이 / 짜 / 리2-양 / 짜2오

오늘　나, 저　~할 것이다　대접하다　당신

➡ 오늘은 제가 대접할게요.

2 ເຊີນ/ກິນ/ຫຼາຍ/ໆ/ເດີ້

쓰ㅓ-ㄴ / 낀 / 라-4이 / 라-4이 / 드ㅓ2-

어서　먹다　많이　많이　(공손)

➡ 많이 드십시오.

• ໆ 반복부호(45쪽, 186쪽, 276쪽 참조)

3 ເອົາ/ອີກ/ບໍ?

아오 / 이-익 / 버-

원하다 더 ~까?

➡ 더 드실래요?

4 ບໍ່/ເອົາ

버5- / 아오

아니 원하다

➡ 아닙니다.

ອີ່ມ/ແລ້ວ/ແຊບ/ຫຼາຍ

이5-임 / 래2-우 / 쌔- 앱 / 라-4이

배부르다 이미 맛있다 많이

➡ 배부릅니다, 매우 맛있습니다.

5 ເຮັດ/ໃຫ້/ເຜັດ/ແດ່/ຫນ້ອຍຫນຶ່ງ

헨 / 하6이 / 펜4 / 대5-애 / 너6-이 능5

하다 ~하게 하다 맵다 ~세요 좀

➡ 좀 맵게 해 주세요.

- ເຮັດໃຫ້ສົ້ມແດ່ຫນ້ອຍຫນຶ່ງ 헨 하6이 쏨6 대5-애 너6-이 능5
  좀 시게 해 주세요.
- ເຮັດໃຫ້ຫວານແດ່ຫນ້ອຍຫນຶ່ງ 헨 하6이 와-4안 대5-애 너6-이 능5
  좀 달게 해 주세요.
- ສົ້ມ 쏨6 : 시다
- ຫວານ 와-4안 : 달다

6 ຂໍ/ບິນ/ແດ່.

커-4 / 빈 / 대5-애

주세요 계산서 (존대)

➡ 계산서 주세요.

ບໍ່/ຕ້ອງ/ທອນ

버5- / 떠2-엉 / 터-언

안(아니) 필요 거스름

➡ 거스름돈은 필요없습니다.

- ຂໍບິນແດ່ 커-4 빈 대5-애 = ເຊັກບິນແດ່ 쎅 빈 대5-애 : 계산서 주세요

참고하세요

ເດີ 드ㅓ- / ເດີ່ 드ㅓ5- / ເດີ້ 드ㅓ2- (❷번 문장 참고)

청유형, 감사, 요청(공손), 기원, 미안, 부탁 등에 사용한다. (공손의 의미)

응용 문장 4

1 ເຮັດອາຫານໃຫ້ໄວໆແນ່
2 ເຮັດອາຫານໃຫ້ເຜັດແນ່
3 ເຈົ້າມັກອາຫານຫຍັງຫຼາຍທີ່ສຸດ
4 ຂ້ອຍມັກກິນອາຫານເກົາຫຼີ (ຈີນ,ຍີ່ປຸ່ນ,ຝຣັ່ງ)
5 ໂດຍສະເພາະມັກຊີ້ນປີ້ງແລະກິມຈິ

1 음식을 좀 빨리 해 주세요.
2 음식을 좀 맵게 해 주세요.
3 당신은 무슨 음식을 가장 좋아합니까?
4 저는 한국 (중국, 일본, 서양) 음식을 좋아합니다.
5 특히 불고기와 김치를 좋아합니다.

1 ເຮັດ/ອາຫານ/ໃຫ້/ໄວ/ໆ/ແນ່

헨 / 아-아하-4안 / 하6이 / 와이 / 와이 / 내-3애

하다(만들다) 음식 ~해주다(하게) 빨리 빨리 ~세요

➡ 음식을 좀 빨리 해 주세요.(음식을 좀 빨리 만들어 주세요.)

- ເຮັດ 헨 + 대상 + ໃຫ້ 하6이 + 형용사/동사 : 대상을 형용사/동사하게(하도록) 해주다
- ໄວ ໆ 와이 와이 : 빨리 빨리

2 ເຮັດ/ອາຫານ/ໃຫ້/ເຜັດ/ແນ່

헨 / 아-아하-4안 / 하6이 / 펜4 / 내-3애

하다(만들다) 음식 ~해주다(하게) 맵게 ~세요

➡ 음식을 좀 맵게 해 주세요.(음식을 좀 맵게 만들어 주세요.)

- ເຮັດ ○○ + ໃຫ້ເຜັດ (헨 ○○ + 하6이 펜4 = ○○을 맵게 하다)

3 ເຈົ້າ/ມັກ/ອາຫານ/ຫຍັງ/ຫຼາຍ/ທີ່ສຸດ

짜2오 / 막 / 아-아하-4안 / 냥4 / 라-4이 / 티-3이 쑫4

당신 좋아하다 음식 무슨 많이 가장

➡ 당신은 무슨 음식을 가장 좋아합니까?

- ຫຼາຍທີ່ສຸດ 라-4이 티-3이 쑫4 : 가장 많이

4 ຂ້ອຍ/ມັກ/ກິນ/ອາຫານ/ເກົາຫຼີ (ຈີນ, ຍີ່ປຸ່ນ, ຝຣັ່ງ)

커6-이 / 막 / 낀 / 아-아하-4안 / 까오리-4이 (찌-인, 늬-3이, 파f4 랑r3)

나, 저 좋아하다 먹다 음식 한국 (중국 일본 서양)

➡ 저는 한국 (중국, 일본, 서양) 음식을 좋아합니다.

- ຝຣັ່ງ 파f랑r3 : 서양의, 백인의, 외국의, 서양인, 백인
- ຄົນຝຣັ່ງ 콘 파f랑r3 : 서양인
- ຝຣັ່ງເສດ 파f랑r3 쎄-4엗 : 프랑스

5 ໂດຍສະເພາະ/ມັກ/ຊີ້ນປີ້ງ/ແລະ/ກິມຈິ

도-이 싸4 퍼 / 막 / 씨2-인삐2-잉 / 래 / 낌찌

특히 좋아하다 불고기 ~와(과) 김치

➡ 특히 불고기와 김치를 좋아합니다.

- ກິມຈິ 낌찌 : 김치
- ສົ້ມຜັກ 쏨6팍4 : 라오스 김치(고춧가루는 넣지 않고 젓갈만 넣어 만든 라오스 김치)
- ຜັກ 팍4 : 채소, 야채
- ສົ້ມ 쏨6 : 시다
- A ແລະ B A 래 B : A와(과) B

- ຊີ້ນ 씨2-인 : 고기, 육류
- ປີ້ງ 삐2-잉 : 굽다
- ຊີ້ນປີ້ງ 씨2-인 삐2-잉 : 불고기(구운 고기), 바베큐

복습하기 1

다음 문장을 라오스어로 말해보세요.

01 배가 매우 고픕니다. 식사 하셨습니까?

02 아직 못 먹었습니다.

03 그러면 식사하러 함께 가시겠습니까?

04 좋아요. (제) 생각에 오늘은 중국 음식 드시는 게 더 좋을 것 같습니다.

05 좋습니다. 갑시다. 오늘은 제가 대접할게요.

06 죄송합니다만 차림표(메뉴)를 좀 보여 주세요.

07 여기 있습니다. 무엇을 주문하시겠습니까?

08 생선튀김, 불고기 그리고 매운탕을 주세요.

09 음료수는 무엇으로 하시겠습니까?

10 커피 한 잔과 오렌지 주스 한 잔 주세요.

11 오늘 한국음식 드시러 가는 것이 어떨까요? (좋습니까?)

12 좋습니다. 어느 음식점(가게)으로 가는 것이 좋을까요?

13 한국 김상궁 식당이 맛있게 할 것으로 생각합니다.

14 그러면 그곳으로 갑시다.

복습하기 2

다음 문장을 읽으면서 연습하세요.

01 후2-우 쓱4 히4우 라-40l. 낀 카6오 래2-우 버-?

02 냥 버5- 탄 낀

03 타6-아 내-우 난2 빠이 낀 카6오 남깐 버-?

04 디-이. 킨 와-30ㅏ 므2-으니2-이 빠이 낀 아-아하-4안 찌-인 디-이 꾸와-30ㅏ

05 똑롱 빠이 너. 므2-으니2-이 커6-이 짜 릐2-양 짜2오

06 커-4 토-옫 커-4 브ㅓ5ㅇ 라-이 까-안 아-아 하-4안 내-30ㅐ

07 니2-이 드ㅓ2-, 짜 쌍5 냥4?

08 커-4 쯔-은 빠-아, 삐2-잉 씨2-인 래 깨-앵 펜4

09 아오 크ㅓ으-3앙 드5-음 냥4?

10 커-4 까-아 페f-에 능5 쩌-억 래 남2쏨6 능5 쩌-억

11 므2-으니2-이 빠이 낀 아-아하-4안 까오리-40l 디-이 버-?

12 디-이. 짜 빠이 하2-안 다이 디-이

13 킨 와-30ㅏ 하2-안 아-아하-4안 키-임 싸-앙 꾸-웅 까오리-40l 헨 아-아 하-4안 쌔-앱

14 타6-아 야5-앙 난2 빠이 티-30l 난2 너

07 3일 전에 방을 예약해 두었습니다

1. ສະບາຍດີ. ຂ້ອຍຊື່ຄິມຮັນກຸກ
2. ຂ້ອຍຈອງຫ້ອງໄວ້ແລ້ວເມື່ອສາມມື້ກ່ອນ
3. ຊ່ວຍກວດຄືນໃຫ້ແນ່. ກະລຸນາຖ້າບຶດໜຶ່ງ
4. ຈອງໄວ້ຮຽບຮ້ອຍແລ້ວເຈົ້າຈະພັກຈັກມື້
5. ຂ້ອຍຈະພັກປະມານສອງຫຼືສາມມື້

❶ 안녕하세요. 저의 이름은 김한국입니다.
❷ 3일 전에 방을 예약해 두었습니다.
❸ 확인좀 해주세요. 잠깐만 기다리세요
❹ 예약이 잘 되어 있습니다. 며칠간 머무실 겁니까?
❺ 약 2~3일 묵습니다.

핵심 포인트

1 ສະບາຍດີ
싸4바-이디-이
안녕
➡ 안녕하세요.

ຂ້ອຍ/ຊື່/ຄິມຮັນກຸກ
커6-이 / 쓰-3으 / 킴한꾹
나, 저 / 이름 ~다 / 김한국
➡ 저의 이름은 김한국입니다.

- ຂ້ອຍຊື່ 커6-이 쓰-3으 + ○○○ : 나의 이름은 ○○○이다
- ຊື່ 쓰-3으 : ① 이름, ② 이름이 ~이다

2 ຂ້ອຍ/ຈອງ/ຫ້ອງ/ໄວ້/ແລ້ວ/ເມື່ອ/ສາມ/ມື້/ກ່ອນ

커6-이 / 쩌-엉 / 허6-엉 / 와2이 / 래2-우 / 므ㅓ으-3아 / 싸-4암 / 므2-으 / 꺼5-언

나 저 예약하다 방 ~해두다 ~었다 ~때(에) 3 일 전

➡ 3일 전에 방을 예약해 두었습니다.

- ເມື່ອສາມມື້ກ່ອນ 므ㅓ으-3아 싸-4암 므2-으 꺼5-언 : 3일 전에
- 시간 + ກ່ອນ 꺼5-언 : ~전(에) (과거)

3 ຊ່ວຍ/ກວດ/ຄືນ/ໃຫ້/ແນ່

쑤-3와이 / 꾸-왇 / 크-은 / 하6이 / 내-3애

~해주세요 확인 재(再) ~해주다 (공손/~세요)

➡ (재)확인 좀 해주세요.

ກະລຸນາ/ຖ້າ/ບຶດຫນຶ່ງ

까루나-아 / 타6-아 / 븓 능5

~해주세요 기다리다 잠시

➡ 잠깐만 기다리세요.

- ກວດ 꾸-왇 : 체크하다, 점검하다

4 ຈອງ/ໄວ້/ຮຽບຮ້ອຍ/ແລ້ວ/ເຈົ້າ/ຈະ/ພັກ/ຈັກ/ມື້

쩌-엉 / 와2이 / 히-얍 허2-이 / 래2-우 / 짜2오 / 짜 / 팍 / 짝 / 므2-으

예약해 두다, 놓다 잘 마무리하다 ~었다(완료) 당신 ~일 것이다 / 머물다, 쉬다 / 몇 / 일

➡ 예약이 잘 되었습니다. 며칠 묵으십니까?

5 ຂ້ອຍ/ຈະ/ພັກ/ປະມານ/ສອງ/ຫຼື/ສາມ/ມື້

커6-이 / 짜 / 팍 / 빠마-안 / 써-4엉 / 르-4으 / 싸-4암 / 므2-으

나, 저 ~일 것이다 머물다, 쉬다 약 2 혹은 3 일

➡ 약 2~3일 묵습니다.

- ສອງຫລືສາມມື້ 써-4엉 르-4으 싸-4암 므2-으 : 2~3일
- ພັກ 팍 : 쉬다, 휴식하다, 체류하다, 머무르다
- ພັກຜ່ອນ 팍 퍼5-언 : 쉬다, 휴식하다

❶ ເຈົ້າຕ້ອງການຫ້ອງແບບໃດ?
❷ ຫ້ອງດ່ຽວຫລືຫ້ອງຄູ່
❸ ຂ້ອຍຈະເອົາຫ້ອງດ່ຽວ. ຄືນລະເທົ່າໃດ?
❹ ຄືນລະ50000ກີບ
❺ ຮວມທັງຄ່າບໍລິການແລະພາສີນໍາ
❻ ກະລຸນາຂຽນແບບຟອມນີ້ໃຫ້ແດ່
❼ ໄດ້

❶ 어떤 형태의 방을 원하십니까?
❷ 방 하나입니까 혹은 방 두 개입니까?
❸ 방 하나로 하겠습니다. 하룻밤에 얼마입니까?
❹ 하룻밤에 50,000낍입니다.
❺ 봉사료와 세금이 포함되어 있습니다.
❻ 이 서식(숙박계)에 기입해 주십시오.
❼ 알겠습니다.

핵심 포인트

1 ເຈົ້າ/ຕ້ອງການ/ຫ້ອງ/ແບບ/ໃດ?

ເຈົ້າ	ຕ້ອງການ	ຫ້ອງ	ແບບ	ໃດ
짜2오	떠2-엉까-안	허6-엉	배-앱	다이
당신	원하다(필요하다)	방	형태	어떤, 어느(의문사)

➡ 어떤 형태의 방을 원하십니까?

- ແບບ 배-앱 : 형태, 모양, 스타일

2 ຫ້ອງ/ດ່ຽວ/ຫລື/ຫ້ອງ/ຄູ່

허6-엉 / 듸5-야우 / 르-4으 / 허6-엉 / 쿠-3우

방 / 하나 / 혹은 / 방 / 둘, 쌍

➡ 방 하나 입니까 혹은 방 두 개입니까?

- 듸5-야우 : 하나, 단독, 홀로

3 ຂ້ອຍ/ຈະ/ເອົາ/ຫ້ອງ/ດ່ຽວ

커6-이 / 짜 / 아오 / 허6-엉 / 듸5-야우

나, 저 / ~일 것이다 / 원하다 / 방 / 하나

➡ 방 하나로 하겠습니다.

ຄືນ/ລະ/ເທົ່າໃດ?

크-은 / 라 / 타3오다이

밤 / 당 / 얼마

➡ 하룻밤에 얼마입니까?

4 ຄືນ/ລະ/50000/ກີບ

크-은 / 라 / 하6-아 / 씹4 / 판 / 끼-입

밤 / 당 / 5(오) / 십 / 천 / 낍

➡ 하루밤에 50,000낍입니다.

- 하6-아 씹4 판 : 50,000

5 ຮວມ/ທັງ/ຄ່າ/ບໍລິການ/ແລະ/ພາສີ/ນຳ

후-왐 / 탕 / 카-30ㅏ / 버-리까-안 / 래 / 파-아 씨-40ㅣ / 남

포함 / 모두 / 가격 / 서비스 / ~과 / 세금 / 같이

➡ 봉사료와 세금이 포함되어 있습니다.

- 탕 A 래 B : A와 B 모두

6 ກະລຸນາ/ຂຽນ/ແບບຟອມ/ນີ້/ໃຫ້/ແດ່

까루나-아 / 키-4얀 / 배-앱 퍼f-엄 / 니2-이 / 하6이 / 대5-애

~해주세요 / 적다 / 서식 / 이 / ~해주다 / 좀~세요(공손)

➡ 이 서식(숙박계)에 기입해 주십시오.

6 ໄດ້

다2이

➡ 알겠습니다. (직역: 가능합니다)

응용 문장 1

1. ມີຫ້ອງວ່າງບໍ?
2. ມີ
3. ຂໍສອງຫ້ອງ
4. ຊ່ວຍຖືກະເປົ໋ານີ້ໃຫ້ແດ່
5. ຂໍໃຫ້ປຸກຂ້ອຍເວລາແປດໂມງແດ່
6. (ສຳລັບ)ອາຫານເຊົ້າໄດ້ຢູ່ໃສ?

❶ 빈방 있습니까?
❷ 있습니다.
❸ 방 2개 주세요.
❹ 이 가방 좀 들어 주세요.
❺ 8시에 저를 좀 깨워 주세요.
❻ 아침 식사는 어디서 가능한가요?

1 ມີ/ຫ້ອງ/ວ່າງ/ບໍ?

미-이 / 허6-엉 / 와-3앙 / 버-

있다 방 빈 ~까?

➡ 빈방 있습니까?

2 ມີ

미-이

있다

➡ 있습니다.

3 ຂໍ/ສອງ/ຫ້ອງ

커-4 / **써-4엉** / **허6-엉**

주세요 둘(2) 방

➡ 방 두 개 주세요.

- ສອງຫ້ອງ 써-4엉 허6-엉 : 방 두 개
- ຫ້ອງດ່ຽວ 허6-엉 듸5-야우 : 방 한 개
- ດ່ຽວ 듸5-야우 : 하나, 홀로

4 ຊ່ວຍ/ຖື/ກະເປົ໋າ/ນີ້/ໃຫ້/ແດ່

쑤-3와이 / **트-4으** / **까빠4오** / **니2-이** / **하6이** / **대5-애**

~해주세요 들다 가방 이(이것) ~해주다 ~세요(좀)/공손

➡ 이 가방 좀 들어 주세요.

- 동사 + 하6이 대5-애 : 동사해주세요
- ◌໋(4성부호) 마2이 짠 따와-아

5 ຂໍ/ໃຫ້/ປຸກ/ຂ້ອຍ/ເວລາ/ແປດ/ໂມງ/ແດ່

커-4 / **하6이** / **뿍** / **커6-이** / **웨-에라-아** / **빼-앧** / **모-옹** / **대5-애**

요청 ~하게 하다 깨다 나, 저 시간 8 시 ~세요

➡ 8시에 저를 좀 깨워 주세요.

- 하6이 뿍 : 깨게 하다, 깨워주다

6 (ສຳລັບ)/ອາຫານ/ເຊົ້າ/ໄດ້/ຢູ່/ໃສ

(쌈4랍) / **아-아하-4안** / **싸2오** / **다2이** / **유5-우** / **싸4이**

(경우) 식사(밥, 음식) 아침 가능 ~에서 어디(의문사)

➡ 아침 식사는 어디서 가능한가요?

- ສຳລັບ 쌈4랍~ : ~위하여, ~대하여, ~한하여, ~경우, ~용, ~에게
- ອາຫານເຊົ້າ 아-아하-4안 싸2오 : 아침 식사
- ໄດ້ຢູ່ໃສ? 다2이 유5-우 싸4이 : 어디에서 가능합니까?

복습하기 1

다음 문장을 라오스어로 말해보세요.

01 안녕하세요. 저의 이름은 김한국입니다.

02 3일 전에 방을 예약해 두었습니다.

03 확인 좀 해주세요.

04 잠깐만 기다리세요.

05 예약이 잘 되어 있습니다. 며칠간 묵으십니까?

06 약 2~3일 묵습니다.

07 어떤 형태의 방을 원하십니까?

08 방 하나입니까 혹은 방 두 개입니까?

09 방 하나로 하겠습니다. 하룻밤에 얼마입니까?

10 하룻밤에 50,000낍입니다.

11 봉사료와 세금이 포함되어 있습니다.

12 이 서식(숙박계)에 기입해 주십시오.

13 알겠습니다.(직역: 가능합니다)

14 빈방 있습니까?

15 있습니다.

16 방 2개 주세요.

17 이 가방 좀 들어 주세요.

18 8시에 저를 좀 깨워 주십시오.

19 아침 식사는 어디서 가능한가요?

복습하기 2

다음 문장을 읽으면서 연습하세요.

01 싸4바-이디-이. 커6-이 쓰-3으 킴한꾹

02 커6-이 쩌-엉 허6-엉 와2이 래2-우 므ㅓ으-3아 싸-4암 므2-으 꺼5-언

03 쑤-3와이 꾸-왇 크-은 하6이 내-3애

04 까루나-아 타6-아 븓 능5

05 쩌-엉 와2이 희-얍 허2-이 래2-우. 짜2오 짜 팍 짝 므2-으?

06 커6-이 짜 팍 빠마-안 써-4엉 르-4으 싸-4암 므2-으

07 짜2오 떠2-엉 까-안 허6-엉 배-앱 다이

08 허6-엉 듸5-야우 르-4으 허6-엉 쿠-3우

09 커6-이 짜 아오 허6-엉 듸5-야우. 크-은 라 타3오다이

10 크-은 라 하6-아 씹4 판 끼-입

11 후-왐 탕 카-3아 버- 리까-안 래 파-아 씨-4이 남

12 까루나-아 킈-4얀 배-앱 퍼f-엄 니2-이 하6이 대5-애

13 다2이

14 미-이 허6-엉 와-3앙 버-?

15 미-이

16 커-4 써-4엉 허6-엉

17 쑤-3와이 트-4으 까빠4오 니2-이 하6이 대5-애

18 커-4 하6이 뿍 커6-이 웨-에라-아 빼-앤 모-옹 대5-애

19 (쌈4랍) 아-아하-4안 싸2오 다2이 유5-우 싸4이?

08 나는 한국 사람입니다

❶ ຂ້ອຍເປັນຄົນເກົາຫຼີ
❷ ຂ້ອຍເປັນທ່ານໝໍ
❸ ຂ້ອຍເປັນນັກສຶກສາ
❹ ນັ້ນແມ່ນອາຈານລີ

❶ 나는 한국 사람입니다.
❷ 나는 의사입니다.
❸ 난 대학생입니다.
❹ 그 분은 이 교수님입니다.

핵심 포인트

1 ຂ້ອຍ/ເປັນ/ຄົນ/ເກົາຫຼີ

커6-이	뻰	콘	까오리-4이
나, 저	~이다	사람	한국

➡ 나는 한국 사람입니다.

- ຂ້ອຍ 커6-이 : 나, 저
- ເປັນ 뻰 : ~이다
- ຄົນ 콘 : 사람
- ເກົາຫຼີ 까오리-4이 : 한국

2 ຂ້ອຍ/ເປັນ/ທ່ານໝໍ

커6-이	뻰	타-3안머-4
나, 저	~이다	의사

➡ 나는 의사입니다.

- ທ່ານໝໍ 타-3안 머-4 : 의사
- 라오스어 기본 구조 : [~는/~다] = [주어 + 동사]

3 ຂ້ອຍ/ເປັນ/ນັກສຶກສາ

커6-이	뻰	낙 쓱4 싸-4아
나, 저	~이다	대학생

➡ 난 대학생입니다.

- ນັກສຶກສາ 낙 쓱4 싸-4아 : 대학생

4 ນັ້ນ/ແມ່ນ/ອາຈານ/ລີ

난2	매-3앤	아-아짜-안	리-이
그(그 사람)	~이다	교수님	리(성씨)

➡ 그 분은 이 교수님입니다.

- ອາຈານ 아-아짜-안 : 교수님
- ນັ້ນ 난2 : 그것, 거기, 그 사람(저 사람)
  ① ອັນນັ້ນ 안난2 : 그것
  ② ບ່ອນນັ້ນ 버5-언 난2 : 거기(장소)
  ③ ຄົນນັ້ນ 콘 난2 : 저 사람, 그 사람(사람을 지칭할 때 사용한다.)

응용 문장 1

1. ລາວແມ່ນໃຜ?
2. ລາວແມ່ນໝູ່ຂອງຂ້ອຍ
3. ຄົນນີ້ແມ່ນໃຜ?
4. ນີ້ແມ່ນແຟນຂອງຂ້ອຍ
5. ນີ້ແມ່ນເມຍຂອງຂ້ອຍ

1. 그는 누구인가요?
2. 그는 나의 친구입니다.
3. 이 사람은 누구입니까?
4. 이 사람은 나의 애인입니다.
5. 이 사람은 나의 아내입니다.

1 ລາວ/ແມ່ນ/ໃຜ?

라-오	매-3앤	파4이
그	~이다	누구(의문사)

➡ 그는 누구인가요?

- ລາວ 라-오 : ① 그, 그녀 ② 라오스
- ແມ່ນ 매-3앤 : ~이다
- ໃຜ 파4이 : 누구(의문사)

2 ລາວ/ແມ່ນ/ໝູ່/ຂອງ/ຂ້ອຍ

라-오	매-3앤	무5-우	커-4엉	커6-이
그	~이다	친구	~의	나, 저

➡ 그는 나의 친구입니다.

• ໝູ່ 무5-우 : 친구

• ຂອງ 커-4엉 : ① 물건, 것 ② ~의(소유격)

• ໝູ່ຂອງຂ້ອຍ 무5-우 커-4엉 커6-이 : 나의 친구

3 ຄົນ/ນີ້/ແມ່ນ/ໃຜ?

콘 / 니2-이 / 매-3앤 / 파4이

사람 이 ~이다 누구(의문사)

➡ 이 사람은 누구입니까?

• ຄົນ 콘 : 사람

• ຄົນນີ້ 콘 니2-이 : 이 사람

4 ນີ້/ແມ່ນ/ແຟນ/ຂອງ/ຂ້ອຍ

니2-이 / 매-3앤 / 패f-앤 / 커-4엉 / 커6-이

이 사람 ~이다 애인 ~의 나, 저

➡ 이 사람은 나의 애인입니다.

• ແຟນ ຂອງ ຂ້ອຍ 패f-앤 커-4엉 커6-이 : 나의 애인

• ນີ້ 니2-이 : ① 이, 이것 ② 여기(장소) ③ 이 사람(사람을 지칭할 때 사용)

5 ນີ້/ແມ່ນ/ເມຍ/ຂອງ/ຂ້ອຍ

니2-이 / 매-3앤 / 믜-야 / 커-4엉 / 커6-이

이 사람 ~이다 부인 ~의 나, 저

➡ 이 사람은 나의 아내입니다.

• ເມຍ 믜-야 : 부인, 아내

복습하기 1

다음 문장을 라오스어로 말해보세요.

01 나는 한국 사람입니다.

02 나는 의사입니다.

03 난 대학생입니다.

04 그분은 이 교수님입니다.

05 그는 누구인가요?

06 그는 나의 친구입니다.

07 이 사람은 누구입니까?

08 이 사람은 나의 애인입니다.

09 이 사람은 나의 아내입니다.

복습하기 2

다음 문장을 읽으면서 연습하세요.

01 커6-이 뻰 콘 까오리-4이

02 커6-이 뻰 타-3안 머-4

03 커6-이 뻰 낙 쓱4 싸-4아

04 난2 매-3앤 아-아 짜-안 리-이

05 라-오 매-3앤 파4이?

06 라-오 매-3앤 무5-우 커-4엉 커6-이

07 콘 니2-이 매-3앤 파4이?

08 니2-이 매-3앤 패f-앤 커-4엉 커6-이

09 니2-이 매-3앤 믜-야 커-4엉 커6-이

09 당신은 라오스 사람이지요?

1. ເຈົ້າເປັນຄົນລາວແມ່ນບໍ?
2. ແມ່ນແລ້ວ. ຂ້ອຍແມ່ນຄົນລາວ
3. ບໍ່ແມ່ນ ຂ້ອຍບໍ່ແມ່ນຄົນລາວ
4. ຂ້ອຍແມ່ນຄົນເກົາຫຼີ

❶ 당신은 라오스 사람이지요?
❷ 네, 저는 라오스 사람입니다.
❸ 아니오, 나는 라오스 사람이 아닙니다.
❹ 저는 한국 사람입니다.

핵심 포인트

「○○○ ແມ່ນບໍ? '그렇지요?, ○○○이지요?'」에 대한 긍정과 부정의 대답 방법

질문	대답(긍정)	대답(부정)
(문장/내용) + ແມ່ນບໍ? 매-3앤버-	ແມ່ນແລ້ວ 매-3앤 래2-우	ບໍ່ແມ່ນ 버5- 매-3앤
~그렇지요?, ○○○이지요?	그렇습니다	아닙니다

1 ເຈົ້າ/ເປັນ/ຄົນ/ລາວ/ແມ່ນບໍ?

짜2오 / 뻰 / 콘 / 라-오 / 매-3앤버-
당신 ~이다 사람 라오스 그렇지요?

➡ 당신은 라오스 사람이지요?

2 ແມ່ນແລ້ວ/ຂ້ອຍ/ແມ່ນ/ຄົນ/ລາວ

매-3앤래2-우 / 커6-이 / 매-3앤 / 콘 / 라-오
그렇습니다 나, 저 ~이다 사람 라오스

➡ 네, 그렇습니다. 저는 라오스 사람입니다.

- 주의 : 「ເປັນແລ້ວ 뻰 래2-우」가 아닌 「ແມ່ນແລ້ວ 매-3앤 래2-우」이다.

3 ບໍ່ແມ່ນ. ຂ້ອຍ/ບໍ່/ແມ່ນ/ຄົນ/ລາວ

버5-매-3앤. 커6-이 / 버5- / 매-3앤 / 콘 / 라-오
아니다 나, 저 아니다 사람 라오스

➡ 아닙니다. 나는 라오스 사람이 아닙니다.

- 주의 : 「ແມ່ນບໍ? 이지요?」에 대한 대답으로 "아닙니다"라고 할 때는 「ບໍ່ເປັນ 버5- 뻰」이 아닌 「ບໍ່ແມ່ນ 버5- 매-3앤」이라고 한다.

4 ຂ້ອຍ/ແມ່ນ/ຄົນ/ເກົາຫຼີ

커6-이 / 매-3앤 / 콘 / 까오리-4이
나, 저 ~이다 사람 한국

➡ 나는 한국 사람입니다.

❶ ອັນນັ້ນແມ່ນປຶ້ມບໍ?
❷ ບໍ່ແມ່ນອັນນັ້ນບໍ່ແມ່ນປຶ້ມ
ແຕ່ວ່າແມ່ນປຶ້ມບັນທຶກ
❸ ນີ້ແມ່ນໂຮງຮຽນ. ນີ້ບໍ່ແມ່ນໂຮງຮຽນ
❹ ເຂົາເປັນນັກສຶກສາ. ເຂົາບໍ່ແມ່ນນັກສຶກສາ
❺ ເຂົາກໍາລັງເຮັດວຽກຢູ່ບໍລິສັດ

❶ 그것은 책입니까?
❷ 아니오 그것은 책이 아닙니다. 그러나 공책입니다.
❸ 이것은 학교입니다. 이것은 학교가 아닙니다.
❹ 그는 대학생입니다. 그는 대학생이 아닙니다.
❺ 그는 회사에서 일하고 있습니다.

핵심 포인트

1 ອັນນັ້ນ/ແມ່ນ/ປຶ້ມ/ບໍ?

안난2	매-3앤	쁨2	버-
그것	~이다	책	~까?

➡ 그것은 책입니까?

- ປຶ້ມ 쁨2 : 책
- ປຶ້ມບັນທຶກ 쁨2 반특 : 공책
- ປຶ້ມຂຽນ 쁨2 키-4얀 : 공책

2 ບໍ່ແມ່ນ/ອັນນັ້ນ/ບໍ່ແມ່ນ/ປຶ້ມ/ແຕ່/ວ່າ/ແມ່ນ/ປຶ້ມບັນທຶກ

버5-매-3앤 / 안난2 / 버5- 매-3앤 / 쁨 / 때5-애 / 와-3아 / 매-3앤 / 쁨2반특

아니다 그것 아니다 책 그러나 ~라고 하다 ~이다 공책

➡ 아니오 그것은 책이 아니고 공책입니다.(직역 : 아니오, 그것은 책이 아닙니다, 그러나 공책입니다.)

- 한국어에 '~이 아니고, ~입니다'라는 반대나 대비의 표현을 할 때도 접속사 「ແຕ່ 때5-애 그러나」를 사용할 수 있다.

3 ນີ້/ແມ່ນ/ໂຮງຮຽນ

니2-이 / 매-3앤 / 호-옹히-얀

이것 ~이다 학교

➡ 이것은 학교입니다.

ນີ້/ບໍ່ແມ່ນ/ໂຮງຮຽນ

니2-이/버5-매-3앤/호-옹히-얀

이것 아니다 학교

➡ 이것은 학교가 아닙니다.

4 ເຂົາ/ເປັນ/ນັກສຶກສາ

카4오 / 뻰 / 낙쓱4싸-4아

그 ~이다 대학생

➡ 그는 대학생입니다.

ເຂົາ/ບໍ່ແມ່ນ/ນັກສຶກສາ

카4오 / 버5- 매-3앤 / 낙쓱4싸-4아

그 아니다 대학생

그는 대학생이 아닙니다.

5 ເຂົາ/ກຳລັງ/ເຮັດ/ວຽກ/ຢູ່/ບໍລິສັດ

카4오 / 깜랑 / 헫 / 위-약 / 유5-우 / 버-리 쌋4

그 중이다 하다 일 ~에서 회사

➡ 그는 회사에서 일하고 있습니다. (회사에 다니고 있다.)

- ກຳລັງ 깜랑 + 동사 : ~하고 있는 중이다(진행형)

응용 문장 ①

❶ ເຈົ້າເປັນທ່ານໝໍບໍ?

❷ ເຈົ້າ. ຂ້ອຍແມ່ນທ່ານໝໍ

❸ ເຮືອນນີ້ແມ່ນເຮືອນຂອງອາຈານສົມຊາຍແມ່ນບໍ?

❹ ແມ່ນແລ້ວ. ນີ້ແມ່ນເຮືອນອາຈານສົມຊາຍ

❺ ອັນນັ້ນແມ່ນໂຮງຮຽນບໍ?

❻ ບໍ່. ອັນນັ້ນບໍ່ແມ່ນໂຮງຮຽນແຕ່ແມ່ນໂຮງໝໍ

❶ 당신은 의사입니까?
❷ 네, 저는 의사입니다.
❸ 이 집은 쏨싸이 교수님 댁이지요?
❹ 네, 그렇습니다. 이것은 쏨싸이 교수님 댁입니다.
❺ 저것은 학교입니까?
❻ 아닙니다, 저것은 학교가 아니고 병원입니다.

1 ເຈົ້າ/ເປັນ/ທ່ານໝໍ/ບໍ?

ເຈົ້າ	ເປັນ	ທ່ານໝໍ	ບໍ
짜2오	뻰	타-3안머-4	버-
당신	~이다	의사	~까?

➡ 당신은 의사입니까?

2 ເຈົ້າ. ຂ້ອຍ/ແມ່ນ/ທ່ານໝໍ

ເຈົ້າ.	ຂ້ອຍ	ແມ່ນ	ທ່ານໝໍ
짜2오,	커6-이	매-3앤	타-3안머-4
예,	나, 저	~이다	의사

➡ 예, 저는 의사입니다.

3 ເຮືອນ/ນີ້/ແມ່ນ/ເຮືອນ/ຂອງ/ອາຈານ/ສົມຊາຍ/ແມ່ນບໍ?

흐ㅓ으-안 / 니2-이 / 매-3앤 / 흐ㅓ으-안 / 커-4엉 / 아-아짜-안 / 쏨4싸-이 / 매-3앤버-

집 / 이 / ~이다 / 집 / ~의 / 교수님 / 쏨싸이 / 그렇지요?

➡ 이 집은 쏨싸이 교수님 댁이지요?

- ແມ່ນບໍ? 매-3앤 버- : 그렇지요?
- ແມ່ນແລ້ວ 매-3앤 래2-우 : 그렇습니다(대답/긍정)
- ບໍ່ແມ່ນ 버5- 매-3앤 : 아닙니다(대답/부정)

4 ແມ່ນ/ແລ້ວ.

매-3앤 / 래2-우

그렇다

➡ 네, 그렇습니다.

ນີ້/ແມ່ນ/ເຮືອນ/ອາຈານ/ສົມຊາຍ

니2-이 / 매-3앤 / 흐ㅓ으-안 / 아-아짜-안 / 쏨4 싸-이

이것 / ~이다 / 집 / 교수님 / 쏨싸이

이곳은 쏨싸이 교수님 댁입니다.

5 ອັນ/ນັ້ນ/ແມ່ນ/ໂຮງຮຽນ/ບໍ?

안 / 난2 / 매-3앤 / 호-옹히-얀 / 버-

~것 / 저 / ~이다 / 학교 / ~까?

➡ 저것은 학교입니까?

- ອັນນັ້ນ 안 난2 : 저것

6 ບໍ່. ອັນນັ້ນ/ບໍ່ແມ່ນ/ໂຮງຮຽນ/ແຕ່/ແມ່ນ/ໂຮງໝໍ

버5-. / 안난2 / 버5- 매-3앤 / 호-옹히-얀 / 때5-애 / 매-3앤 / 호-옹머-4

아니다 / 저것 / 아니다 / 학교 / 그러나 / ~이다 / 병원

➡ 아닙니다. 저것은 학교가 아니고 병원입니다.

- ບໍ່ແມ່ນ 버5- 매-3앤~ : ~가 아니다
- ບໍ່ 버5- / ບໍ 버-

① 단독 사용 「ບໍ່ 버5-」: 아니오, 아닙니다(부정 대답)

② 동사 앞 「ບໍ່ 버5- + 동사」: ~하지 않다, 안 ~하다(부정문)

③ 문장 끝에 위치 「~ບໍ 버-」: ~까?(의문문)

복습하기 1

다음 문장을 라오스어로 말해보세요.

01 당신은 라오스 사람이지요?

02 네, 저는 라오스 사람입니다.

03 아니오, 나는 라오스 사람이 아닙니다.

04 저는 한국 사람입니다.

05 그것은 책입니까?

06 아니오 그것이 책이 아닙니다.

07 그러나 공책입니다.

08 이것은 학교입니다.

09 이것은 학교가 아닙니다.

10 그는 대학생입니다.

11 그는 대학생이 아닙니다.

12 그는 회사에서 일하고 있습니다.

13 당신은 의사입니까?

14 네, 저는 의사입니다.

15 이 집은 쏨싸이 교수님 댁이지요?

16 네 그렇습니다. 이것은 쏨싸이 교수님 댁입니다.

17 저것은 학교입니까?

18 아닙니다. 저것은 학교가 아니고 병원입니다.

복습하기 2

다음 문장을 읽으면서 연습하세요.

01 짜2오 뻰 콘 라-오 매-3앤버-?

02 매-3앤 래2-우 커6-이 매-3앤 콘 라-오

03 버5-매-3앤. 커6-이 버5-매-3앤 콘 라-오

04 커6-이 매-3앤 콘 까오리-40l

05 안난2 매-3앤 쁨2 버-?

06 버5-매-3앤 안난2 버5-매-3앤 쁨2

07 때5-애 와-30ㅏ 매-3앤 쁨2 반특

08 니2-이 매-3앤 호-옹 희-야

09 니2-이 버5-매-3앤 호-옹 희-야

10 카4오 뻰 낙쓱4싸-40ㅏ

11 카4오 버5-매-3앤 낙쓱4싸-40ㅏ

12 카4오 깜랑 헨 위-약 유5-우 버-리 쌷4

13 짜2오 뻰 타-3안머-4 버-?

14 짜2오. 커6-이 매-3앤 타-3안머-4

15 흐ㅓ으-안 니2-이 매-3앤 흐ㅓ으-안 커-4엉 아-아짜-안 쏨4싸-이 매-3앤 버-?

16 매-3앤 래2-우. 니2-이 매-3앤 흐ㅓ으-안 아-아짜-안 쏨4싸-이

17 안난2 매-3앤 호-옹 희-야 버-?

18 버5-. 안난2 버5- 매-3앤 호-옹 희-야 때5-애 매-3앤 호-옹머-4

10 당신은 아름답습니다

❶ ເຈົ້າງາມ
❷ ຄົນນີ້ງາມ
❸ ເຂົາຕຸ້ຍ
❹ ລາວຈ່ອຍ

❶ 당신은 아름답습니다.
❷ 이 사람은 예쁩니다.
❸ 그는 뚱뚱합니다.
❹ 그녀는 날씬합니다.

핵심 포인트

1 ເຈົ້າ/ງາມ

짜2오 / 응아-암

당신 아름답다

➡ 당신은 아름답습니다.

2 ຄົນ/ນີ້/ງາມ

콘 / 니2-이 / 응아-암

사람 이 예쁘다

➡ 이 사람은 예쁩니다.

3 ເຂົາ/ຕຸ້ຍ

카4오 / 뚜20ㅣ

그　뚱뚱하다

➡ 그는 뚱뚱합니다.

4 ລາວ/ຈ່ອຍ

라-오 / 쩌5-이

그, 그녀　날씬하다

➡ 그녀는 날씬합니다.

- ຈ່ອຍ 쩌5-이 / ຜອມ 퍼-4엄 : 날씬하다
- ລາວ 라-오 : 그, 그녀, 라오스
- ເຂົາ 카4오 : 그, 그 사람, 그녀, 그들(잘 알지 못하는 사이에 주로 사용)

참고하세요

형용사 역할

형용사는 명사 다음에 위치하며 문장 안에서 다음 두 가지 역할을 할 수 있다.

① 서술어 역할 : 명사 다음에 위치해 앞의 명사를 설명한다. (*이때 명사는 '주어' 역할을 한다.)

② 한정어 역할 : 명사 다음에 위치해 앞의 명사를 수식한다.

- ເຮືອນນ້ອຍ 흐ㅓ으-안 너2-이

① 집이 작다 : 집(흐ㅓ으-안)을 설명하는 서술어적 용법

② 작은 집 : 집(흐ㅓ으-안)을 수식하는 한정어적 용법

*ເຮືອນ 흐ㅓ으-안 : 집　　*ນ້ອຍ 너2-이 : 작다

참고하세요

동사, 형용사, 명사의 개념

① 동사 : 동작을 나타낸다. (가다, 오다, 먹다, 자다 등)

② 형용사 : 어떤 내용의 느낌이나 상태를 표현한다. (차다, 뜨겁다, 좋다, 나쁘다 등)

③ 명사 : 어떤 사물의 이름(나무, 종이, 차, 집, 동물, 사람 등)

❶ ຂ້ອຍມັກດອກໄມ້ແດງ
❷ ຂ້ອຍມັກດອກໄມ້ສີແດງ

❶ 저는 붉은 꽃을 좋아합니다.
❷ 저는 붉은 색상의 꽃을 좋아합니다.

핵심 포인트

1 ຂ້ອຍ/ມັກ/ດອກໄມ້/ແດງ

커6-이 /	막 /	더-억 마20| /	대-앵
나, 저	좋아하다	꽃	붉다, 붉은

➡ 저는 붉은 꽃을 좋아합니다.

• ດອກໄມ້ແດງ 더-억 마20| 대-앵 : 붉은 꽃

2 ຂ້ອຍ/ມັກ/ດອກໄມ້/ສີ/ແດງ

커6-이 /	막 /	더-억 마20| /	씨-40| /	대-앵
나, 저	좋아하다	꽃	색, 색상	붉다, 붉은

➡ 저는 붉은 색상의 꽃을 좋아합니다.

• ດອກໄມ້ສີແດງ 더-억 마20| 씨-40| 대-앵 : 붉은 색상의 꽃

형용사 기본 단어

ສັ້ນ	싼6	짧은	ຍາວ	냐-우	긴
ສູງ	쑤-4웅	높은	ຕ່ຳ	땀5	낮은
ຮ້ອນ	허2-언	더운	ໜາວ	나-4우	추운
ເຢັນ	옌	찬			
ກວ້າງ	꾸와2-앙	넓은	ແຄບ	캐-앱	좁은
ໜາ	나-4아	두꺼운	ບາງ	바-앙	얇은
ແຂງ	캐-4앵	강한	ອ່ອນ	어5-언	약한
ສະຫວ່າງ	싸4와5-앙	밝은	ມືດ	므-읃	어두운
ໃກ້	까2이	가까운	ໄກ	까이	먼
ດຳ	담	검은	ຂາວ	카-4우	하얀/흰
ໃຫຍ່	냐5이	크다/큰	ນ້ອຍ	너2-이	작다/작은
ງຽບ(ຄ່ອຍ)	응의-얍 (커-3이)	조용한	ສຽງແຮງ	씨-4양해-앵	시끄러운
ແດງ	대-앵	붉은	ເຫຼືອງ	르ㅓ으-4앙	노란

응용 문장 ❶

❶ ເຮືອນນີ້ໃຫຍ່
❷ ລາວຢູ່ໃນເຮືອນໃຫຍ່
❸ ດອກໄມ້ນັ້ນແມ່ນດອກໄມ້ງາມ
❹ ດອກໄມ້ນີ້ງາມຫຼາຍ

❶ 이 집은 크다.
❷ 그는 큰 집에서 살고 있습니다.
❸ 저 꽃은 매우 아름다운 꽃입니다.
❹ 이 꽃은 매우 아름답습니다.

1 ເຮືອນ/ນີ້/ໃຫຍ່

흐ㅓ으-안 / 니2-이 / 냐5이
집 이(이것) 크다

➡ 이 집은 크다.

- **ເຮືອນ** 흐ㅓ으-안 : 집(명사)
- **ນີ້** 니2-이 : 이(지시형용사로 형용사 역할을 하며, 앞의 명사 '집'을 수식한다.)
- **ເຮືອນນີ້** 흐ㅓ으-안 니2-이 : 이 집(명사 + 지시형용사)
- **ເຮືອນນີ້ໃຫຍ່** 흐ㅓ으-안 니2-이 냐5이 : 이 집은 크다
- **ໃຫຍ່** 냐5이 : 크다(형용사)의 용법

① 형용사의 서술어적 용법(주어를 설명)
② 즉, 앞의 명사구 「흐ㅓ으-안 니2-이(이 집)」을 설명한다.

2 ລາວ/ຢູ່/ໃນ/ເຮືອນ/ໃຫຍ່

라-오 / 유5-우 / 나이 / 흐ㅓ으-안 / 냐5이

그 살다 안 집 크다

➡ 그는 큰 집에서 살고 있습니다.

- ຢູ່ 유5-우

① [동사] : (~에) 있다, 계시다, 살다, 존재하다, 머물다, 묵다

② [전치사] : ~에, ~에서

- ເຮືອນໃຫຍ່ 흐ㅓ으-안 냐5이 : 큰 집

① 냐5이 : 크다, 큰

② 냐5이 : 형용사의 한정어적 용법으로 '~한/~ㄴ'으로 해석되며, 앞의 명사 「흐ㅓ으-안 집」을 수식한다.

③ 흐ㅓ으-안 냐5이 : '집이 크다'로 [냐5이]를 서술적인 용법으로 사용된 것이 아니고, '집'을 수식하여 '큰 집'으로 해석한다.

- 라오스어의 어순은 한국어의 (형용사+명사 = 아름다운+꽃)구조의 반대인(명사+형용사 = 꽃 + 아름다운)으로 되어 있고, 이 형용사의 해석 방법 또한 문장에 따라 서술적(설명)용법과 제한(한정)적 용법으로 사용되므로 이의 이해를 위한 공부가 필요하다.

3 ດອກໄມ້/ນັ້ນ/ແມ່ນ/ດອກໄມ້/ງາມ

더-억 마2이 / 난2 / 매-3앤 / 더-억 마2이 / 응아-암

꽃 저 ~이다 꽃 아름답다

➡ 저 꽃은 아름다운 꽃입니다.

- ດອກໄມ້ 더-억 마2이 : 꽃

4 ດອກໄມ້/ນີ້/ງາມ/ຫຼາຍ

더-억 마2이 / 니2-이 / 응아-암 / 라-4이

꽃 이(것) 아름답다 많이(매우)

➡ 이 꽃은 매우 아름답습니다.

- 「더-억 마2이」 다음 지시형용사 '이, 그, 저'의 수식 형태에 유의해야 한다. 이 지시형용사로 수식된 명사구의 다음 형용사는 서술적 용법으로 해석해, '아름다운'이 아니고 '아름답다'와 같이 '~다'로 해석한다.

복습하기 1

다음 문장을 라오스어로 말해보세요.

01 당신은 아름답습니다.

02 이 사람은 예쁩니다.

03 그는 뚱뚱합니다.

04 그녀는 날씬합니다.

05 이 집은 크다.

06 그는 큰 집에서 살고 있습니다.

07 저 꽃은 아름다운 꽃입니다.

08 이 꽃은 매우 아름답습니다.

09 저는 붉은 꽃을 좋아합니다.

10 저는 붉은 색상의 꽃을 좋아합니다.

복습하기 2

다음 문장을 읽으면서 연습하세요.

01 짜2오 응아-암

02 콘 니2-이 응아-암

03 카4오 뚜2이

04 라-오 쩌5-이

05 흐ㅓ으-안 니2-이 냐5이

06 라-오 유5-우 나이 흐ㅓ으-안 냐5이

07 더-억 마2이 난2 매-3앤 더-억 마2이 응아-암

08 더-억 마2이 니2-이 응아-암 라-4이

09 커6-이 막 더-억 마2이 대-앵

10 커6-이 막 더-억 마2이 씨-4이 대-앵

11 당신 집은 어디에 있습니까?

❶ ນີ້ເປັນໜັງສືຂອງໃຜ?
❷ ນີ້ແມ່ນໜັງສືຂອງຂ້ອຍ
❸ ເຮືອນຂອງເຈົ້າຢູ່ໃສ?
❹ ເຮືອນຂອງຂ້ອຍຢູ່ເມືອງໂຊ

❶ 이것은 누구의 책입니까?
❷ 이것은 나의 책입니다.
❸ 당신의 집은 어디입니까?
❹ 나의 집은 서울에 있습니다.

핵심 포인트

1 ນີ້/ເປັນ/ໜັງສື/ຂອງ/ໃຜ?

니2-이 / 뻰 / 낭4쓰-4으 / 커-4엉 / 파4이

이것 ~이다 책 ~의 누구(의문사)

➡ 이것은 누구의 책입니까?

- ຂອງ 커-4엉 : ~의(소유)

  ① 명사1 + ຂອງ 커-4엉 + 명사2 : 명사2의 명사1

  ② ເຮືອນຂອງຂ້ອຍ 흐ㅓ으-안 커-4엉 커6-이 : 나의 집

  (구어체에서는 생략해 사용하는 경우가 많다.)

2 ນີ້/ແມ່ນ/ໜັງສື/ຂອງ/ຂ້ອຍ

니2-이 / 매-3앤 / 낭4쓰-4으 / 커-4엉 / 커6-이
이것 ~이다 책 ~의 나, 저

➡ 이것은 나의 책입니다.

3 ເຮືອນ/ຂອງ/ເຈົ້າ/ຢູ່/ໃສ?

흐ㅓ으-안 / 커-4엉 / 짜2오 / 유5-우 / 싸4이
집 ~의 당신 ~에 있다 어디(의문사)

➡ 당신의 집은 어디입니까?(당신의 집은 어디에 있습니까?)

4 ເຮືອນ/ຂອງ/ຂ້ອຍ/ຢູ່/ເມືອງ/ໂຊ

흐ㅓ으-안 / 커-4엉 / 커6-이 / 유5-우 / 므ㅓ으-앙 / 쏘-오
집 ~의 나, 저 ~에 있다 도,시 서울

➡ 나의 집은 서울에 있습니다.

- ຢູ່ 유5-우 (문법「유5-우 & 미-이 용법」편 참고)
  ① 동사 : (~에) 있다, 계시다, 살다, 존재하다, 머물다, 묵다
  ② 전치사 :「ຢູ່ 유5-우 + 명사」: ~에, ~에서
- ຢູ່ເມືອງໂຊ 유5-우 므ㅓ으-앙 쏘-오 : 서울에 있다
  라오어로 '서울'을「ໂຊ 쏘-오」혹은「ໂຊນ 쏘-온」이라고 발음한다.
  라오스어에 'ㄹ' 받침이 없어서 나타나는 현상이다.
- ເມືອງໂຊ 므ㅓ으-앙 쏘-오 : 서울, 서울시
- ເມືອງ 므ㅓ으-앙 : 시, 도시
- ເມືອງປູຊານ 므ㅓ으-앙 부-우 싸-안 : 부산

응용 문장 ①

❶ ຕະຫຼາດຢູ່ໃສ? ຢູ່ທາງພຸ້ນ
❷ ທ່ານສົມຊາຍຢູ່ໃສ? ຢູ່ບໍລິສັດ
❸ ເຮືອນຂອງອາຈານລີຢູ່ໃສ?
❹ ຢູ່ເມືອງກວາງຈູ

❶ 시장은 어디 있습니까? 저기에 있습니다.
❷ 쏨싸이 씨는 어디 계십니까? 회사에 계십니다.
❸ 이 교수님 댁은 어디입니까?
❹ 광주입니다. (광주에 있습니다.)

1 ຕະຫຼາດ/ຢູ່/ໃສ?
따라-4앋 / 유5-우 / 싸4이
시장 ~에 있다 어디(의문사)
➡ 시장은 어디 있습니까? (어디입니까?)

ຢູ່/ທາງ/ພຸ້ນ
유5-우 / 타-앙 / 푼2
~에 있다 쪽, 방향 저
➡ 저쪽(저기)에 있습니다.

2 ທ່ານ/ສົມຊາຍ/ຢູ່/ໃສ?
타-3안 / 쏨4 싸-이 / 유5-우 / 싸4이
님, 씨 쏨싸이 ~에 있다 어디
➡ 쏨싸이 씨는 어디 계십니까?

ຢູ່/ບໍລິສັດ
유5-우 / 버- 리쌑4
~에 있다 회사
➡ 회사에 계십니다.

• ຢູ່ໃສ? 유5-우 싸4이

① 어디에 있어요? ② 어디에 계세요? ③ 어디에 살아요? ④ 어디에 묵고있어요? 등 상황에 맞게 사용한다.(문법 「유5-우 & 미-이 용법」편 참고)

3 ເຮືອນ/ຂອງ/ອາຈານ/ລີ/ຢູ່/ໃສ?

흐ㅓ으-안 / 커-4엉 / 아-아짜-안 / 리-이 / 유5-우 / 싸4이

집 ~의 교수 리(성) ~에 있다 어디(의문사)

➡ 이 교수님 댁은 어디에 있습니까?(어디입니까?)

4 ຢູ່/ເມືອງ/ກວາງຈູ

유5-우 / 므ㅓ으-앙 / 꾸와-앙쭈-우

(~에) 있다 도, 시 광주

➡ 광주에(서) 있습니다.(광주입니다)

- ຢູ່ 유5-우

① 동사 : (~에) 있다, 계시다, 살다, 존재하다, 머물다, 묵다

② 전치사 : 동사 + ຢູ່ 유5-우 + 명사 : ~에, ~에서

③ ຂ້ອຍ/ຮຽນ/ພາສາລາວ/ຢູ່/ເກົາຫຼີ

커6-이/희-얀/파-아싸-4아 라-오/유5-우/까오리-4이

나, 저(는) / 공부하다 / 라오스어(를) / ~에서 / 한국

→ 난 한국에서 라오스어를 공부합니다.

「ຢູ່ 유5-우」는 동사 '~다'로 사용된 것이 아니고, 뒤에 명사(ເກົາຫລີ 까오리-4이 : 한국)를 받아 전치사 역할(~에, ~에서)로 사용됐다. 본동사 '~다'는 앞의 「희-얀 : 공부하다」이다.

참고하세요

라오스인들이 우리가 남한에서 왔는지 북한에서 왔는지 물을 때가 있다. 그럴 땐 「ເກົາຫຼີໃຕ້ 까오리-4이 따2이」라고 대답하면 된다.

① 남한 : ເກົາຫຼີໃຕ້ 까오리-4이 따2이

② 북한 : ເກົາຫຼີເໜືອ 까오리-4이 느ㅓ으-4아

③ 남(南), 아래 : ໃຕ້ 따2이 (*성조와 발음 주의 ຕາຍ 따-이 : 죽다)

④ 북(北), 위에 : ເໜືອ 느ㅓ으-4아

복습하기 1

다음 문장을 라오스어로 말해보세요.

01 이것은 누구의 책입니까?

02 이것은 나의 책입니다.

03 당신의 집은 어디입니까?

04 나의 집은 서울에 있습니다.

05 나는 한국에서 라오스어를 공부합니다.

06 시장은 어디에 있습니까? (어디입니까?)

07 저기에 있습니다. (저기입니다. / 저쪽입니다.)

08 쏨싸이 씨는 어디 계십니까?

09 회사에 있습니다.

10 이 교수님 댁은 어디십니까?

11 광주에 있습니다.

복습하기 2

다음 문장을 읽으면서 연습하세요.

01 니2-이 뻰 낭4쓰-4으 커-4엉 파4이?

02 니2-이 매-3앤 낭4쓰-4으 커-4엉 커6-이

03 흐ㅓ으-안 커-4엉 짜2오 유5-우싸4이?

04 흐ㅓ으-안 커-4엉 커6-이 유5-우 므ㅓ으-앙 쏘-오

05 커6-이 희-얀 파-아 싸-4아 라-오 유5-우 까오리-4이

06 따라-4앋 유5-우 싸4이?

07 유5-우 타-앙 푼2

08 타-3안 씀4 싸-이 유5-우 싸4이?

09 유5-우 버- 리쌑4

10 흐ㅓ으-안 커-4엉 아-아 짜-안 리-이 유5-우 싸4이?

11 유5-우 므ㅓ으-앙 꾸와-앙 쭈-우

12 의사 선생님 계십니까?

❶ ທ່ານໝໍຢູ່ບໍ?
❷ ຢູ່ເຊີນ ໆ
❸ ເຈົ້າເປັນຫຍັງ?
❹ ປວດຫົວແລະມີໄຂ້ນໍາ

❶ 의사 선생님 계십니까?
❷ 계십니다. 들어오세요.
❸ 어디가 불편하십니까?(아프십니까?)
❹ 머리가 아프고 열도 있습니다.

핵심 포인트

1 ທ່ານໝໍ/ຢູ່/ບໍ?

타-3안 머-4 / 유5-우 / 버-

의사 선생님 있다 ~까?

➡ 의사 선생님 계십니까?

2 ຢູ່/ເຊີນ/ໆ

유5-우 / 쓰ㅓ-ㄴ / 쓰ㅓ-ㄴ

있다 (어서~)

➡ 계십니다, 들어오세요.

• ເຊີນ 쓰ㅓ-ㄴ ① (어서) ~하세요(본동사) ② 쓰ㅓ-ㄴ! : 어서오세요! (독립적으로 사용 가능)

3 ເຈົ້າ/ເປັນ/ຫຍັງ?

짜2오 / 뻰 / 냥4

당신 아프다 무엇

➡ 어디가 불편하십니까?(아프십니까?)

- ເຈົ້າເປັນຫຍັງ? 짜2오 뻰 냥4 : 당신은 무엇입니까? (직역)

  실제 의미는 몸의 상태를 묻는 말로 "어디가 아프십니까?" 혹은 "어디가 불편하십니까?"의 뜻이다.

4 ປວດ/ຫົວ/ແລະ/ມີ/ໄຂ້/ນຳ

뿌-왇 / 후-4와 / 래 / 미-이 / 카6이 / 남

아프다 머리 그리고 있다 열 도

➡ 머리가 아프고 열도 있습니다.

- ປວດຫົວ 뿌-왇 후-4와 : 머리가 아프다
- ປວດ 뿌-왇 : 아프다
- ປວດ 뿌-왇 + 아픈 곳 : ~가 아프다(두통)
- ມີໄຂ້ 미-이 카6이 : 열이 있다
- ໄຂ້ 카6이 : 열

- ເຈັບບ່ອນໃດ? 쩹 버5-언 다이 : 어느 곳이 아픕니까?
- ເຈັບທ້ອງ 쩹 터2-엉 : 배가 아프다
- ເຈັບແຂ້ວ 쩹 캐6-우 : 이가 아프다

1 ຂໍກວດອາການຂອງເຈົ້າເບິ່ງກ່ອນ
2 ອ້າປາກເບິ່ງແດ່. ເປັນໄຂ້ຫວັດ
3 ກິນຢານີ້ແລ້ວຄົງຈະດີຂຶ້ນ
4 ຢານີ້ກິນແນວໃດ?
5 ກິນຄັ້ງລະ 2 ເມັດຫລັງອາຫານ
6 ຂອບໃຈຫລາຍໆ

❶ 상태를 먼저 검사해 보겠습니다.
❷ 입을 벌려 보세요. 감기입니다.
❸ 이 약을 드시면 좋아지실 겁니다.
❹ 이 약은 어떻게 먹습니까?
❺ 식사 후 한번에 두 알씩 드십시오.
❻ 매우 고맙습니다.

핵심 포인트

1 ຂໍ/ກວດ/ອາການ/ຂອງ/ເຈົ້າ/ເບິ່ງ/ກ່ອນ

커-4 / 꾸-왇 / 아-아까-안 / 커-4엉 / 짜2오 / 브ㅓ5ㅇ / 꺼5-언
~하겠습니다 / 조사하다 / 상태(를) ~의 당신 (~해) 보다 먼저

➡ 상태를 먼저 검사해 보겠습니다.

- ກວດ 꾸-왇 : 조사하다, 검사하다, 검토하다
- ກວດເບິ່ງ 꾸-왇 브ㅓ5ㅇ : 조사(검사)해 보다
- ກວດເບິ່ງກ່ອນ 꾸-왇 브ㅓ5ㅇ 꺼5-언 : 먼저 검사해 보다
- ກ່ອນ 꺼5-언 : 먼저

2 ອ້າ/ປາກ/ເບິ່ງ/ແດ່

아2-아 / 빠-악 / 브ㅓ5ㅇ / 대5-애

벌리다 입 보다 ~세요(존대)

➡ 입을 벌려 보세요.

ເປັນ/ໄຂ້ຫວັດ

뻰 / 카6이 왇4

~이다 감기

➡ 감기입니다.

3 ກິນ/ຢາ/ນີ້/ແລ້ວ/ຄົງຈະ/ດີ/ຂຶ້ນ

낀 / 야-아 / 니2-이 / 래2-우 / 콩짜 / 디-이 / 큰6

먹다 약 이 그럼 ~일 겁니다 좋다 ~해지다(부동사)

➡ 이 약을 드시면 좋아지실 겁니다.

- ຄົງຈະ 콩짜 : (아마) ~일 것이다

4 ຢາ/ນີ້/ກິນ/ແນວໃດ?

야-아 / 니2-이 / 낀 / 내-우다이

약 이 먹다 어떻게(의문사)

➡ 이 약은 어떻게 먹습니까?

- 동사 + 내-우다이 : 어떻게 (동사)합니까?
- 낀 내-우다이 : 어떻게 먹어요?

5 ກິນ/ຄັ້ງ/ລະ/2/ເມັດ/ຫລັງ/ອາຫານ

낀 / 캉2 / 라 / 써-4엉 / 멘 / 랑4 / 아-아 하-4안

먹다 회 당 2(둘/이) 알 ~한 후 음식

➡ 식사 후 한번에 두 알씩 드십시오.

- ຫລັງ 랑4 + ○○ : ~뒤(후)
- ຢາສອງເມັດ 야-아 써-4엉 멘 : 약 두 알
- ເມັດ 멘 : 알

6 ຂອບໃຈ/ຫລາຍໆ

커-4업 짜이 / 라-4이 라-4이

감사 매우 많이

➡ 매우 고맙습니다.

1. ເຈົ້າບໍ່ສະບາຍບ່ອນໃດ?
2. ຂ້ອຍກິນອາຫານບໍ່ຄ່ອຍໄດ້
3. ຂ້ອຍມີໄອໜ້ອຍໜຶ່ງ
4. ຂ້ອຍມີໄຂ້ສູງ
5. ຂ້ອຍຮູ້ສຶກວິນ
6. ມື້ວານນີ້ຂ້ອຍຮາກ

1. 당신은 어디가 불편하십니까?
2. 저는 별로 식욕이 없습니다.
3. 저는 기침이 조금 있습니다.
4. 저는 열이 높습니다.
5. 현기증이 납니다.
6. 어제 나는 토했습니다.

핵심 포인트

1 ເຈົ້າ/ບໍ່ສະບາຍ/ບ່ອນ/ໃດ?

ເຈົ້າ	ບໍ່ສະບາຍ	ບ່ອນ	ໃດ
짜2오	버5- 싸4바-이	버5-언	다이
당신	불편하다	장소	어느

➡ 당신은 어디가 불편하십니까?

2 ຂ້ອຍ/ກິນ/ອາຫານ/ບໍ່ຄ່ອຍ/ໄດ້

ຂ້ອຍ	ກິນ	ອາຫານ	ບໍ່ຄ່ອຍ	ໄດ້
커6-이	낀	아-아하-4안	버5-커-3이	다2이
나, 저	먹다	음식	그다지 ~않다	~할 수 있다

➡ 저는 별로 식욕이 없습니다.(직역: 식사를 잘 하지 못해요.)

• ບໍ່ຄ່ອຍ 버5- 커-30l + 동사 : 그다지(별로) (잘하지) ~않다

• ກິນອາຫານ 낀 아-아 하-4안 : 밥을 먹다, 식사를 하다

• 동사 + ບໍ່ຄ່ອຍໄດ້ 버5- 커-30l 다20l : 그다지(별로) ~할 수 없다

3 ຂ້ອຍ/ມີ/ໄອ/ໜ້ອຍໜຶ່ງ

커6-이 / 미-이 / 아이 / 너6-이 능5

나, 저 / 있다 / 기침 / 조금

➡ 저는 기침이 조금 있습니다.

4 ຂ້ອຍ/ມີ/ໄຂ້/ສູງ

커6-이 / 미-이 / 카60l / 쑤-4웅

나, 저 / 있다 / 열 / 높다

➡ 저는 열이 높습니다.

• ເປັນ 뻰 + 병명 : ~한 증상이 있다

• ເປັນໄຂ້ຫວັດ 뻰 카60l 왇4 : 감기이다

• ຂ້ອຍເປັນໄຂ້ສູງ 커6-이 뻰 카60l 쑤-4웅

= ຂ້ອຍເປັນໄຂ້ແຮງ 커6-이 뻰 카60l 해-앵 : 저는 열이 높습니다.

• ໄຂ້ສູງ = ໄຂ້ແຮງ : 열이 높다, 열이 세다

• ສູງ 쑤-4웅 : 높다

• ແຮງ 해-앵 : 강하다

5 ຂ້ອຍ/ຮູ້ສຶກ/ວິນ

커6-이 / 후2-우 쓱4 / 윈

나, 저 / 느끼다 / 현기증

➡ 현기증이 납니다.

• ວິນ 윈 : 현기증이 나다

6 ມື້ວານນີ້/ຂ້ອຍ/ຮາກ

므2-으와-안 니2-이 / 커6-이 / 하-악

어제 / 나, 저 / 토하다

➡ 어제 나는 토했습니다.

• 유사 발음 : ຮາກ 하-악(토하다) ຮັກ 학(사랑하다) ມັກ 막(좋아하다)

응용 문장 ①

❶ ຊ່ວງນີ້ນອນບໍ່ຄ່ອຍຫລັບ

❷ ຫນ້າຂອງເຈົ້າຊີດ

❸ ຮ້ານຂາຍຢາຢູ່ໃສ?

❹ ຊ່ວຍໄປຮ້ານຂາຍຢາຊື້ຢາແກ້ໄຂ້ຫວັດໃຫ້ຂ້ອຍແນ່

❺ ຂໍຢາແກ້ເຈັບຫົວແນ່

❻ ຮັກສາຕົວເອງໃຫ້ດີເດີ້. ບໍ່ຕ້ອງເປັນຫ່ວງ

❶ 요즘 잠이 잘 오지 않습니다.
❷ 당신의 안색이 좋지 않습니다.
❸ 약국이 어디 있습니까?
❹ 약국에 가서 감기약 좀 사다 주세요.
❺ 두통약을 좀 주세요.
❻ 몸조심 하세요. 염려하지 마세요.

1 ຊ່ວງນີ້/ນອນ/ບໍ່ຄ່ອຍ/ຫລັບ

쑤-3왕 니2-이 / 너-언 / 버5- 커-3이 / 랍4
요즘 / 자다 / 그다지 (잘) ~않다 / 잠들다(잠자다)

➡ 요즘 잠이 잘 오지 않습니다.

- ນອນ 너-언 : 자다
- ບໍ່ຄ່ອຍຫລັບ 버5- 커-3이 랍 : 그다지 잠이 잘 오지 않다
- ບໍ່ຄ່ອຍ 버5- 커-3이 + 동사/형용사 : 그다지(별로) ~ (잘) 하지 않다

2 ໜ້າ/ຂອງ/ເຈົ້າ/ຊີດ

나6-아 / 커-4엉 / 짜2오 / 씨-읻

얼굴 ~의 당신 창백하다

➡ 당신의 안색이 좋지 않습니다.(얼굴이 창백합니다.)

- ຊີດ 씨-읻 = ຈືດ 쯔-읃 : 창백하다
- 나6-아 씨-읻 : 얼굴이 창백하다

3 ຮ້ານ/ຂາຍ/ຢາ/ຢູ່/ໃສ?

하2-안 / 카-4이 / 야-아 / 유5-우 / 싸4이

가게 팔다 약 ~에 있다 어디(의문사)

➡ 약국이 어디 있습니까?

- 하2-안 카-4이 야-아 : 약국

4 ຊ່ວຍ/ໄປ/ຮ້ານ/ຂາຍ/ຢາ/ຊື້/ຢາ/ແກ້/ໄຂ້ຫວັດ/ໃຫ້/ຂ້ອຍ/ແນ່

쑤-3와이 / 빠이 / 하2-안 / 카-4이 / 야-아 / 쓰2-으 / 야-아 / 깨2-애 / 카6이왇4 / 하6이 / 커6-이 / 내-3애

해주세요 가다 가게 팔다 약 사다 약 치료 감기 주다 나, 저 (공손)

➡ 약국에 가서 감기약 좀 사다 주세요.

5 ຂໍ/ຢາ/ແກ້/ເຈັບ/ຫົວ/ແນ່

커-4 / 야-아 / 깨2-애 / 쩹 / 후-4와 / 내-3애

요청 약 치료 아픔 머리 ~세요(공손)

➡ 두통약 좀 주세요.

- ຫົວ 후-4와 : 머리 ທ້ອງ 터2-엉 : 배 ຕາ 따-아 : 눈
- ເຈັບຫົວ 쩹 후-4와 : 머리가 아프다
- ແກ້ 깨2-애 : 고치다, 해결하다, 치료하다, (갈증을) 풀다
- ຢາແກ້ 야-아 깨2-애 + ○○ : ○○을 치료하는 약

6 ຮັກສາ/ຕົວເອງ/ໃຫ້/ດີ/ເດີ້ ບໍ່ຕ້ອງ/ເປັນຫ່ວງ

학싸-4아 / 뚜-와 에-엥 / 하6이 / 디-이/드ㅓ2- / 버5- 떠2-엉 / 뻰 후5-왕

돌보다 자신 ~하게 잘(공손) ~하지 않아도 된다 걱정하다

➡ 몸조심 하십시오.

➡ 염려하지 마세요.

- ເປັນຫ່ວງ 뻰 후5-왕 : 걱정하다

복습하기 1

다음 문장을 라오스어로 말해보세요.

01 의사 선생님 계십니까?
02 계십니다. 들어오세요.
03 어디가 불편하십니까?(아프십니까?)
04 머리가 아프고 열도 있습니다.

05 상태를 좀 검사해 보겠습니다.
06 입을 벌려 보세요.
07 감기입니다.
08 이 약을 드시면 좋아지실 겁니다.
09 이 약을 어떻게 먹습니까?
10 식사 후 한번에 두 알씩 드십시오.
11 매우 고맙습니다.

12 당신은 어디가 불편하십니까?
13 저는 별로 식욕이 없습니다.
14 저는 기침이 조금 있습니다.
15 나는 열이 매우 높습니다.
16 현기증이 납니다.
17 어제 나는 토했습니다.

18 요즘 잠이 잘 오지 않습니다.
19 당신의 안색이 좋지 않습니다.
20 약국이 어디 있습니까?
21 약국에 가서 감기약 좀 사다 주세요.
22 두통약을 좀 주십시오.
23 몸조심 하십시오.
24 염려하지 마세요.

복습하기 2

다음 문장을 읽으면서 연습하세요.

01 타-3안 머-4 유5-우 버-?

02 유5-우 쓰ㅓ-ㄴ 쓰ㅓ-ㄴ

03 짜2오 뻰 냥4?

04 뿌-왇 후-4와 래 미-이 카6이 남

05 커-4 꾸-왇 아-아까-안 커-4엉 짜2오 브ㅓ5ㅇ 꺼5-언

06 아2-아 빠-악 브ㅓ5ㅇ 대5-애

07 뻰 카6이 왇4

08 낀 야-아 니2-이 래2-우 콩 짜 디-이 큰6

09 야-아 니2-이 낀 내-우 다이?

10 낀 캉2 라 써-4엉 멘 랑4 아-아 하-4안

11 커-4업 짜이 라-4이 라-4이

12 짜2오 버5- 싸4바-이 버5-언 다이?

13 커6-이 낀 아-아하-4안 버5-커-3이 다2이?

14 커6-이 미-이 아이 너6-이 능5

15 커6-이 미-이 카6이 쑤-4웅

16 커6-이 후2-우 씍4 윈

17 므2-으 와-안 니2-이 커6-이 하-악

18 쑤-3왕 니2-이 너-언 버5- 커-3이 랍4

19 나6-아 커-4엉 짜2오 씨-읻

20 하2-안 카-4이 야-아 유5-우 싸4이?

21 쑤-3와이 빠이 하2-안 카-4이 야-아 쓰2-으 야-아 깨2-애 카6이 왇4 하6이 커6-이 내-3애

22 커-4 야-아 깨2-애 쩹 후-4와 내-3애

23 학싸-4아 뚜-와에-엥 하6이 디-이 드ㅓ2-

24 버5- 떠2-엉 뻰 후5-왕

13 얼마입니까?

❶ ອັນນີ້ເທົ່າໃດ?
❷ ອັນນັ້ນເທົ່າໃດ?
❸ ຫນຶ່ງແສນກີບ
❹ ຫນັງສືນີ້ລາຄາເທົ່າໃດ? ສອງພັນກີບ
❹ ເສື້ອໂຕນັ້ນລາຄາເທົ່າໃດ? ຫົກພັນກີບ

❶ 이것은 얼마입니까?
❷ 저것은 얼마입니까?
❸ 10만낍입니다.
❹ 이 책은 얼마입니까? 2,000낍입니다.
❺ 저 옷은 얼마입니까? 6,000낍입니다.

핵심 포인트

1 ອັນນີ້/ເທົ່າໃດ?

안니2-이 / 타3오다이
이것 얼마(의문사)

➡ 이것은 얼마입니까?

- ອັນນີ້ 안니2-이 : 이것
- ອັນນັ້ນ 안난2 : 저것
- ເທົ່າໃດ 타3오 다이 = ປານໃດ 빠-안 다이 : 얼마(의문사)

2 ອັນນັ້ນ/ເທົ່າໃດ?

안난2	타3오다이
저것	얼마(의문사)

➡ 저것은 얼마입니까?

3 ໜຶ່ງ/ແສນ/ກີບ

능5	쌔-4앤	끼-입
1(하나)	십만	낍

➡ 10만낍입니다.

- ແສນ 쌔-4앤 : 100,000(십만)
- ຮ້ອຍພັນ 허2-이 판 : 100,000(허2-이 판 = 허2-이 × 판)
- ຮ້ອຍ 허2-이 : 100
- ພັນ 판 : 1,000(문법 [숫자]편 참고)

4 ໜັງສື/ນີ້/ລາຄາ/ເທົ່າໃດ?

낭4쓰-4으	니2-이	라-아카-아	타3오다이
책	이(이것)	가격	얼마(의문사)

➡ 이 책은 얼마입니까?

ສອງ/ພັນ/ກີບ

써-4엉	판	끼-입
2(둘)	천	낍

➡ 2,000낍입니다.

5 ເສື້ອ/ໂຕ/ນັ້ນ/ລາຄາ/ເທົ່າໃດ?

쓰ㅓ6으-아	또-오	난2	라-아카-아	타3오다이
옷	~개(유별사)	저	가격	얼마(의문사)

➡ 저 옷은 가격이 얼마입니까?

ຫົກ/ພັນ/ກີບ

혹4	판	끼-입
6	천	낍

➡ 6,000낍입니다.

- ນີ້ 니2-이 : ①이 (이것) ②여기 ③ 이 사람
- ນັ້ນ 난2 : ① 이것, 그것 ② 저기, 거기 ③ 저 사람, 그 사람
- ພຸ້ນ 푼2 : 저기　　ຢູ່ພຸ້ນ 유5-우 푼2 : 저기에
- ຢູ່ທາງພຸ້ນ 유5-우 타-앙 푼2 저기에, 저쪽에, 저길에
- ໂຕ 또-오 : (유별사) 동물, 물고기, 옷 (세는 단위 : ~마리, ~개) (문법 [유별사]편 참고)

응용 문장 ①

❶ ລາຄາເທົ່າໃດ?
❷ ຕ້ອງການໄປປະຕູໄຊລາຄາເທົ່າໃດ?
❸ ແຕ່ນີ້ຮອດໂຮງແຮມນີ້ລາຄາເທົ່າໃດ?
❹ ແຕ່ນີ້ຮອດສະໜາມບິນລາຄາເທົ່າໃດ?
❺ ແຕ່ນີ້ຮອດຫລວງພະບາງໂດຍລົດເມລາຄາເທົ່າໃດ?
❻ ແຕ່ນີ້ໄປໄກບໍ? ໃຊ້ເວລາດົນປານໃດ?

❶ 가격이 얼마예요?
❷ 빠뚜사이 가고 싶은데 가격이 얼마입니까?
❸ 여기서 이 호텔까지 얼마예요?
❹ 여기서 공항까지 얼마예요?
❺ 여기서 루왕파방까지 버스로 얼마예요?
❻ 여기서 먼가요? 시간은 얼마나 걸려요?

1 ລາຄາ/ເທົ່າໃດ?

라-아카-아 / 타3오다이
가격 얼마(의문사)

➡ 가격이 얼마예요?

- ເທົ່າໃດ? 타3오다이 : 얼마(의문사)
- ປານໃດ? 빠-안 다이 : 얼마(의문사)

2 ຕ້ອງການ/ໄປ/ປະຕູໄຊ/ລາຄາ/ເທົ່າໃດ?

떠2-엉까-안 / 빠이 / 빠뚜-우싸이 / 라-아 카-아 / 타3오다이

원하다(필요하다) 가다 빠뚜싸이 가격 얼마(의문사)

➡ 빠뚜싸이로 가려고 하는데 가격이 얼마인가요?

• ຕ້ອງການ 떠2-엉 까-안 : ~하고 싶다, 바라다, 필요하다

3 ແຕ່/ນີ້/ຮອດ/ໂຮງແຮມ/ນີ້/ລາຄາ/ເທົ່າໃດ?

때5-애 / 니2-이 / 허-얻 / 호-옹 해-앰 / 니2-이 / 라-아 카-아 / 타3오다이

~부터 여기 도착하다 호텔 이(이것) 가격 얼마(의문사)

➡ 여기서 이 호텔까지 가격이 얼마예요?

4 ແຕ່/ນີ້/ຮອດ/ສະໜາມບິນ/ລາຄາ/ເທົ່າໃດ?

때5-애 / 니2-이 / 허-얻 / 싸4나-4암빈 / 라-아 카-아 / 타3오다이

~부터 여기 도착하다 공항 가격 얼마(의문사)

➡ 여기서 공항까지 가격이 얼마예요?

5 ແຕ່/ນີ້/ຮອດ/ຫລວງພະບາງ/ໂດຍ/ລົດເມ/ລາຄາ/ເທົ່າໃດ?

때5-애 / 니2-이 / 허-얻 / 루와-4왕파바-앙 / 도-이 / 롣메-에 / 라-아 카-아 / 타3오다이

~부터 여기 도착하다 루왕파방 ~로 버스 가격 얼마(의문사)

➡ 여기서 루왕파방까지 버스로 가격이 얼마예요?

6 ແຕ່/ນີ້/ໄປ/ໄກ/ບໍ?

때5-애 / 니2-이 / 빠이 / 까이 / 버-

~부터 여기 가다 멀리 ~까?

➡ 여기서 먼가요?

ໃຊ້/ເວລາ/ດົນ/ປານໃດ?

싸2이 / 웨-에라-아 / 돈 / 빠-안다이

걸리다 시간 오래 얼마나(의문사)

➡ 시간은 얼마나 걸려요?

복습하기 1

다음 문장을 라오스어로 말해보세요.

01 이것은 얼마입니까?

02 저것은 얼마입니까?

03 10만낍입니다.

04 이 책은 얼마입니까?

05 2,000낍입니다.

06 저 옷은 얼마입니까?

07 6,000낍입니다.

08 얼마예요?

09 가격이 얼마예요?

10 빠뚜사이 가고 싶은데 가격이 얼마입니까?

11 여기서 이 호텔까지 얼마예요?

12 여기서 공항까지 얼마예요?

13 여기서 루왕파방까지 버스로 얼마예요?

14 여기서 먼가요?

15 시간은 얼마나 걸려요?

복습하기 2

다음 문장을 읽으면서 연습하세요.

01 안 니2-이 타3오다이?

02 안 난2 타3오다이?

03 능5 쌔-4앤 끼-입

04 낭4 쓰-4으 니2-이 라-아 카-아 타3오다이?

05 써-4엉 판 끼-입

06 쓰ㅓ6으-아 또-오 난2 라-아카-아 타3오다이?

07 혹4 판 끼-입

08 타3오 다이?

09 라-아 카-아 타3오다이?

10 떠2-엉까-안 빠이 빠뚜-우싸이 라-아 카-아 타3오다이?

11 때5-애 니2-이 허-얻 호-옹 해-앰 니2-이 라-아 카-아 타3오다이?

12 때5-애 니2-이 허-얻 싸4나-4암빈 라-아 카-아 타3오다이?

13 때5-애 니2-이 허-얻 루와-4앙파바-앙 도-이 론메-에 라-아 카-아 타3오다이?

14 때5-애 니2-이 빠이 까이 버-?

15 싸2이 웨-에라-아 돈 빠-안다이?

14 어떤 운동을 좋아 합니까?

1. ເຈົ້າມັກກິລາຫຍັງ?
2. ຂ້ອຍມັກລອຍນ້ຳ
3. ເຈົ້າລອຍນ້ຳເປັນບໍ?
4. ເປັນແຕ່ລອຍບໍ່ເກັ່ງແລ້ວເຈົ້າເດ?
5. ຂ້ອຍລອຍນ້ຳບໍ່ເປັນ
6. ຂ້ອຍມັກຫຼິ້ນເຕະບານ

❶ 당신은 어떤 운동을 좋아합니까?
❷ 저는 수영을 좋아합니다.
❸ 당신은 수영할 줄 아십니까?
❹ 할 줄 압니다. 그러나 잘하지는 못해요. 그러면 당신은요?
❺ 나는 수영할 줄 몰라요.
❻ 저는 축구를 좋아합니다.

핵심 포인트

1 ເຈົ້າ/ມັກ/ກິລາ/ຫຍັງ?

ເຈົ້າ	ມັກ	ກິລາ	ຫຍັງ
짜2오	막	끼라-아	냥4
당신	좋아하다	운동	무슨, 무엇(의문사)

➡ 당신은 어떤 운동을 좋아합니까?

2 ຂ້ອຍ/ມັກ/ລອຍນ້ຳ

커6-이 /	막 /	러-이 남2
나, 저	좋아하다	수영

➡ 저는 수영을 좋아합니다.

3 ເຈົ້າ/ລອຍນ້ຳ/ເປັນ/ບໍ?

짜2오 /	러-이 남2 /	뻰 /	버-
당신	수영	~할 줄 알다	~까?

➡ 당신은 수영할 줄 아십니까?

• ເປັນ 뻰 : ① ~이다 ② ~할 줄 알다(배워서 가능한 것) ③ 전치사 : ~으로(자격격)

4 ເປັນ/ແຕ່/ລອຍ/ບໍ່/ເກັ່ງ/ແລ້ວ/ເຈົ້າ/ເດ?

뻰 /	때5-애 /	러-이 /	버5- /	껭5 /	래2-우 /	짜2오 /	데-에
~할 줄 알다	그러나	수영하다	아니	잘	그러면	당신	~은요?

➡ 할 줄 압니다. 그러나 잘하지는 못해요. 그러면 당신은요?

5 ຂ້ອຍ/ລອຍນ້ຳ/ບໍ່ເປັນ

커6-이 /	러-이 남2 /	버5- 뻰
나, 저	수영하다	~할 줄 모르다

➡ 나는 수영할 줄 몰라요.

• ລອຍ(=ລອຍນ້ຳ) : 수영하다

• ກິລາ 끼라-아 : 운동

• ກິລາຫຍັງ 끼라-아 냥4 : 무슨 운동, 어떤 운동

• ຫຼິ້ນ 린6 : 놀다, 장난하다, 악기 등을 연주하다(치다)

• ຫຼິ້ນກິລາ 린6 끼라-아 : 운동하다

• ອອກກຳລັງກາຍ 어-억 깜 랑 까-이 : 운동하다

6 ຂ້ອຍ/ມັກ/ຫຼິ້ນ/ເຕະບານ

커6-이 /	막 /	린6 /	떼바-안
나, 저	좋아하다	운동하다	축구

➡ 저는 축구를 좋아합니다.

❶ ເຈົ້າກຳລັງຫຼິ້ນກິລາຫຍັງ?
❷ ຈະໄປອອກກຳລັງກາຍບໍ?
❸ ຂ້ອຍມັກຫຼິ້ນເຕະບານ
❹ ເຂົາມັກຫຼິ້ນປິງປອງ
❺ ເຈົ້າຫຼິ້ນສະກີເປັນບໍ?
❻ ເປັນ. ມັກຫຼາຍ

❶ 당신 무슨 운동을 하고 있습니까?
❷ 운동하러 가시겠습니까?
❸ 나는 축구하는 걸 좋아합니다.
❹ 그는 탁구 치는 것을 좋아합니다.
❺ 당신 스키탈 줄 아십니까?
❻ 압니다. 매우 좋아합니다.

핵심 포인트

1 ເຈົ້າ/ກຳລັງ/ຫຼິ້ນກິລາ/ຫຍັງ?

ເຈົ້າ	ກຳລັງ	ຫຼິ້ນກິລາ	ຫຍັງ
짜2오	깜랑	린6 끼라-아	냥4
당신	~하고 있다	운동하다	무슨(의문사)

➡ 당신 무슨 운동을 하고 있습니까?

• ກຳລັງ + 동사(진행형) : ① ~하고 있다 ② ~하고 있는 중이다

2 ຈະ/ໄປ/ອອກກຳລັງກາຍ/ບໍ?

ຈະ	ໄປ	ອອກກຳລັງກາຍ	ບໍ
짜	빠이	어-억 깜랑 까-이	버-
~할 것이다	가다	운동하다	~까?

➡ 운동하러 가시겠습니까?

3 ຂ້ອຍ/ມັກ/ຫຼິ້ນ/ເຕະບານ

커6-이 / 막 / 린6 / 떼바-안

나, 저 좋아하다 놀다 축구

➡ 나는 축구하는 걸 좋아합니다.

4 ເຂົາ/ມັກ/ຫຼິ້ນ/ປິງປອງ

카4오 / 막 / 린6 / 삥 뻐-엉

그 좋아하다 치다 탁구

➡ 그는 탁구치는 것을 좋아합니다.

- ເຂົາ 카4오 : 그, 그녀, 그들
- ລາວ 라-오 : ① 그(그녀) ② 라오스

5 ເຈົ້າ/ຫຼິ້ນ/ສະກີ/ເປັນ/ບໍ?

짜2오 / 린6 / 싸4 끼-이 / 뻰 / 버-

당신 타다 스키 ~할 줄 알다 ~까?

➡ 당신 스키 탈 줄 아십니까?

6 ເປັນ. ມັກ/ຫຼາຍ

뻰 막 / 라-4이

~할 줄 알다 좋아하다 많이 ➡ 압니다. 매우 좋아합니다.

참고하세요

- ອອກກຳລັງກາຍ 어-억 깜랑 까-이 : 운동하다
- ຫຼິ້ນ 린6 : 놀다, 장난하다, 연주하다, 경기하다(운동)
- ຫຼິ້ນ 린6 + 경기종목 이름 : ~경기를 하다
- ຫຼິ້ນ 린6 + 축구 : 축구경기를 하다(축구를 하다)
- ຫຼິ້ນ 린6 + 스키 : 스키경기를 하다(스키를 타다)
- ລີ້ນ 리2-인 : 혀(유사단어/발음 및 성조 주의)

응용 문장 ①

❶ ເຈົ້າມັກກິລາຫຍັງ?
❷ ຂ້ອຍບໍ່ແມ່ນນັກກິລາ
❸ ແຕ່ມັກບານບ້ວງບານຕີແລະບານເຕະ
❹ ຄົນເກົາຫຼີມັກເບິ່ງເຕະບານ
❺ ຄົນລາວມັກກິລາຫຍັງ?
❻ ຄົນລາວກໍ່ມັກການແຂ່ງຂັນເຕະບານ

❶ 당신은 어떤 운동 하는 걸 좋아하십니까?
❷ 나는 운동 선수가 아닙니다.
❸ 그러나 농구 배구 그리고 축구를 좋아합니다.
❹ 한국 사람은 축구 보는 것을 좋아합니다.
❺ 라오스 사람들은 무슨 운동을 좋아합니까?
❻ 라오스 사람들도 축구 경기를 좋아합니다.

1 ເຈົ້າ/ມັກ/ກິລາ/ຫຍັງ?

짜2오	막	끼라-아	냥4
당신	좋아하다	운동	무슨(의문사)

➡ 당신은 어떤 운동을 좋아하십니까?

2 ຂ້ອຍ/ບໍ່ແມ່ນ/ນັກກິລາ

커6-이	버5- 매-3앤	낙끼라-아
나, 저	아니다	운동 선수

➡ 나는 운동 선수가 아닙니다.

3 ແຕ່/ມັກ/ບານບ້ວງ/ບານຕີ/ແລະ/ບານເຕະ

때5-애 / 막 / 바-안 부2-왕 / 바-안 띠-이 / 래 / 바-안떼
그러나 좋아하다 농구 배구 그리고 축구

➡ 그러나 농구, 배구 그리고 축구를 좋아합니다.

- ບານບ້ວງ 바-안 부2-왕 : 농구
- ບານຕີ 바-안 띠-이 : 배구
- ບານເຕະ 바-안 떼 : 축구
- ເຕະບານ 떼 바-안 : 축구하다, 공을 차다
- ເຕະ 떼 : 차다

4 ຄົນ/ເກົາຫຼີ/ມັກ/ເບິ່ງ/ເຕະບານ

콘 / 까오리-4이 / 막 / 브ㅓ5ㅇ / 떼 바-안
사람 한국 좋아하다 보다 축구

➡ 한국 사람은 축구 보는 것을 좋아합니다.

5 ຄົນ/ລາວ/ມັກ/ກິລາ/ຫຍັງ?

콘 / 라-오 / 막 / 끼라-아 / 냥4
사람 라오스 좋아하다 운동 무엇(무슨)

➡ 라오스 사람들은 무슨 운동을 좋아합니까?

6 ຄົນ/ລາວ/ກໍ່/ມັກ/ການແຂ່ງຂັນ/ເຕະບານ

콘 / 라-오 / 꺼5- / 막 / 까-안 캐5-앵칸4 / 떼 바-안
사람 라오스 ~도 좋아하다 경기 축구

➡ 라오스 사람들도 축구경기를 좋아합니다.

- ການແຂ່ງຂັນ 까-안 캐5-앵 칸4 : 경기, 게임(game)
- ແຂ່ງຂັນ 캐5-앵 칸4 : 경기(경쟁)하다, 시합하다
- ກໍ່ 꺼5- : ~도(too)

응용 문장 ❷

❶ ມື້ນີ້ມີແຂ່ງຂັນເຕະບານ

❷ ແຂ່ງຂັນຢູ່ໃສ?

❸ ຢູ່ສະໜາມກິລາມະຫາວິທະຍາໄລແຫ່ງຊາດ

❹ ເຈົ້າມັກປີນພູບໍ່?

❺ ບໍ່ມັກ. ຂ້ອຍມັກຕຶກເບັດ

❻ ໃນວັນອາທິດຄົນເກົາຫຼີມັກປີນພູ

❶ 오늘 축구 시합이 있습니다.
❷ 어디에서 시합합니까?
❸ 국립대학교 운동장입니다.
❹ 당신은 등산을 좋아합니까?
❺ 좋아하지 않습니다. 저는 낚시를 좋아합니다.
❺ 일요일에 한국 사람은 등산하기를 좋아합니다.

1 ມື້ນີ້/ມີ/ແຂ່ງຂັນ/ເຕະບານ

므2-으니2-이 / 미-이 / 캐5-앵 칸4 / 떼바-안

오늘 ~있다 시합 축구

➡ 오늘 축구 시합이 있습니다.

- ມີ 미-이 + ○○ = ○○이 있다
- (주어) + ມີ 미-이 + ○○ : ① 주어는 ○○가 있다 ② 주어는 ○○을 가지고 있다

2 ແຂ່ງຂັນ/ຢູ່/ໃສ?

캐5-앵 칸4 / 유5-우 / 싸4이
시합(하다) ~에서 어디(의문사)

➡ 어디에서 시합합니까?

3 ຢູ່/ສະໜາມກິລາ/ມະຫາວິທະຍາໄລ/ແຫ່ງຊາດ

유5-우 / 싸4나-4암 끼라-아 / 마하-4아 위타냐-아라이 / 해5-앵싸-앗
~에 있다 운동장 대학교 국립

➡ 국립대학교 운동장입니다.

4 ເຈົ້າ/ມັກ/ປີນ/ພູ/ບໍ?

짜2오 / 막 / 삐-인 / 푸-우 / 버-
당신 좋아하다 오르다 산 ~까?

➡ 당신은 등산을 좋아합니까?

- ປີນພູ 삐-인 푸-우 : 산을 오르다

5 ບໍ່ມັກ. ຂ້ອຍ/ມັກ/ຕຶກເບັດ

버5- 막 커6-이 / 막 / 뜩 벧
안 좋아하다 나, 저 좋아하다 낚시하다

➡ 좋아하지 않습니다. 저는 낚시를 좋아합니다.

- ຕຶກເບັດ 뜩 벧 : 낚시하다
- ຕຶກປາ 뜩 빠-아 : 낚시하다 * ປາ 빠-아 : 물고기

6 ໃນ/ວັນອາທິດ/ຄົນ/ເກົາຫຼີ/ມັກ/ປີນພູ

나이 / 완 아-아틷 / 콘 / 까오리-4이 / 막 / 삐-인 푸-우
~에 일요일 사람 한국 좋아하다 등산하다

➡ 일요일에 한국 사람은 등산하기를 좋아합니다.

- ວັນອາທິດ 완 아-아 틷 : 일요일
- ອາທິດ 아-아 틷 : 주(週), 주일(週日)

  3 ອາທິດ 싸-4암 (ສາມ) 아-아 틷 : 3주, 3주간

복습하기 1

다음 문장을 라오스어로 말해보세요.

01 당신은 어떤 운동을 좋아하십니까?

02 저는 수영을 좋아합니다.

03 당신은 수영할 줄 아십니까?

04 할 줄 알지만 잘 하지는 못합니다. 그러면 당신은요?

05 나는 수영할 줄 몰라요.

06 저는 축구를 좋아합니다.

07 당신 무슨 운동을 하고 있습니까?

08 운동하러 가시겠습니까?

09 나는 축구하는 것을 좋아합니다.

10 그는 탁구치는 것을 좋아합니다.

11 당신 스키 탈 줄 아십니까?

12 압니다. 매우 좋아합니다.

13 한국 사람은 축구 보는 것을 좋아합니다.

14 라오스 사람들은 무슨 운동을 좋아합니까?

15 라오스 사람들도 축구 경기를 좋아합니다.

16 오늘 축구 시합이 있습니다.

17 어디에서 시합합니까?

18 국립대학교 운동장입니다.

19 당신은 등산을 좋아하십니까?

20 좋아하지 않습니다, 저는 낚시를 좋아합니다.

21 일요일에 한국 사람은 등산하기를 좋아합니다.

복습하기 2

다음 문장을 읽으면서 연습하세요.

01 짜2오 막 끼라-아 냥4?

02 커6-이 막 러-이 남2

03 짜2오 러-이 남2 뻰 버-?

04 뻰 때5-애 러-이 버5- 껭5. 래2-우 짜2오 데-에?

05 커6-이 러-이 남2 버5- 뻰

06 커6-이 막 린6 떼바-안

07 짜2오 깜랑 린6 끼라-아 냥4?

08 짜 빠이 어-억 깜랑 까-이 버-?

09 커6-이 막 린6 떼바-안

10 카4오 막 린6 삥 뻐-엉

11 짜2오 린6 싸4 끼-이 뻰 버-?

12 뻰. 막 라-4이

13 콘 까오리-4이 막 브ㅓ5ㅇ 떼 바-안

14 콘 라-오 막 끼라-아 냥4?

15 콘 라-오 꺼5- 막 까-안 캐5-앵 칸4 떼 바-안

16 므2-으 니2-이 미-이 캐5-앵 칸4 떼바-안

17 캐5-앵 칸4 유5-우 싸4이?

18 유5-우 싸4나-4암 끼라-아 마하-4아 위타냐-아 라이 해5-앵 싸-앋

19 짜2오 막 삐-인 푸-우 버-?

20 버5- 막. 커6-이 막 뜩 벤

21 나이 완 아-아틷 콘 까오리-4이 막 삐-인 푸-우

15 어서오세요. 무엇을 원하십니까?

❶ ເຊີນ. ເຈົ້າຕ້ອງການຫຍັງ?
❷ ຂ້ອຍຢາກຈະຊື້ເກີບ. ຂາຍຢູ່ໃສ?
❸ ຢູ່ຊັ້ນທີສອງ. ລອງເຂົ້າໄປເບິ່ງແມ້
❹ ສະບາຍດີ. ເຊີນຂ້າງໃນ
❺ ມີຫຍັງໃຫ້ຊ່ວຍບໍ? (=ໃຫ້ຊ່ວຍຫຍັງບໍ?)
❻ ຂໍເບິ່ງເກີບແດ່

❶ 어서오세요. 무엇을 원하십니까? (무엇이 필요하십니까?)
❷ 저는 구두를 사고 싶습니다. 어디에서 팝니까?
❸ 2층입니다. 올라가서 보세요.
❹ 안녕하세요. 안으로 들어오세요.
❺ 무엇을 도와 드릴까요? (도와 드릴 것이 있나요?)
❻ 구두 좀 보여 주세요.

핵심 포인트

1 ເຊີນ. ເຈົ້າ/ຕ້ອງການ/ຫຍັງ?

ເຊີນ.	ເຈົ້າ	ຕ້ອງການ	ຫຍັງ?
쓰ㅓ-ㄴ	짜2오	떠2-엉까-안	냥4
어서오세요.	당신	필요하다(원하다)	무엇(의문사)

➡ 어서오세요. 무엇을 원하십니까? (무엇이 필요하십니까?)

- ຕ້ອງການ 떠2-엉 까-안 : 필요하다, 원하다
- ຢາກ 야-악 : 원하다(조동사)

2 ຂ້ອຍ/ຢາກ/ຈະ/ຊື້/ເກີບ　ຂາຍ/ຢູ່/ໃສ?

커6-이 / 야-악 / 짜 / 쓰2-으 / 끄ㅓ-ㅂ　카-4이 / 유5-우 / 싸4이

나, 저　원하다 ~할 것이다 사다 구두　팔다 ~에서 어디(의문사)

➡ 저는 구두를 사고 싶습니다.　➡ 어디에서 팝니까?

3 ຢູ່/ຊັ້ນ/ທີ/ສອງ　ລອງ/ເຂົ້າໄປ/ເບິ່ງ/ແມ້

유5-우 / 싼2 / 티-이 / 써-4엉　러-엉 / 카6오빠이 / 브ㅓ5ㅇ / 매2-애

~에 있다 층 번, 째/ 둘(2)　~해보다 들어가다 보다 요청, 바램(강조)

➡ 2층입니다.　➡ 올라가서 보세요. (직역: 들어가 보세요.)

4 ສະບາຍດີ　ເຊີນ/ຂ້າງ/ໃນ

싸4바-이디-이　쓰ㅓ-ㄴ / 카6-앙 / 나이

안녕　~하세요(please) / 쪽, 방향 / 안

➡ 안녕하세요.　➡ 안으로 들어오세요.

- 카6-앙 나이 : 안쪽

5 ມີ/ຫຍັງ/ໃຫ້/ຊ່ວຍ/ບໍ? = ໃຫ້/ຊ່ວຍ/ຫຍັງ/ບໍ?

미-이 / 냥4 / 하6이 / 쑤-3와이 / 버-　하6이 / 쑤-3와이 / 냥4 / 버-

있다 무엇 ~해주다 돕다 ~까?　~해주다 돕다 무엇 ~까?

➡ 도와 드릴 게 있나요?(가장 일반적)　➡ 무엇을 도와 드릴까요?

- ໃຫ້/ຂ້ອຍ/ຊ່ວຍ/ຫຍັງ/ບໍ?
  하6이 / 커6-이 / 쑤-3와이 / 냥4 / 버-
  ~하게 하다 / 나, 저 / 돕다 / 무엇 / ~까?
  ➡ 제가 무엇을 도와 드릴까요?

6 ຂໍ/ເບິ່ງ/ເກີບ/ແດ່

커-4 / 브ㅓ5ㅇ / 끄ㅓ-ㅂ / 대5-애

요청하다 보다 구두 ~세요(존대)

➡ 구두 좀 보여 주세요.

- ຂໍເບິ່ງ 커-4 브ㅓ5ㅇ~ : ~을 보여 주세요

① ເຊີນຂ້າງນີ້
② ເຈົ້າຕ້ອງການສີຫຍັງແລະຂະໜາດເທົ່າໃດ?
③ ຂ້ອຍຕ້ອງການສີດໍາ. ແຕ່ຂ້ອຍບໍ່ຮູ້ວ່າຂະໜາດໃດ
④ ຄິດວ່າເກີບຄູ່ນີ້ຄົງຈະພໍດີຕີນຂອງເຈົ້າ
⑤ ລອງໃສ່ເບິ່ງແມ້. ຄູ່ນີ້ພໍດີ

❶ 이쪽으로 오세요.
❷ 어떤 색을 원하십니까 그리고 사이즈는 얼마를 신습니까?
❸ 검은색을 원합니다. 그러나 사이즈가 얼마인지는 모르겠는데요.
❹ 이 구두가 아마 당신의 발에 꼭 맞을 거라고 생각됩니다.
❺ 신어 보세요. 이것이 잘 맞습니다.

핵심 포인트

1 ເຊີນ/ຂ້າງ/ນີ້

쓰ㅓ-ㄴ / 카6-앙 / 니2-이

~하세요(어서) 쪽 이

➡ 이쪽으로 오세요.

- **ຂ້າງນີ້** 카6-앙 니2-이 : 이쪽
- **ເຊີນ** 쓰ㅓ-ㄴ
  ① [권유] ເຊີນ 쓰ㅓ-ㄴ~ : ~하세요(please), 어서 ~하세요
  ② [본동사] 초대하다

2 ເຈົ້າ/ຕ້ອງການ/ສີ/ຫຍັງ/ແລະ/ຂະໜາດ/ເທົ່າໃດ?

짜2오 / 떠2-엉 까-안 / 씨-4이 / 냥4 / 래 / 카4나-4앋 / 타3오다이

당신 원하다 색 무슨 그리고 사이즈 얼마?(의문사)

➡ 어떤 색을 원하십니까, 그리고 사이즈는 얼마예요?

- ຂະໜາດເທົ່າໃດ? 카4나-4앋 타3오 다이 : 사이즈가 얼마예요?
- ຂະໜາດ 카4 나-4앋 : 호수, 사이즈
- ດອກໄມ້ 더-억 마2이 : 꽃

3 ຂ້ອຍ/ຕ້ອງການ/ສີ/ດຳ/ແຕ່/ຂ້ອຍ/ບໍ່/ຮູ້/ວ່າ/ຂະໜາດ/ໃດ

커6-이 / 떠2-엉 까-안 / 씨-4이 / 담/때5-애 / 커6-이 / 버5- / 후2-우 / 와-3아 / 카4나-4앋 / 다이

나, 저 원하다 색 검정 그러나 나, 저 아니 알다 ~라고 사이즈 어떤

➡ 검은색을 원합니다. 그러나 사이즈가 얼마인지는 모르겠어요.

4 ຄິດ/ວ່າ/ເກີບ/ຄູ່/ນີ້/ຄົງຈະ/ພໍ/ດີ/ຕີນ/ຂອງ/ເຈົ້າ

킨 / 와-3아 / 끄ㅓ-ㅂ / 쿠-3우 / 니2-이 / 콩짜 / 퍼- / 디-이 / 띠-인 / 커-4엉 / 짜2오

생각 ~라고 구두 쌍, 짝 이(것) 아마 충분 좋다 발 ~의 당신

➡ 이 구두가 아마 당신의 발에 꼭 맞을 거라고 생각합니다.

- ພໍດີ 퍼- 디-이 : 잘 맞다, 충분하다, 적당하다, (때)마침 ~하다
- ພໍ 퍼- : 충분한, 적당한
- ຄູ່ 쿠-3우 : 짝, 쌍(유별사 : 짝을 이루는 물건을 세는 유별사)

5 ລອງ/ໃສ່/ເບິ່ງ/ແມ້

러-엉 / 싸5이 / 브ㅓ5ㅇ / 매2-애

~해보다 신다 보다 (강조)

➡ 신어 보세요.

ຄູ່/ນີ້/ພໍ/ດີ

쿠-3우 / 니2이 / 퍼- / 디-이

신발(유별사) 이 맞다 좋은

➡ 이것이 잘 맞습니다.

- 러-엉 + 동사 + ~브ㅓ5ㅇ 매2-애 : 동사해 보세요(권유)
- ລອງກິນເບິ່ງແມ້ 러-엉 낀 브ㅓ5ㅇ 매2-애 : 먹어보세요
- ແມ້ 매2-애 : (꼭 그렇게 해보라고) 강하게 요구, 강조의 의미

❶ ສະບາຍດີ. ໃຫ້ຊ່ວຍຫຍັງບໍ?
❷ ຂ້ອຍຕ້ອງການຊື້ເສື້ອໂຕໜຶ່ງ
❸ ຂໍເບິ່ງໄດ້ບໍ? ໄດ້. ໂຕນີ້ເປັນແນວໃດ?
❹ ຄິດວ່າອັນນັ້ນນ້ອຍເກີນໄປ
❺ ມີໂຕໃຫຍ່ກວ່ານີ້ບໍ?
❻ ນີ້ເດ. ລອງໃສ່ເບິ່ງແມ້

❶ 안녕하세요. 제가 무엇을 도와 드릴까요?
❷ 옷을 하나 사고 싶습니다.
❸ 보여 주실 수 있겠습니까? 그러지요. 이것은 어떻습니까?
❹ 그건 너무 작다고 생각되는데요.
❺ 이것보다 더 큰 것이 있습니까?
❻ 여기 있습니다. 입어 보세요.

핵심 포인트

1 ສະບາຍດີ
싸4바-이디-이
안녕
➡ 안녕하세요.

ໃຫ້/ຊ່ວຍ/ຫຍັງ/ບໍ?
하6이 / 쑤-3와이 / 냥4 / 버-
해주다 / 돕다 / 무엇 / ~까
➡ 무엇을 도와 드릴까요?

2 ຂ້ອຍ/ຕ້ອງການ/ຊື້/ເສື້ອ/ໂຕ/ໜຶ່ງ
커6-이 / 떠2-엉 까-안 / 쓰2-으 / 쓰ㅓ으6-아 / 또-오 / 능5
나, 저 / 원하다 / 사다 / 옷 / (옷의 유별사) / 1, 하나
➡ 옷을 하나 사고 싶습니다.

3 ຂໍ/ເບິ່ງ/ໄດ້/ບໍ?

커-4 / 브ㅓ5ㅇ / 다2이 / 버-

~해주세요 보다 가능 ~까?

➡ 보여 주실 수 있습니까?

ໄດ້. ໂຕ/ນີ້/ເປັນແນວໃດ?

다2이. 또-오 / 니2-이 / 뻰 내-우 다이

가능 것(유별사) 이(것) 어떻습니까?

➡ 그러지요(예). 이것은 어떻습니까?

- ເປັນແນວໃດ 뻰 내-우 다이 : 어떻습니까?
- ໜຶ່ງໂຕ 능5 또-오 : 한 마리, 한 개, 하나(상황에 따라 해석)
- ໂຕ 또-오 : 동물, 고기, 옷을 세는 유별사(~마리, ~개, 것)

회화에서 명사를 대신하여 유별사만 사용하는 경우가 많다.

*유별사 : 물건을 세는 단위

4 ຄິດ/ວ່າ/ອັນນັ້ນ/ນ້ອຍ/ເກີນໄປ

킨 / 와-3아 / 안난2 / 너2-이 / 끄ㅓ-ㄴ빠이

~생각하다 ~라고 그것 작다 너무

➡ 너무 작다고 생각되는데요.

- ເກີນໄປ 끄ㅓ-ㄴ 빠이 : 너무

5 ມີ/ໂຕ/ໃຫຍ່/ກວ່າ/ນີ້/ບໍ?

미-이 / 또-오 / 냐5이 / 꾸와-3아 / 니2-이 / 버-

있다 것 큰 ~보다 더 이것 ~까?

➡ 이것보다 큰 것이 있습니까?

- ກວ່ານີ້ 꾸와-3아 니2-이 : 이것보다 더

6 ນີ້/ເດ. ລອງ/ໃສ່/ເບິ່ງ/ແມ້

니2-이 / 데-에 러-엉 / 싸5이 / 브ㅓ5ㅇ / 매2-애

여기요. ~해보다 입다 ~보다 (강조 : 시도, 요청 등 사용)

➡ 여기 있습니다. 입어 보세요.

❶ ສະບາຍດີ. ມີຫຍັງໃຫ້ຊ່ວຍບໍ່?
❷ ຂ້ອຍຢາກຊື້ຂອງທີ່ລະລຶກ
❸ ມີຫຼາຍຢ່າງ.
ເຊັ່ນ, ຕຸກກະຕາ, ພວງກະແຈ, ງາຊ້າງເປັນຕົ້ນ
❹ ງາມຫຼາຍ. ຂໍເບິ່ງໄດ້ບໍ່?
❺ ໄດ້ ເຊີນຂ້າງໃນ
❻ ໂຕນີ້ເປັນແນວໃດ? ຂໍເບິ່ງໂຕອື່ນແດ່

❶ 안녕하세요. 무엇을 도와드릴까요?
❷ 기념품 좀 사고 싶은데요.
❸ 여러 가지가 있습니다. 예를 들면, 인형, 열쇠고리, 상아 등등
❹ 예쁘군요. 좀 구경해도 되겠습니까?
❺ 예, 안으로 들어 오세요.
❻ 이것은 어떠십니까? 다른 것을 보여 주세요.

핵심 포인트

1 ສະບາຍດີ. ມີ/ຫຍັງ/ໃຫ້/ຊ່ວຍ/ບໍ່?

ສະບາຍດີ	ມີ	ຫຍັງ	ໃຫ້	ຊ່ວຍ	ບໍ່
싸4바-이디-이	미-이	냥4	하6이	쑤-3와이	버-
안녕	있다	무엇	해주다	돕다	~까?

➡ 안녕하세요. 무엇을 도와 드릴까요?

- 미-이 냥4 하6이 + 동사~ 버- : (동사) 해줄 것이 있습니까?
- 미-이 냥4 하6이 + 쑤-3와이 버- : 도와줄 것이 있습니까? (직역: 무엇을 도와 드릴까요?)

2 ຂ້ອຍ/ຢາກ/ຊື້/ຂອງ/ທີ່/ລະລຶກ

커6-이 / 야-악 / 쓰2-으 / 커-4엉 / 티-30l / 라륵

나, 저 ~하고 싶다 사다 물건 ~할 기억하다 ➡ 기념품을 사고 싶습니다.

- 야-악 + 동사 : ~하고 싶다
- ຂອງທີ່ລະລຶກ 커-4엉 티-30l 라륵 : 기념품(직역 : 기념하는 물건)
- ລະລຶກ 라륵 : 기억하다, 회고하다

3 ມີ/ຫຼາຍ/ຢ່າງ

미-이 / 라-40l / 야5-앙

있다 여러 종류 ➡ 여러 가지가 있습니다.

ເຊັ່ນ, ຕຸກກະຕາ, ພວງກະແຈ, ງາຊ້າງ/ເປັນຕົ້ນ

쎈3	뚝까따-아	푸-왕까째-애	응아-아 싸2-앙 /	뻰똔2
예를들면,	인형,	열쇠고리,	상아	등등

➡ 예를들면, 인형, 열쇠고리, 상아 등등

- ເປັນຕົ້ນ 뻰 똔2 : 등등(문장 맨 뒤에 붙여 사용한다.)

4 ງາມ/ຫຼາຍ. ຂໍ/ເບິ່ງ/ໄດ້/ບໍ

응아-암 / 라-40l 커-4 / 브ㅓ5ㅇ / 다20l / 버-

예쁘다 많이 요청 보다 가능 ~까? ➡ 매우 예쁘군요. 좀 볼 수 있습니까?

5 ໄດ້. ເຊີນ/ຂ້າງ/ໃນ

다20l 쓰ㅓ-ㄴ / 카6-앙 / 나이

가능 어서~ / 쪽 / 안 ➡ 예. 안으로 들어오세요.

- ໂຕ 또-오 : 동물, 고기, 옷(유별사 : ~마리, ~개, ~벌, 것)

6 ໂຕ/ນີ້/ເປັນແນວໃດ? ຂໍ/ເບິ່ງ/ໂຕ/ອື່ນ/ແດ່

또-오 / 니2-이 / 뻰 내-우 다이 커-4 / 브ㅓ5ㅇ / 또-오 / 으5-은 / 대5-애

것(유별사) 이 어때요?(의문사) 요청 보다 것 다른 ~세요(존대)

➡ 이것은 어떻습니까? 다른 것을 보여 주세요. • 또-오 : '옷'을 대신하는 유별사로 사용된다.

❶ ຮ້ານຊ໊ອບປິ້ງເຊັນເຕີຢູ່ໃສ?
❷ ຂໍເບິ່ງຂອງຖືກກວ່ານີ້ໄດ້ບໍ?
❸ ຂອງນີ້ແພງເກີນໄປສຳລັບຂ້ອຍ
❹ ທັງໝົດເທົ່າໃດ?
❺ ລາຄາເທົ່າໃດ?
❻ ແພງໂພດ! ຫຼຸດຫນ້ອຍຫນຶ່ງໃຫ້ແດ່
❼ ຂໍເບິ່ງເຄື່ອງອື່ນແດ່

❶ 쇼핑센터가 어디 있습니까?
❷ 이보다 더 싼 물건을 보여 주실 수 있나요?
❸ 이 물건은 저에게 너무 비쌉니다.
❹ 전부 얼마입니까?
❺ 가격이 얼마입니까?
❻ 너무 비싸요! 좀 깎아주세요.
❼ 다른 물건을 보여주세요.

핵심 포인트

1 ຮ້ານ/ຊ໊ອບປິ້ງເຊັນເຕີ/ຢູ່/ໃສ?

하2-안	썹 삥2 쎈뜨ㅓ-	유5-우	싸4이
가게	쇼핑센터(외래어)	~에 있다	어디(의문사)

➡ 쇼핑센터가 어디 있습니까?

• ຊ໊ອບປິ້ງເຊັນເຕີ 썹 삥2 쎈뜨ㅓ- : 쇼핑센터(외래어)

2 ຂໍ/ເບິ່ງ/ຂອງ/ຖືກ/ກວ່າ/ນີ້/ໄດ້/ບໍ?

커-4 / 브ㅓ5ㅇ / 커-4엉 / 트-4읔 / 꾸와-30ㅏ / 니2-이 / 다20ㅣ / 버-

~해주세요 보다 물건 싸다 ~보다 이것 가능 ~까?

➡ 이보다 더 싼 물건을 보여 주실 수 있나요?

3 ຂອງ/ນີ້/ແພງ/ເກີນໄປ/ສຳລັບ/ຂ້ອຍ

커-엉 / 니2-이 / 패-앵 / 끄ㅓ-ㄴ빠이 / 쌈4랍 / 커6-이

물건 이 비싸다 너무 ~에게 나, 저

➡ 이 물건은 저에게 너무 비쌉니다.

4 ທັງໝົດ/ເທົ່າໃດ?

탕몯4 / 타3오다이

전부 얼마(의문사)

➡ 전부 얼마입니까?

5 ລາຄາເທົ່າໃດ?

라-아 카-아 / 타3오다이

가격 얼마(의문사)

➡ 가격이 얼마입니까?

6 ແພງ/ໂພດ!

패-앵 / 포-옫

비싸다 너무

➡ 너무 비싸요.

ຫຼຸດ/ໜ້ອຍໜຶ່ງ/ໃຫ້/ແດ່

룯4 / 너6-이 능5 / 하60ㅣ / 대5-애

깎다 좀 ~해주다 ~세요

➡ 좀 깎아주세요.

7 ຂໍ/ເບິ່ງ/ເຄື່ອງ/ອື່ນ/ແດ່

커-4 / 브ㅓ5ㅇ/크ㅓ으-3앙/으5-은/대5-애

요청 보다 물건 다른 ~세요(존대)

➡ 다른 물건을 보여 주세요.

응용 문장 1

❶ ຂໍໂທດຂ້ອຍຢາກຈະຊື້ໂສ້ງໂຕໜຶ່ງ

❷ ຂາຍຢູ່ຊັ້ນທີເທົ່າໃດ? ຂາຍຢູ່ຊັ້ນ 5

❸ ໄປຂີ່ລິບຢູ່ພຸ້ນ

❹ ຂໍເບິ່ງໂສ້ງ (ເສື້ອເຊີດ) ແນ່ໄດ້ບໍ?

❺ ໄດ້ ເຈົ້າໃສ່ເບີໃດ? ມັກສີຫຍັງ?

❻ ຂ້ອຍໃສ່ເບີ 38 ສີຫຍັງກໍ່ໄດ້

❶ 실례지만 바지 한 벌을 사고 싶은데요.
❷ 몇 층에서 팝니까? 5층입니다.
❸ 저기 승강기를 이용하세요.
❹ 바지(셔츠)를 좀 보여 주실 수 있겠습니까?
❺ 예, 호수(사이즈)는 얼마입니까? 무슨 색을 좋아합니까?
❻ 38호를 입습니다. 그리고 색은 무슨 색이든 괜찮습니다.

1 ຂໍໂທດ/ຂ້ອຍ/ຢາກ/ຈະ/ຊື້/ໂສ້ງ/ໂຕ/ໜຶ່ງ

커-4 토-옫 / 커6-이 / 야-악 / 짜 / 쓰2-으 / 쏘6-옹 / 또-오 / 능5

죄송 / 나, 저 / ~하고 싶다 / ~일 것이다 / 사다 / 바지 / 유별사 / 하나

➡ 실례지만 바지 한 벌을 사고 싶어요.

2 ຂາຍ/ຢູ່/ຊັ້ນ/ທີ/ເທົ່າໃດ?

카-4이 / 유5-우 / 싼2 / 티-이 / 타3오 다이

팔다 / ~에서 / 층 / ~째, 번 / 얼마(의문사)

➡ 몇 층에서 팝니까?

ຂາຍ/ຢູ່/ຊັ້ນ/5

카-4이 / 유5-우 / 싼2 / 하6-아

팔다 / ~에서 / 층 / 5, 다섯

➡ 5층입니다.

3 ໄປ/ຂີ່/ລິບ/ຢູ່/ພຸ້ນ

빠이 / 키5-이 / 립 / 유5-우 / 푼2
가서　타다　승강기　~에서　저기

➡ 저기 승강기를 이용하세요.

- ຢູ່ພຸ້ນ 유5-우 푼2 : 저기에서
- ລິບ 립 : 승강기('Lift'의 외래어)

4 ຂໍ/ເບິ່ງ/ໂສ້ງ(ເສື້ອເຊີດ)/ແນ່/ໄດ້/ບໍ?

커-4 / 브ㅓ5ㅇ / 쏘6-옹(쓰ㅓ으6-아 쓰ㅓ-ㄷ) / 내-3애 / 다2이 / 버-
요청　보다　바지　(셔츠)　~세요　가능　~까?

➡ 셔츠(바지)를 좀 보여 주실 수 있습니까?

- 커-4 브ㅓ5ㅇ +○○ 다2이 버-? : ~를 보여주실 수 있겠습니까?

5 ໄດ້. ເຈົ້າ/ໃສ່/ເບີ/ໃດ?　　ມັກ/ສີ/ຫຍັງ?

다2이　짜2오 / 싸5이 / 브ㅓ- / 다이　　막 / 씨-4이 / 냥4
가능　당신　입다　호수, 사이즈 / 어떤　　좋아하다　색　무슨(의문사)

➡ 그러지요. 어떤 호수를 입습니까?　　➡ 무슨 색을 좋아합니까?

- ຂະໜາດ 카4 나-4앋 = ເບີ 브ㅓ- : 호수(사이즈, 치수)
- ເບີໃດ 브ㅓ- 다이 : 어떤 사이즈(호수)
- ເບີຫຍັງ 브ㅓ- 냥4 : 무슨 사이즈(호수)
- ເບີ 브ㅓ- : 번호(Number), 치수

6 ຂ້ອຍ/ໃສ່/ເບີ/38/ສີ/ຫຍັງ/ກໍ່/ໄດ້

커6-이 / 싸5이 / 브ㅓ- / (싸-4암 / 씹4 / 빼-앧) / 씨-4이 / 냥4 / 꺼5- / 다2이
나, 저　입다　사이즈　3(삼)　10(십)　8(팔)　색　무엇　~도　가능

➡ 38호를 입습니다, 그리고 색은 무슨 색이든 괜찮습니다.

- ໃສ່ 싸5이 : 입다, 쓰다, 넣다, 신다
- ສາມສິບແປດ 싸-4암 씹4 빼-앧 : 38

응용 문장 2

1. ຫຼຸດໃຫ້ແດ່
2. ຫຼຸດອີກໜ້ອຍໜຶ່ງໄດ້ບໍ?
3. ຂ້ອຍຈະຫຼຸດໃຫ້ຫ້າເປີເຊັນ
4. ນີ້ເປັນລາຄາຕ່ຳທີ່ສຸດແລ້ວຫຼຸດບໍ່ໄດ້
5. ໝວກໜ່ວຍນີ້ນ້ອຍເກີນໄປ. ຂໍເບິ່ງໜ່ວຍອື່ນແດ່
6. ໝວກໜ່ວຍນີ້ພໍດີກັບເຈົ້າ
7. ຊ່ວຍຫໍ່ໃຫ້ແດ່

❶ (가격을) 깎아 주세요.
❷ 좀 더 깎아줄 수 있나요?
❸ 5% 깎아드리겠습니다.
❹ 이것이 최저 가격입니다. 깎을 수 없습니다.
❺ 이 모자는 너무 작습니다. 다른 것을 보여 주세요.
❻ 이 모자가 당신에게 잘 어울리네요.
❼ 포장 좀 해주세요.(싸 주십시오)

1 ຫຼຸດ/ໃຫ້/ແດ່

룯4 / 하6이 / 대5-애

깎다 ~해주다 ~세요

➡ 좀 깎아주세요.

2 ຫຼຸດ/ອີກ/ໜ້ອຍໜຶ່ງ/ໄດ້/ບໍ?

룯4 / 이-익 / 너6-이 능5 / 다2이 / 버-

깎다 더 좀 가능 ~까?

➡ 좀 더 깎아 줄 수 있나요?

3 ຂ້ອຍ/ຈະ/ຫຼຸດ/ໃຫ້/ຫ້າ/ເປີເຊັນ

커6-이 / 짜 / 룯4 / 하6이 / 하6-아 / 쁘ㅓ-쎈(%)

나, 저 ~일 것이다 깎다 해주다 오(5) 퍼센트(%)

➡ 5% 깎아 드리겠습니다.

4 ນີ້/ເປັນ/ລາຄາ/ຕ່ຳ/ທີ່ສຸດ/ແລ້ວ/ຫຼຸດ/ບໍ່ໄດ້

니2-이 / 뻰 / 라-아카-아 / 땀5 / 티-30l쑫4 / 래2-우 / 룯4 / 버5-다20l

이것 이다 가격 낮다 가장 그래서 깎다 불가능하다

➡ 이것이 최저 가격이어서 깎을 수 없습니다.

- ຕ່ຳທີ່ສຸດ 땀5 티-30l 쑫4 : 최저(직역: 가장 낮은)
- ລາຄາຕ່ຳທີ່ສຸດ 라-아카-아 땀5 티-30l쑫4 : 최저 가격

5 ໝວກ/ໜ່ວຍ/ນີ້/ນ້ອຍ/ເກີນໄປ. ຂໍ/ເບິ່ງ/ໜ່ວຍ/ອື່ນ/ແດ່

무-4왁 / 누5-와이 / 니2-이 / 너2-이 / 끄ㅓ-ㄴ 빠이. 커-4 / 브ㅓ5ㅇ / 누5-와이 / 으-5은 / 대5-애

모자 유별사 이(것) 작다 너무 요청 보다 것 다른 ~세요

➡ 이 모자는 너무 작습니다. 다른 것을 보여 주세요.

- ໜ່ວຍ 누5-와이 : 모자를 세는 유별사(~개, 것)

6 ໝວກ/ໜ່ວຍ/ນີ້/ພໍດີ/ກັບ/ເຈົ້າ

무-4왁 / 누5-와이 / 니2-이 / 퍼-디-이 / 깝 / 짜2오

모자 유별사 어울리다 잘 ~와(과) 당신

➡ 이 모자가 당신에게 잘 어울리네요.

- ພໍດີກັບ ○○ 퍼- 디-이 깝 ○○ : ○○에게(~와) 잘 어울리다

7 ຊ່ວຍ/ຫໍ່/ໃຫ້/ແດ່

쑤-3와이 / 허5- / 하6이 / 대5-애

~해주세요 포장 ~에게 (공손)

➡ 포장 좀 해주세요.

복습하기 1

다음 문장을 라오스어로 말해보세요.

01 안녕하세요. 무엇을 도와드릴까요?

02 기념품을 좀 사고 싶은데요.

03 여러 가지가 있습니다. 예를 들면, 인형, 열쇠고리, 상아 등등

04 아주 예쁘군요. 좀 구경해도 되겠습니까?

05 네. 안으로 들어오세요.

06 쇼핑센터가 어디 있습니까?

07 이보다 더 싼 물건을 보여 주실 수 있나요?

08 이 물건은 저에게 너무 비쌉니다.

09 전부 얼마입니까? (가격이 얼마입니까?)

10 너무 비싸요! 좀 깎아 주세요.

11 다른 물건을 보여 주세요.

12 좀더 깎아줄 수 있나요.

13 5% 깎아 드리겠습니다.

14 이것이 최저 가격이어서 깎을 수 없습니다.

15 이 모자는 너무 작습니다.

16 다른 것을 보여 주세요.

17 이 모자가 당신에게 잘 어울리네요.

18 포장 좀 해주세요. (싸 주세요.)

복습하기 2

다음 문장을 읽으면서 연습하세요.

01 싸4바-이디-이. 미-이 냥4 하6이 쑤-3와이 버-?

02 커6-이 야-악 쓰2-으 커-4엉 티-3이 라륵

03 미-이 라-4이 야5-앙. 쎈3, 뚝까따-아, 푸-왕까째-애, 응아-아 싸2-앙 뻰뚠2

04 응아-암 라-4이 커-4 브ㅓ5ㅇ 다2이 버-?

05 다2이. 쓰ㅓ-ㄴ 카6-앙 나이

06 하2-안 썹 삥2 쎈뜨ㅓ- 유5-우 싸4이?

07 커-4 브ㅓ5ㅇ 커-4엉 트-4윽 꾸와-3아 니2-이 다2이 버-?

08 커-엉 니2-이 패-앵 끄ㅓ-ㄴ 빠이 쌈4랍 커6-이

09 탕몬4 타3오다이? (라-아 카-아 타3오다이?)

10 패-앵 포-온! 룬4 너6-이 능5 하6이 대5-애

11 커-4 브ㅓ5ㅇ 크ㅓ으-3앙 으5-은 대5-애

12 룬4 이-익 너6-이 능5 다2이 버- ?

13 커6-이 짜 룬4 하6이 하6-아 쁘ㅓ- 쎈 (5%)

14 니2-이 뻰 라-아 카-아 땀5 티-3이쑫4 래2-우 룬4 버5-다2이

15 무-4왁 누5-와이 니2-이 너2-이 끄ㅓ-ㄴ 빠이

16 커-4 브ㅓ5ㅇ 누5-와이 으5-은 대5-애

17 무-4왁 누5-와이 니2-이 퍼- 디-이 깝 짜2오

18 쑤-3와이 허5- 하6이 대5-애

16 당신은 어디를 가고 싶습니까?

❶ ເຈົ້າຢາກໄປໃສ? ຂ້ອຍຢາກໄປສີພັນດອນ
❷ ຈະໄປເມື່ອໃດ? ເມື່ອໃດກໍ່ໄດ້
❸ ຈະໄປນຳຫຍັງ? ຢາກໄປນຳລົດເມ
❹ ເຈົ້າຢາກຊື້ຫຍັງ? ຂ້ອຍຢາກຊື້ໝວກ
❺ ຢາກກິນອາຫານຫຍັງ? ຢາກກິນອາຫານລາວ

❶ 당신은 어디를 가고 싶습니까? 나는 씨판던에 가고 싶습니다.
❷ 언제 갈 겁니까? 언제든 좋습니다.
❸ 무엇으로 갈 건가요? 버스로 가고 싶습니다.
❹ 당신은 무엇을 사고 싶습니까? 저는 모자를 사고 싶습니다.
❺ 무슨 음식을 먹고 싶습니까? 라오스 음식을 먹고 싶습니다.

핵심 포인트

1 ເຈົ້າ/ຢາກ/ໄປ/ໃສ?
짜2오 / 야-악 / 빠이 / 싸4이
당신 원하다 가다 어디(의문사)
➡ 당신 어디를 가고 싶습니까?

ຂ້ອຍ/ຢາກ/ໄປ/ສີພັນດອນ
커6-이 / 야-악 / 빠이 / 씨-4이판더-언
나, 저 원하다 가다 씨판던
➡ 나는 씨판던에 가고 싶습니다.

- ຢາກ 야-악 : ~을 원하다, ~을 하고 싶다(조동사)
- ຕ້ອງການ 떠2-엉까-안 : 원하다, 요구하다, 필요하다

2 ຈະໄປເມື່ອໃດ?

짜 / 빠이 / 므ㅓ으-3아 다이
~일 것이다 가다 언제(의문사)

➡ 당신 어디를 가고 싶습니까?

ເມື່ອໃດ/ກໍ່/ໄດ້

므ㅓ으-3아 다이 / 꺼5- / 다2이
언제 ~도 가능

➡ 언제든 좋습니다.

3 ຈະ/ໄປ/ນຳ/ຫຍັງ?

짜 / 빠이 / 남 / 냥4
~일 것이다 / 가다 / ~로 / 무엇(의문사)

➡ 무엇으로 갈 건가요?

ຢາກ/ໄປ/ນຳ/ລົດເມ

야-악 / 빠이 / 남 / 롣메-에
~하고 싶다 가다 ~로 버스

➡ 버스로 가고 싶습니다.

- ໄປ 빠이 : 가다
- ໄປນຳ 빠이 남 + (교통수단) : ○○로 가다

4 ເຈົ້າ/ຢາກ/ຊື້/ຫຍັງ?

짜2오 / 야-악 / 쓰2-으 / 냥4
당신 원하다 사다 무엇(의문사)

➡ 무엇을 살건가요?

ຂ້ອຍ/ຢາກ/ຊື້/ໝວກ

커6-이 / 야-악 / 쓰2-으 / 무-4왁
나, 저 원하다 사다 모자

➡ 나는 모자를 사고 싶습니다.

- ຊື້ 쓰2-으 : 사다
- ຊື່ 쓰-3으 : ① 이름 ② 이름이 ~다 ③ 바로(부사)
- ຊື່ໆ 쓰-3으 쓰-3으 : 바로, 똑바로

5 ຢາກ/ກິນ/ອາຫານ/ຫຍັງ?

야-악 / 낀 / 아-아하-4안 / 냥4
원하다 먹다 음식 무엇(무슨)

➡ 무슨 음식을 먹고 싶습니까?

ຢາກ/ກິນ/ອາຫານ/ລາວ

야-악 / 낀 / 아-아하-4안 / 라-오
원하다 먹다 음식 라오스

➡ 라오스 음식을 먹고 싶습니다.

응용 문장 ①

❶ ດຽວນີ້ເຈົ້າຕ້ອງໄປບໍລິສັດບໍ?
❷ ບໍ່. ບໍ່ຕ້ອງໄປ. ເຈົ້າບໍ່ຕ້ອງເຮັດວຽກ
❸ ມື້ອື່ນເຈົ້າຕ້ອງມາທີ່ນີ້
❹ ເຮົາຕ້ອງພົບໝູ່ແຕ່ເຊົ້າ

❶ 지금 당신은 회사에 가야만 합니까?
❷ 아니오. 가지 않아도 됩니다. 당신은 일할 필요가 없습니다.
❸ 내일 당신은 이곳에 와야 합니다.
❹ 우리는 일찍 친구를 만나야 합니다.

1 ດຽວນີ້/ເຈົ້າ/ຕ້ອງ/ໄປ/ບໍລິສັດ/ບໍ?

ດຽວນີ້	ເຈົ້າ	ຕ້ອງ	ໄປ	ບໍລິສັດ	ບໍ?
디-야우니2-이	짜2오	떠2-엉	빠이	버-리쌀4	버-
지금	당신	~해야 한다	가다	회사	~까?

➡ 지금 당신은 회사에 가야만 합니까?

- ເຈົ້າ 떠2-엉 + 동사 : ~ 해야 한다
- ຄວນ 쿠-완 + 동사 : ~ 해야 한다, ~하는 게 좋겠다.
- ຄວນຈະ 쿠-완 짜 + 동사 : ~해야 할 것이다, ~하는 게 좋을 것이다
- ດຽວນີ້ 듸-야우니2-이 : 지금
- ຕອນນີ້ 떠-언 니2-이 : 지금

긍 정		부 정	
ຢາກ 야-악	~(하기)를 원하다 ~하고 싶다	ບໍ່ຢາກ 버5- 야-악	~하고 싶지 않다
ຕ້ອງການ 떠2-엉까-안	~할 필요가 있다 ~하고 싶다	ບໍ່ຕ້ອງການ 버5- 떠2-엉까-안	~할 필요가 없다
ຕ້ອງ 떠2-엉	~해야 한다	ບໍ່ຕ້ອງ 버5- 떠2-엉	~하지 않아도 된다 ~할 필요가 없다

2 ບໍ່. ບໍ່ຕ້ອງ/ໄປ

버5- 버5-떠2-엉 / 빠이

아니오. 안 해도 된다 가다

➡ 아니오. 가지 않아도 됩니다.

ເຈົ້າ/ບໍ່ຕ້ອງ/ເຮັດວຽກ

짜2오 / 버5-떠2-엉 / 헨위-약

당신 ~하지 않아도 된다 일하다

➡ 당신은 일을 하지 않아도 좋아요.

- 버5- 떠2-엉 헨위-약

① '일을 하지 않아도 된다'

② '일하지 않아도 좋아요'

③ '일할 필요가 없다' 등 상황에 따라 해석 가능하다.

3 ມື້ອື່ນ/ເຈົ້າ/ຕ້ອງ/ມາ/ທີ່ນີ້

므2-으으5-은 / 짜2오 / 떠2-엉 / 마-아 / 티-3이니2-이

내일 당신 ~해야 한다 오다 이곳(여기)

➡ 내일 당신은 이곳에 와야 합니다.

4 ເຮົາ/ຕ້ອງ/ພົບ/ຫມູ່/ແຕ່ເຊົ້າ

하오 / 떠2-엉 / 폽 / 무5-우 / 때5-애 싸2오

우리 ~해야 한다 만나다 친구 일찍

➡ 우리는 일찍 친구를 만나야 합니다.

복습하기 1

다음 문장을 라오스어로 말해보세요.

01 당신은 어디를 가고 싶습니까? 나는 씨판돈에 가고 싶습니다.

02 언제 갈 겁니까? 언제든 좋습니다.

03 무엇으로 갈건가요? 버스로 가고 싶습니다.

04 당신은 무엇을 사고 싶습니까? 저는 모자를 사고 싶습니다.

05 무슨 음식을 먹고 싶습니까? 라오스 음식을 먹고 싶습니다.

06 지금 당신은 회사에 가야만 합니까?

07 아니오. 가지 않아도 됩니다.

08 당신은 일할 필요가 없습니다.

09 내일 당신은 이곳에 와야 합니다.

10 우리는 일찍 친구를 만나야 합니다.

복습하기 2

다음 문장을 읽으면서 연습하세요.

01 짜2오 야-악 빠이 싸4이? 커6-이 야-악 빠이 씨-4이판더-언

02 짜 빠이 므ㅓ으-3아 다이? 므ㅓ으-3아 다이 꺼5- 다2이

03 짜 빠이 남 냥4? 야-악 빠이 남 롣메-에

04 짜2오 야-악 쓰2-으 냥4? 커6-이 야-악 쓰2-으 무-4왁

05 야-악 낀 아-아 하-4안 냥4? 야-악 낀 아-아하-4안 라-오

06 듸-야우 니2-이 짜2오 떠2-엉 빠이 버-리 쌷4 버-?

07 버5-. 버5- 떠2-엉 빠이

08 짜2오 버5- 떠2-엉 헨 위-약

09 므2-으 으5-은 짜2오 떠2-엉 마-아 티-3이 니2-이

10 하오 떠2-엉 폽 무5-우 때5-애 싸2오

17 어디로 모실까요?

❶ ຈະໄປໃສ?
❷ ໄປສະຖານທູດເກົາຫຼີເທົ່າໃດ? 70000 ກີບ
❸ ແພງຫຼາຍເກີນໄປ 50000 ກີບໄດ້ບໍ?
❹ 60000ກີບສະ ລົດຕິດຫຼາຍ
❺ ມາເຖິງແລ້ວຈະລົງຢູ່ໃສ? ຈອດທີ່ນີ້ເຫຼະ

❶ 어디 가십니까?
❷ 한국대사관 가는 데 얼마입니까? 70,000낍입니다.
❸ 너무 비싼데요. 50,000낍에 갈 수 있습니까?
❹ 60,000낍으로 합시다. 차가 많이 밀립니다.
❺ 다 왔습니다. 어디 내리실거죠? 여기서 세워 주세요

핵심 포인트

1 ຈະ/ໄປ/ໃສ?

짜 / 빠이 / 싸4이

~할 것이다 가다 어디?(의문사)

➡ 어디 가십니까? (의역: 어디로 모실까요?)

- ຈະໄປເຖິງໃສ 짜빠이 트ㅓ4ㅇ 싸4이 : 어디까지 가시겠습니까?
  (회화체에서 전치사 「ເຖິງ 트ㅓ4ㅇ ~까지」는 생략 가능하다.)

2 ໄປ/ສະຖານທູດ/ເກົາຫຼີ/ເທົ່າໃດ?
빠이 / 싸4타-4안 투-욷 / 까오리-4이 / 타3오 다이
가다 대사관 한국 얼마(의문사)

➡ 한국대사관에 가는 데 얼마입니까?

70000/ກີບ
쩬씹4 / 판 / 끼-입
70 천 낍

➡ 70,000낍입니다.

3 ແພງ/ຫຼາຍ/ເກີນໄປ/50000ກີບ/ໄດ້ບໍ?
패-앵 / 라-4이 / 끄ㅓ-ㄴ빠이 / 하6-아4씹4 / 판 / 끼-입 / 다2이 버-
싸다 많이 너무 50(오십) 천 낍 가능합니까?

➡ 너무 비싼데요. 50,000낍에 가능합니까?(50,000낍에 갈 수 있습니까?)

4 60000/ກີບ/ສະ
혹4씹4 / 판 / 끼-입 / 싸4
60(육십) 천 낍 합시다

➡ 60,000낍으로 합시다.

ລົດ/ຕິດ/ຫຼາຍ
롣 / 띧 / 라-4이
차 밀리다 많이

➡ 차가 많이 밀립니다.

- ສິບ 씹4 : 10, 열
- ສະ 싸4 : ~합시다(이미 마음에 뭔가를 결정한 상태로서 그렇게 하자고 요청하는 어법)
- ຫົກສິບພັນກີບ 혹4 씹4 판 끼-입 : 60,000낍
- ຫ້າ 하6-아 : 5 ຫົກ 혹4 : 6 ເຈັດ 쩬 : 7 ພັນ 판 : 1000(천)

5 ມາເຖິງ/ແລ້ວ/ຈະ/ລົງ/ຢູ່/ໃສ?
마-아트ㅓ4ㅇ / 래2-우 / 짜 / 롱 / 유5-우 / 싸4이
도착하다 ~었다 / ~일 것이다 / 내리다 / ~에서 / 어디

➡ 다 왔습니다. 어디 내리실거죠?

ຈອດ/ທີ່ນີ້/ແຫຼະ
쩌-얻 / 티-3이니2-이 / 래4
서다 여기 강조

➡ 여기서 세워 주세요.

- ມາເຖິງແລ້ວ 마-아 트ㅓ4ㅇ 래2-우 : 도착했다
- ຈະລົງຢູ່ 짜 롱 유5-우 + 장소 : ~에서 내리다
- ແຫຼະ 래4 : 강조의 의미, '꼭, 바로, 틀림없이' 등의 뉘앙스

❶ ຂ້ອຍຢາກຈະຂຶ້ນລົດເມໄປວັດຫໍພະແກ້ວໄດ້ຢູ່ໃສ?

❷ ຂຶ້ນລົດເມເບີ10ທີ່ປ້າຍລົດເມທາງພຸ້ນເດີ້

❶ 허파깨오 사원 가는 버스를 어디에서 탈 수 있습니까?

❷ 저기 버스 정류장에서 10번 버스를 타세요.

핵심 포인트

1 ຂ້ອຍ/ຢາກຈະ/ຂຶ້ນ/ລົດເມ/ໄປ/ວັດ/ຫໍພະແກ້ວ/ໄດ້/ຢູ່/ໃສ?

ຂ້ອຍ	ຢາກຈະ	ຂຶ້ນ	ລົດເມ	ໄປ	ວັດ	ຫໍພະແກ້ວ	ໄດ້	ຢູ່	ໃສ
커6-이	야-악 짜	큰6	롣메-에	빠이	왇	허-4 파깨2-우	다2이	유5-우	싸4이
나, 저	~하고 싶다	타다	버스	가다	사원	허파깨오	가능	~에서	어디

➡ 허파깨오사원으로 가는 버스를 어디서 탈 수 있습니까?
(직역: 저는 허파깨오사원으로 가는 버스를 타고 싶습니다. 어디서 탈 수 있나요?)

- ຢາກຈະ 야-악 짜 : ~하고 싶다, ~하기를 원하다
- ຢາກຈະຂຶ້ນ 야-악 짜 큰6 + (교통수단) : (○○을) 타고 싶습니다
- 큰6 + (교통수단) + 빠이 ○○ : (교통수단)을 타고 ○○로 가다
- (동사) + ໄດ້ຢູ່ໃສ? 다2이 유5-우 싸4이 : (~하는 게) 어디서 가능합니까?

2 ຂຶ້ນ/ລົດເມ/ເບີ/10/ທີ່/ປ້າຍລົດເມ/ທາງ/ພຸ້ນ/ເດີ້

ຂຶ້ນ	ລົດເມ	ເບີ	10	ທີ່	ປ້າຍລົດເມ	ທາງ	ພຸ້ນ	ເດີ້
큰6	롣메-에	브ㅓ-	씹4	티-3이	빠2-이 롣메-에	타-앙	푼2	드ㅓ2-
타다	버스	번(번호)	10	~에서	정류장	쪽(방향)	저기	(존대)

➡ 저기 버스 정류장에서 10 번 버스를 타세요.

ຄິວລົດເມ 키우 롣 메-에 버스터미널

- ລົດເມ 롣 메-에 : 버스
- ປ້າຍ 빠2-이 : 버스정류장의 표시판/간판, 표지
- ປ້າຍລົດເມ 빠2-이 롣 메-에 : 버스정류장
- ຄິວລົດເມ 키우 롣 메-에 : 버스터미널
- ສະຖານີລົດເມ 싸4 타-4아 니-이 롣 메-에 : 버스정류장
- ເບີ 브ㅓ- : 번호(number)
- ເບີ 10 브ㅓ- 씹4 : 10번

ປ້າຍ 빠2-이 (성조와 발음에 주의)

- 「ປ້າຍລົດເມ 빠2-이 롣 메-에 : 버스정류장」를 말했을 때 현지인이 알아 듣지 못하는 경우를 경험할 수 있다. 「ປ້າຍ 빠2-이」의 '장모음 + 2성 성조' 발음이 중요하다. 강세를 두어 길게 발음해야 한다. 장모음과 동시에 성조에 같이 '강세'를 두지 않고, 일반 성조 「**빠이**」로 발음하면 의미가 「ໄປ 빠이 : 가다」로 되어 「ໄປລົດເມ 빠이 롣 메-에」 즉, '버스로 가다, 버스로 가라, 버스로 가자' 등으로 인식되어 '버스정류장'하곤 거리가 먼 의미로 이해될 수도 있다.

- ຄິວລົດເມ 키우 롣 메-에

「싸4 타-4아 니-이 롣 메-에」 '버스정류장' 혹은 「**키우 롣 메-에**」 '버스터미널'을 기억하면 그래도 버스는 탈 수 있을 듯하다.

ຂ້ອຍຈະໄປລາວໂດຍເຄື່ອງບິນ

나는 비행기로 라오스에 갈 것입니다.

ຂ້ອຍ/ຈະໄປ/ລາວ/ໂດຍ/ເຄື່ອງບິນ

커6-이 / 짜 빠이 / 라-오 / 도-이 / 크ㅓ으-3앙 빈

나, 저 / 갈 것이다 / 라오스 / ~로 / 비행기

➡ 나는 비행기로 라오스에 갈 것입니다.

- ໂດຍ 도-이 : ~로(교통·수단방법으로 사용하며, 전치사이다.)
- ໄປ 빠이 : 가다

걸어 가다, 타고 가다, 몰고 가다

- ຍ່າງໄປ 냐-3앙 빠이 : 걸어 가다(냐-3앙 : 걷다 + 빠이 : 가다)
- ຂຶ້ນ 큰6 + (교통수단) + ໄປ 빠이 + 장소 : (~을) 타고 ~로 가다
- ຂີ່ 키5-이 + (교통수단) + ໄປ 빠이 + 장소 : (~을) 타고 ~로 가다
- ຂັບ 칸4 + (교통수단) + ໄປ 빠이 + 장소 : (~을) 몰고 ~로 가다

(~을) 타고 ~로 가다

- 빠이~ + ໂດຍ 도-이 + (교통수단) : (~을) 타고 ~로 가다
- 빠이~ + ທາງ 타-앙 + (교통수단) : (~을) 타고 ~로 가다
- 빠이~ + ດ້ວຍ 두2-와이 + (교통수단) : (~을) 타고 ~로 가다
- 빠이~ + ນຳ 남 + (교통수단) : (~을) 타고 ~로 가다

교통수단 기본 단어

ໂດຍລົດເມ	도-이 롣 메-에	버스로
ໂດຍລົດໄຟ	도-이 롣 파f이	기차로
ໂດຍລົດເກັງ	도-이 롣 껭	자동차로
ໂດຍລົດໃຕ້ດິນ	도-이 롣 따2이 딘	지하철로
ໂດຍລົດແທັ໋ກຊີ	도-이 롣 택4 씨-이	택시로
ໂດຍສາມລໍ້	도-이 싸-4암 러2-	삼륜차로
ໂດຍລົດຕຸກໆ	도-이 롣 뚝뚝	뚝뚝이로
	ຕຸກໆ 뚝뚝 : 바퀴가 세 개 달린 삼륜차 (라오스등 동남아에서 흔히 볼수 있는 차로 택시보다 가격이 싸다)	
ໂດຍເຮືອ	도-이 흐ㅓ으-아	배로
ໂດຍເຮືອບິນ	도-이 흐ㅓ으-아 빈	비행기로
ໂດຍຍົນ	도-이 논	비행기로(ຍົນ 논 : 비행기)
ທາງຍົນ	타-앙 논	비행기로
ເຄື່ອງບິນ	크ㅓ으-3앙 빈 크ㅓ으-3앙 : 물건, 기계	비행기 (날으는 기계, 물건 : 비행기)
ເຮືອບິນ	흐ㅓ으-아 빈	비행기
ປ້າຍລົດເມ	빠2-이 롣 메-에	버스정류장
ຄິວລົດເມ	키우 롣 메-에	버스터미널

응용 문장 1

1 ປ້າຍລົດເມໃກ້ທີ່ສຸດຈາກນີ້ຢູ່ໃສ?
2 ຄິວລົດເມຢູ່ໃສ?
3 ຊ່ວຍເອີ້ນແທັກຊີໃຫ້ຂ້ອຍແດ່
4 ຊ່ວຍພາຂ້ອຍໄປທີ່ຢູ່ນີ້ໄດ້ບໍ?

❶ 여기에서 가장 가까운 버스정류장이 어디에 있습니까?
❷ 버스터미널은 어디에 있습니까?
❸ 택시 좀 불러주세요.
❹ 이 주소로 저를 데려다 주실 수 있습니까?

1 ປ້າຍ/ລົດເມ/ໃກ້/ທີ່ສຸດ/ຈາກ/ນີ້/ຢູ່/ໃສ?

빠2-이	롣 메-에	까2이	티-3이 쑫4	짜-악	니2-이	유5-우	싸4이
정류장	버스	가까운	가장	~에서	여기	있다	어디(의문사)

➡ 여기에서 가장 가까운 버스정류장이 어디에 있습니까?

- ປ້າຍລົດເມ 빠2-이 롣 메-에 : 버스정류장
- ໃກ້ທີ່ສຸດ 까2이 티-3이 쑫4 : 가장 가깝다
- ຢູ່ໃສ 유5-우 싸4이 : 어디에 있습니까?
- ຈາກນີ້ 짜-악 니2-이 : 여기에서
- ນີ້ 니2-이 : ① 이것 ② 여기 ③ 이 사람

2 ຄິວລົດເມ/ຢູ່/ໃສ?

키우 롣 메-에	유5-우	싸4이
버스터미널	있다	어디?(의문사)

➡ 버스터미널은 어디에 있습니까?

3 ຈ່ອຍ/ເອີ້ນ/ແທັກຊີ/ໃຫ້/ຂ້ອຍ/ແດ່

쑤-3와이 / 으ㅓ2-ㄴ / 태-4액 씨-이 / 하6이 / 커6-이 / 대5-애
~해주세요 부르다 택시 ~에게(위하여) 나, 저 (공손)

➡ 택시 좀 불러 주세요.

- ຈ່ອຍ 쑤-3와이 + 動詞 : 動詞해주세요
- 動詞 + ໃຫ້ : 動詞해 주다
- 動詞 + ໃຫ້ + 사람 : (~을 위해/~에게) ~해 주다
- ເອີ້ນໃຫ້ 으ㅓ2-ㄴ 하6이 : 불러 주다
- ເອີ້ນແທັກຊີໃຫ້ 으ㅓ2-ㄴ 태-4액 씨-이 하6이 : 택시를 불러 주다
- ເອີ້ນແທັກຊີໃຫ້ຂ້ອຍ 으ㅓ2-ㄴ 때-4액 씨-이 하6이 커6-이
  나를 위해(에게) 택시를 불러 주다
- 택시(Taxi)를 「ຕັກຊີ 딱씨-이」라고도 부른다. 점차 「**택씨**」로 사용하는 추세이다.

4 ຈ່ອຍ/ພາ/ຂ້ອຍ/ໄປ/ທີ່ຢູ່/ນີ້/ໄດ້ບໍ?

쑤-3와이 / 파-아 / 커6-이 / 빠이 / 티-3이 유5-우 / 니2-이 / 다2이 버-
~해 주세요 데리고 나(를) 가다 주소(로) 여기 가능합니까?

➡ 이 주소로 저를 데려다 주실 수 있습니까?

- ພາ ○○ ໄປ~ 파-아 ○○ 빠이~ : ○○를 데리고 ~로 가다
- ທີ່ຢູ່ 티-3이 유5-우 : 주소
- ທີ່ 티-3이 : 곳, 장소
- ຢູ່ 유5-우 : 살다, 있다, 계시다

응용 문장 ②

❶ ຈະໄປໃສ?
❷ ໄປຖະໜົນໂພນເຄັງ
❸ ຈາກນີ້ໄປໄກບໍ?
❹ ບໍ່ໄກປານໃດ?
❺ ຖ້າລົດບໍ່ຕິດໄປທາງລົດເມໃຊ້ເວລາປະມານ20ນາທີ

❶ 어디 가십니까?(어디 갈겁니까?)
❷ 폰켕가로 갑니다.
❸ 여기서 멉니까?
❹ 그다지 멀지 않습니다.
❺ 만약 차가 밀리지 않으면 버스로 약 20분 걸립니다.

1 ຈະ/ໄປ/ໃສ?

짜 / 빠이 / 싸4이
~할 것이다 / 가다 / 어디

➡ 어디 가십니까?(어디 갈 겁니까?)

- ຈະ 짜 = ຊິ 씨 : ~일 것이다

2 ໄປ/ຖະໜົນ/ໂພນເຄັງ

빠이 / 타4논4 / 포-온켕
가다 / 거리 / 폰켕

➡ 폰켕가로 갑니다.

- ຖະໜົນ 타4논4 : 거리, 가(街)

3 ຈາກ/ນີ້/ໄປ/ໄກ/ບໍ?

짜-악 / 니2-이 / 빠이 / 까이 / 버-

~으로부터 여기 가다 멀리 ~까?

➡ 여기서 멉니까?

4 ບໍ່/ໄກ/ປານໃດ

버5- / 까이 / 빠-안 다이

아니다 멀다 그다지(별로)

➡ 그다지 멀지 않습니다.

- 부정문 + ປານໃດ : 그다지(별로) ~않다
- ບໍ່ໄກ 버5- 까이 : 멀지 않다

5 ຖ້າ/ລົດ/ບໍ່ຕິດ/ໄປ/ທາງລົດເມ/ໃຊ້ເວລາ/ປະມານ/20/ນາທີ

타6-아 / 롣 / 버5-띧 / 빠이 / 타-앙롣메-에 / 싸20이웨-에라-아 / 빠마-안 / 싸-우 / 나-아티-이

만약 차 안밀리다 가다 버스로 시간이 걸리다 약 20 분

➡ 만약 차가 밀리지 않으면 버스로 약 20분 걸립니다.

- ຖ້າລົດບໍ່ຕິດ 타6-아 롣 버5-띧 : 만약 차가 밀리지 않는다면
- ຖ້າ 타6-아 : 만약
- ບໍ່ 버5- : (부정어를 만드는 접속어) ~이 아니다, 없다
- ຕິດ 띧 : 달라붙다, 밀리다
- ບໍ່ຕິດ 버5-띧 : 밀리지 않다
- ໄປໂດຍລົດ 빠이 도-이 롣 : 차로 가다(도-이 : ~로)
- ທາງ 타-앙 + 교통수단(○○) : ○○로
- ໃຊ້ເວລາ 싸20이 웨-에 라-아 : 시간을 사용하다, 시간이 걸리다
- ໃຊ້ 싸20이 : 사용하다, 걸리다(시간)
- ເວລາ 웨-에 라-아 : 시간

응용 문장 ③

❶ ລ້ຽວຊ້າຍ. ຊ່ວຍຂັບໄວໆແນ່

❷ ລ້ຽວຂວາ. ຊ່ວຍຂັບຊ້າໆແນ່

❸ ຈອດຢູ່ຫັ້ນເດີ້. ຈອດຢູ່ນີ້ເດີ້

❹ ຢ່າຈອດທີ່ນີ້. ຫ້າມຈອດທີ່ນີ້

❺ ນີ້ເດ. ເງິນທອນ. ບໍ່ຕ້ອງທອນ

❶ 좌회전 해주세요. 좀 빨리 빨리 운전해 주세요.
❷ 우회전 해주세요. 좀 천천히 운전해 주세요.
❸ 저기에 세워 주세요. 여기 세워 주세요
❹ 여기에서 주차하지 마세요. 여기는 주차금지입니다.
❺ 여기요. 잔돈입니다. 잔돈(거스름돈)은 필요없어요.

1 ລ້ຽວ/ຊ້າຍ.
리2-야우 / 싸2-이
돌다 왼쪽
➡ 좌회전 해주세요.

ຊ່ວຍ/ຂັບ/ໄວໆ/ແນ່
쑤-3와이 / 캅4 / 와이 와이 / 내-3애
해주세요 운전하다 빨리빨리 (존대)
➡ 좀 빨리 운전해 주세요.

2 ລ້ຽວ/ຂວາ.
리2-야우 / 쿠와-4아
돌다 오른쪽
➡ 우회전 해주세요.

ຊ່ວຍ/ຂັບ/ຊ້າໆ/ແນ່
쑤-3와이 / 캅4 / 싸2-아 싸2-아 / 내-3애
해주세요 운전하다 천천히 (존대)
➡ 좀 천천히 운전해 주세요.

- ໆ 크ㅓ으-3앙 마-4이 쌈2 (ເຄື່ອງໝາຍຊ້ຳ) : 앞의 단어나 단어의 집단을 반복 혹은 강조하는 부호 (45쪽, 86쪽, 276쪽 참조)

3 ຈອດ/ຢູ່/ຫັ້ນ/ແຫຼະ.
쩌-얻 / 유5-우 / 한6 / 래4
세우다 ~에서 저기 (강조)
➡ 저기에서 세워 주세요.

ຈອດ/ຢູ່/ນີ້/ແຫຼະ
쩌-얻 / 유5-우 / 니2-이 / 래4
세우다 ~에서 여기 (강조)
➡ 여기에 세워 주세요.

4 ຢ່າ/ຈອດ/ທີ່ນີ້.
야5-아 / 쩌-얻 / 티-3이 니2-이
~하지 마세요 세우다 여기(이곳)
➡ 여기서 주차하지 마세요.

ຫ້າມ/ຈອດ/ທີ່/ນີ້
하6-암 / 쩌-얻 / 티-3이 / 니2-이
금지 세우다 ~에 여기
➡ 여기는 주차금지입니다.

- ຈອດ 쩌-얻 : 주차하다, 세우다
- ຢຸດ 윧 : 멈추다(stop)
- ຫ້າມ 하6-암 : 금지
- ຢ່າ 야5-아 + 動사 : 動사하지 마세요, 動사하지 마라

5 ນີ້/ເດ.
니2-이 / 데-에
여기 강조
➡ 여기요.

ເງິນ/ທອນ.
응으ㅓㄴ / 터-언
돈 거슬러 주다
➡ 잔돈요.

ບໍ່ຕ້ອງ/ທອນ
버5-떠2-엉 / 터-언
~할 필요가 없다 거슬러 주다
➡ 거스름돈은 필요없어요.

- ~ເດ ~ 데-에
  ① ~는요? (짜2오 데-에 : 당신은요?)
  ② ~요 (니2-이 데-에 : 여기요, 여기 있습니다)
- ບໍ່ຕ້ອງ 버5-떠2-엉 + 動사
  ① ~하지 않아도 된다(좋다) ② ~할 필요가 없다 ③ ~해서는 안 된다
- ທອນ 터-언 : 거슬러 주다
  ① 터-언 응으ㅓㄴ : 돈(잔돈)을 거슬러 주다(동사)
  ② 응으ㅓㄴ 터-언 : 거스름돈(명사)

복습하기 1

다음 문장을 라오스어로 말해보세요.

01 어디로 모실까요? (어디 가십니까?)

02 한국대사관 가는 데 얼마입니까?

03 70,000낍입니다.

04 너무 비싼데요. 50,000 낍에 갈 수 있습니까?

05 60,000낍으로 합시다. 차가 많이 밀립니다.

06 다 왔습니다. 어디 내리실거죠?

07 이곳에(여기)서 세워 주세요.

08 여기에서 가장 가까운 버스정류장이 어디에 있습니까?

09 버스터미널은 어디에 있습니까?

10 택시 좀 불러주세요.

11 이 주소로 저를 데려다 주실 수 있습니까?

12 어디 가십니까? (어디 갈 겁니까?) 폰켕가로 갑니다.

13 여기서 멉니까?

14 그다지 멀지 않습니다.

15 좌회전 해주세요. 좀 빨리 운전해 주세요.

16 우회전 해주세요. 좀 천천히 운전해 주세요.

17 저기에서 세워 주세요. 여기에 세워 주세요.

18 여기에 주차하지 마세요. 여기는 주차금지입니다.

19 여기요. 잔돈입니다. 잔돈(거스름돈)은 필요없어요.

복습하기 2

다음 문장을 읽으면서 연습하세요.

01 짜 빠이 싸4이?

02 빠이 싸4타-4안 투-운 까오리-4이 타3오 다이

03 쪤 씹4 판 끼-입

04 패-앵 라-4이 끄ㅓ-ㄴ빠이. 하6-아 씹4 판 끼-입 다2이 버-?

05 혹4 씹4 판 끼-입 싸4. 롣띧 라-4이

06 마-아 트ㅓ4ㅇ 래2-우. 짜 롱 유5-우 싸4이?

07 쩌-얻 티-3이 니2-이 래4

08 빠2-이 롣 메-에 까2이 티-3이쑫4 짜-악 니2-이 유5-우 싸4이?

09 키우 롣 메-에 유5-우 싸4이?

10 쑤-3와이 으ㅓ2-ㄴ 태-4액 씨-이 하6이 커6-이 대5-애

11 쑤-3와이 파-아 커6-이 빠이 티-3이 유5-우 니2-이 다2이 버-?

12 짜 빠이 싸4이? 빠이 타4논4 포-온켕

13 짜-악 니2-이 빠이 까이 버-?

14 버5- 까이 빠-안 다이

15 리2-야우 싸2-이 쑤-3와이 캅4 와이 와이 내-3애

16 리2-야우 쿠와-4아 쑤-3와이 캅4 싸2-아 싸2-아 내-3애

17 쩌-얻 유5-우 한6 래4 쩌-얻 유5-우 니2-이 래4

18 야5-아 쩌-얻 티-3이 니2-이 하6-암 쩌-얻 티-3이 니2-이

19 니2-이 데-에 응으ㅓㄴ 터-언. 버5-떠2-엉 터-언

18 버스정류장으로 가는 길을 알려 주세요

❶ ຂໍໂທດ ຊ່ວຍບອກທາງໄປຄິວລົດເມແດ່

❷ ຍ່າງໄປຊື່ທາງນີ້ແລ້ວລ້ຽວຂວາສີ່ແຍກທໍາອິດ

❸ ຈາກທີ່ນີ້ໃຊ້ເວລາດົນປານໃດ?

❹ ປະມານ15ນາທີ ຂອບໃຈຫຼາຍໆ

❶ 실례합니다만 버스터미널로 가는 길을 좀 알려 주십시오.
❷ 이 길로 똑바로 걸어 가셔서 첫 번째 네거리에서 오른쪽으로 돌아가십시오.
❸ 이 곳에서 (여기에서) 얼마나 걸립니까?
❹ 약 15분 걸립니다. 대단히 감사합니다.

핵심 포인트

1 ຂໍໂທດ. ຊ່ວຍ/ບອກ/ທາງ/ໄປ/ຄິວ/ລົດເມ/ແດ່

ຂໍໂທດ.	ຊ່ວຍ	ບອກ	ທາງ	ໄປ	ຄິວ	ລົດເມ	ແດ່
커-4 / 토-옫	쑤-3와이	버-억	타-앙	빠 이	키우	롣 메-에	대5-애
죄송	~해주세요	말하다	길	가다	정류장	버스	(존대)

➡ 실례합니다만, 버스터미널로 가는 길을 알려 주세요.

- ຂໍໂທດ 커-4 토-옫 : 죄송합니다, 실례합니다.
- ຄິວລົດເມ 키우 롣 메-에 : 버스 터미널(롣 메-에 : 버스)
- ສະຖານີລົດເມ 싸4 타-4아 니-이 롣 메-에 : 버스정류장

2 ຍ່າງ/ໄປ/ຊື່/ທາງ/ນີ້ ແລ້ວ/ລ້ຽວ/ຂວາ/ສີ່/ແຍກ/ທຳອິດ

냐-3앙 / 빠이 / 쓰-3으 / 타-앙 / 니2-이 / 래2-우 / 릐2-야우 / 쿠와-4아 / 씨5-이 / 냬-액 / 탐읻

걷다 가다 똑바로 길 이 그리고 돌다 오른쪽 4 분리하다 처음

➡ 이 길로 똑바로 걸어 가셔서 첫 번째 사거리에서 오른쪽으로 돌아가십시오.

- ຍ່າງໄປຊື່ 냐-3앙 빠이 쓰-3으 : ① 똑바로 걸어가다 ② 걸어서 똑바로 가다(직역)
- ຊື່ 쓰-3으 : 똑바로, 이름, 이름이 ~다
- ສີ່ 씨5-이 : 4, 넷
- ສີ່ແຍກ 씨5-이 냬-액 : 사거리

3 ຈາກ/ທີ່ນີ້/ໃຊ້/ເວລາ/ດົນ/ປານໃດ?

짜-악 / 티-3이니2-이 / 싸2이 / 웨-에라-아 / 돈 / 빠-안 다이

~로부터 여기(이곳) 사용하다 시간 오래 얼마

➡ 이 곳에서 (여기에서) 얼마나 걸립니까?

- ໃຊ້ 싸2이 : 사용하다, 걸리다(시간)
- ໃຊ້ເວລາ 싸2이 웨-에라-아 : 시간을 사용하다, 시간이 걸리다
- ກິນເວລາ 낀 웨-에 라-아 : 시간을 먹다, 시간을 잡아먹다

4 ປະມານ/15/ນາທີ

빠마-안 / 씹4 / 하6-아 / 나-아티-이

약(대략) 10 5 분

➡ 약 15분입니다.

ຂອບໃຈ/ຫຼາຍໆ

커-4업 짜이 / 라-4이 라-4이

감사 많이 많이

➡ 대단히 감사합니다.

❶ ຊ່ວຍບອກທາງໄປຄິວລົດເມແດ່
❷ ຊ່ວຍບອກທາງໄປໂຮງແຮມນີ້ແດ່
❸ ຊ່ວຍບອກທາງໄປຮ້ານອາຫານນີ້ແດ່

❶ 버스터미널로 가는 길을 알려 주세요.
❷ 이 호텔로 가는 길을 알려 주세요.
❸ 이 식당으로 가는 길을 알려 주세요.

핵심 포인트

ຊ່ວຍ/ບອກ/ທາງ/ໄປ + 장소 ~ແດ່ : ~로 가는 길을 알려 주세요.
쑤-3와이 버-억 타-앙 빠이 대5-애

1 ຊ່ວຍ/ບອກ/ທາງ/ໄປ/ຄິວລົດເມ/ແດ່
쑤-3와이 / 버- 억 / 타-앙 / 빠이 / 키우 롣 메-에 / 대5-애
~해주세요 말하다 길 가다 버스터미널 존대(~세요, 좀)

➡ 버스터미널로 가는 길을 알려 주세요.

2 ຊ່ວຍ/ບອກ/ທາງ/ໄປ/ໂຮງແຮມ/ນີ້/ແດ່
쑤-3와이 / 버-억 / 타-앙 / 빠이 / 호-옹 해-앰 / 니2-이 / 대5-애
~해주세요 말하다 길 가다 호텔 이 존대(~세요, 좀)

➡ 이 호텔로 가는 길을 알려 주세요.

3 ຊ່ວຍ/ບອກ/ທາງ/ໄປ/ຮ້ານ/ອາຫານ/ນີ້/ແດ່
쑤-3와이 / 버-억 / 타-앙 / 빠이 / 하2-안 / 아-아 하-4안 / 니2-이 / 대5-애
~해주세요 말하다 길 가다 가게 음식 이(이것) 존대(~세요, 좀)

➡ 이 식당으로 가는 길을 알려 주세요.

- ຊ່ວຍ 쑤-3와이 : ~해주세요, 돕다
- ບອກ 버-억 : 말하다, 알려 주다
- ທາງ 타-앙 : 길, 방법
- ໄປ 빠이 : 가다
- ຮ້ານອາຫານ 하2-안 아-아 하-4안 : 식당
- ຄິວລົດເມ 키우 롣 메-에 : 버스터미널
- ໂຮງແຮມ 호-옹 해-앰 : 호텔
- ແດ່ 대5-애 : ~(하)세요(존대의 의미로 문장 끝에 사용해 영어의 please 의미이다.)

- 「ຊ່ວຍບອກ 쑤-3와이 버-억」은 '~을 말씀해 주세요, 알려주세요'입니다. 더 공손하게는 「ຊ່ວຍ 쑤-3와이」 앞에 「ຂໍ/커-4」를 붙여 「ຂໍຊ່ວຍ 커-4 쑤-3와이」로 표현이 가능하지만 보통 관계에서는 이 정도까지 사용되는 경우는 많지 않다.

- "버스 터미널로 가는 길을 알려 주세요"를 간단히 말하고 싶다면 그냥 앞에 [쑤-3와이]나 [커-4 쑤-3와이] 없이 「ຄິວລົດເມຢູ່ໃສ? 키우롣메-에 유5-우 싸4이?」 "버스터미널 어디 있습니까?"라는 표현으로도 문제 없다.

❶ ໄປວຽງຈັນໃຊ້ເວລາດົນປານໃດ?

❷ ເຈົ້າຈະຢູ່ປະເທດລາວດົນປານໃດ?

❸ ຂ້ອຍຈະຢູ່ນີ້ໜຶ່ງອາທິດ

❹ ຂໍໂທດທາງນີ້ໄປຖະໜົນໂສກປ່າຫຼວງແມ່ນບໍ?

❺ ແມ່ນແລ້ວ.
ຍ່າງໄປຊື່ແລ້ວລ້ຽວຂວາທີ່ຕຶກສູງໆພຸ້ນ

❶ 비엔티엔에 가는 데 시간이 얼마나 걸릴까요?
❷ 당신은 라오스에 얼마나 (오랫동안) 계실 예정입니까?
❸ 저는 여기에서 일주일 머물 겁니다.
❹ 실례지만 이길이 쏙빠루왕가 가는 길이지요?
❺ 네. 똑바로 걸어가서 저기 높은 건물에서 우회전 하세요.

핵심 포인트

1 ໄປ/ວຽງຈັນ/ໃຊ້/ເວລາ/ດົນ/ປານໃດ?

빠이 / 위-양짠 / 싸2이 / 웨-에라-아 / 돈 / 빠-안 다이

가다 비엔티엔 걸리다 시간 오래 얼마

➡ 비엔티엔에 가는 데 시간이 얼마나 걸릴까요?

2 ເຈົ້າ/ຈະ/ຢູ່/ປະເທດ/ລາວ/ດົນ/ປານໃດ?

짜2오 / 짜 / 유5-우 / 빠테-엔 / 라-오 / 돈 / 빠-안 다이

당신 ~일 것이다 머물다 ~에서 나라 라오스 오래 얼마

➡ 당신은 라오스에 얼마나 (오랫동안) 계실 예정입니까?

3 ຂ້ອຍ/ຈະ/ຢູ່/ນີ້/ໜຶ່ງ/ອາທິດ

커6-이 / 짜 / 유5-우 / 니2-이 / 능5 / 아-아 틷

나, 저 / ~할 거다 / 있다(~에) / 여기 / 일 / 주일

➡ 저는 여기에서 일주일 머물 겁니다.

- 여기(이곳) : ① ບ່ອນນີ້ 버5-언 니2-이 ② ທີ່ນີ້ 티-3이 니2-이
  ③ ນີ້ 니2-이 : 이 사람, 이것, 여기

4 ຂໍໂທດ. ທາງ/ນີ້/ໄປ/ຖະໜົນ/ໂສກປ່າຫຼວງ/ແມ່ນບໍ?

커-4 토-옫. 타-앙 / 니2-이 / 빠이 / 타4논4 / 쏘-4옥빠5-아루-4왕 / 매-3앤 버-

실례(죄송) 길 이 가다 길 쏙빠루왕 ~이지요?

➡ 실례하지만 이 길이 쏙빠루왕가 가는 길이지요?

- ທາງນີ້ 타-앙 니2-이 : 이 길
- ໄປ + 장소 : ~로 가다
- ໄປຖະໜົນໂສກປ່າຫຼວງ 빠이 타4논4 쏘-4옥 빠5-아 루-4왕
  쏙빠루왕가로 가는 길
- ແມ່ນບໍ? 매-3앤 버- : 그렇지요?(부가의문문의 형태)
- ແມ່ນບໍ? 매-3앤 버- : "그렇지요?"라고 물었을 대답이 "예"이면 「ແມ່ນແລ້ວ 매-3앤 래2-우」 '그렇습니다'라고 대답하면 된다.
- ແມ່ນແລ້ວ 매-3앤 래2-우 : 네

5 ແມ່ນ/ແລ້ວ. ຍ່າງ/ໄປ/ຊື່/ແລ້ວ/ລ້ຽວ/ຂວາ/ທີ່/ຕຶກ/ສູງໆ/ພຸ້ນ

매-3앤 / 래2우. 냐-3앙 / 빠이 / 쓰-3으 / 래2-우 / 리2-야우 / 쿠와-4아 / 티-3이 / 뜩 / 쑤-4웅 쑤-4웅 / 푼2

예(그렇다) 걸어 가다 바로 그리고 돌다 오른쪽 ~에서 건물 높은(강조) 저기

➡ 네. 똑바로 걸어 가셔서 저기 높은 건물에서 우회전 하세요.

- ແມ່ນແລ້ວ 매-3앤 래2-우 : 예(그렇습니다)

응용 문장 ①

❶ ຂໍໂທດ!
❷ ຊ່ວຍບອກແດ່ວ່າໄປສະຖານີຕຳຫຼວດໄດ້ແນວໃດ
❸ ລ້ຽວຊ້າຍສີ່ແຍກພຸ້ນແລ້ວຍ່າງໄປປະມານ10ນາທີ
❹ ແລ້ວເຈົ້າຈະໄດ້ເຫັນຕຶກສີແດງ
❺ ນັ້ນຄືສະຖານີຕຳຫຼວດ

❶ 실례합니다.
❷ 경찰서로 어떻게 가는지(갈 수 있는지) 알려 주세요.
❸ 저 사거리에서 좌회전하여 약 10분 쯤 걸어 가세요.
❹ 그럼 (당신은) 붉은 건물이 보일 것입니다.
❺ 그것이(거기가) 바로 경찰서입니다.

1 ຂໍໂທດ

커-4 토-옫

➡ 실례합니다.(미안합니다)

2 ຊ່ວຍ/ບອກ/ແດ່/ວ່າ/ໄປ/ສະຖານີ/ຕຳຫຼວດ/ໄດ້/ແນວໃດ

쑤-3와이	버-억	대5-애	와-3아	빠이	싸4타-4아니-이	땀루-4왇	다2이	내-우 다이
~해주세요	말하다	(존대)	~인지	가다	서(국)	경찰	가능	어떻게

➡ 경찰서에 어떻게 가야 하는지를 알려 주세요.

- ຊ່ວຍ 쑤-3와이 + 동사 : ~해주세요
- ~ແດ່ 대5-애 : 존대 표현(~세요)

  문장 끝에 오며, 의역으로 '좀~, 좀~세요' 정도로 해석하면 무난하다.
- ຊ່ວຍບອກແດ່ 쑤-3와이 버-억 대5-애 : 말해 주세요, 알려 주세요

• ບອກ 버-억 : 말하다, 알리다, 전달하다, 설명하다(의역 가능)
말하는 동작이 아닌, 말의 내용을 알려준다.

• ວ່າ 와-3아 : ① ~라고 ② ~인지 ③ ~기를
뒤에 주로 문장(주어 + 동사) 형태가 따라온다.(이때 '주어'는 생략 가능)

• 「ໄດ້ 다2이 ~할 수 있다」는 앞의 「ໄປ 빠이」와 연결되는 구조로 「ໄປໄດ້ 빠이 다2이 갈 수 있습니다」의 의미로 쓰였다.

ໄປໄດ້/ແນວໃດ 빠이 다2이/내-우 다이 : 어떻게 갈 수 있습니까?

ໄປ 빠이 + 장소 + ໄດ້/ແນວໃດ 다2이/내-우 다이 : ~로(장소) 어떻게 갈 수 있습니까?

ໄປ/ສະຖານີ/ຕຳຫຼວດ/ໄດ້/ແນວໃດ? : 경찰서로 어떻게 갈 수 있습니까?
빠이/싸4타-4아니-이/땀루-4왇/다2이/내-우 다이

3 ລ້ຽວ/ຊ້າຍ/ສີ່ແຍກ/ພຸ້ນ/ແລ້ວ/ຍ່າງ/ໄປ/ປະມານ/10/ນາທີ

리2-야우 / 싸2-이 / 씨5-이냬-액 / 픈2 / 래2-우 / 냐-3앙 / 빠이 / 빠마-안 / 씹4 / 나-아티-이
돌다 왼쪽 사거리 저기 그리고 걷다 가다 약 10 분

➡ 저 사거리에서 좌회전하여 약 10분 쯤 걸어 가세요.

4 ແລ້ວ/ເຈົ້າ/ຈະ/ໄດ້/ເຫັນ/ຕຶກ/ສີ/ແດງ

래2-우 / 짜2오 / 짜 / 다2이 / 헨4 / 뜩 / 씨-4이 / 대-앵 /
그러면 당신 / ~일 것이다 / 가능 / 보이다 / 건물 / 색 붉은

➡ 그럼 당신은 붉은 건물이 보일 것입니다.

• ຈະໄດ້ເຫັນ 짜 다2이 헨4 : 보일 것이다

• ຄື 크-으 : 이다, 바로 ~이다(강조)

5 ນັ້ນ/ຄື/ສະຖານີ/ຕຳຫຼວດ

난2 / 크-으 / 싸4타-4아니-이 / 땀루-4왇
그것 이다 서(국) 경찰

➡ 바로 그것이 경찰서입니다.

복습하기 1

다음 문장을 라오스어로 말해보세요.

01 비엔티엔 가는 데 시간이 얼마나 걸릴까요?

02 당신은 라오스에 얼마나 (오랫동안) 계실 예정입니까?

03 저는 여기에서 일주일 머물겁니다.

04 실례지만 이 길이 쏙빠루왕가 가는 길이지요.

05 네. 똑바로 걸어가서 저기 높은 건물에서 우회전하세요.

06 실례합니다.

07 경찰서로 어떻게 가는지(갈 수 있는지) 알려 주세요.

08 저 사거리에서 좌회전하여 약 10분쯤 걸어가세요.

09 그럼 (당신은) 붉은 건물이 보일 것입니다. 그것이(거기가) 바로 경찰서입니다.

복습하기 2

다음 문장을 읽으면서 연습하세요.

01 빠이 위-양짠 싸2이 웨-에라-아 돈 빠-안 다이?

02 짜2오 짜 유5-우 빠테-엔 라-오 돈 빠-안 다이?

03 커6-이 짜 유5-우 니2-이. 능5 아-아 틴

04 커-4 토-온. 타-앙 니2-이 빠이 타4논4 쏘-4옥 빠5-아 루-4왕 매-3앤 버-?

05 매-3앤 래2-우. 냐-3앙 빠이 쓰-3으 래2-우 릐2-야우 쿠와-4아
티-3이 뜩 쑤-4웅 쑤-4웅 푼2

06 커-4 토-온!

07 쑤-3와이 버-억 대5-애 와-3아
빠이 싸4타-4아니-이 땀루-4왇 다2이 내-우 다이

08 릐2-야우 싸2-이 씨5-이 냬-액 푼2 래2-우 냐-3앙 빠이 빠마-안 씹4 나-아 티-이

09 래2-우 짜2오 짜 다2이 헨4 뜩 씨-4이 대-앵 난2 크-으 싸4타-4아니-이 땀루-4왇

19 피싸이 씨를 만나뵐 수 있을까요?

❶ ສະບາຍດີ. ຂ້ອຍຂໍພົບທ່ານພິໄຊໄດ້ບໍ?
❷ ໄດ້. ເຈົ້າຊື່ຫຍັງ?
❸ ຂ້ອຍຊື່ຄິມຮັນກຸກມາຈາກປະເທດເກົາຫຼີ
❹ ກະລຸນາຖ້າບຶດໜຶ່ງ. ຂອບໃຈຫຼາຍ

❶ 안녕하세요. 피싸이 씨를 만나뵐 수 있겠습니까?
❷ 알겠습니다. 당신의 이름은 무엇입니까?
❸ 저는 한국에서온 김한국이라고 합니다.
❹ 잠깐만 기다리세요. 고맙습니다.

핵심 포인트

1 ສະ/ບາຍ/ດີ.
싸4 / 바-이 / 디-이.
안녕
➡ 안녕하세요.

ຂ້ອຍ/ຂໍ/ພົບ/ທ່ານ/ພິໄຊ/ໄດ້/ບໍ?
커6-이 / 커-4 / 폼 / 타-3안 / 피싸이 / 다2이 / 버-
나, 저 / ~하고 싶다 / 만나다 / ~씨 / 피싸이 / 가능 / ~까?
➡ 피싸이 씨를 만나뵐 수 있겠습니까?

- ພົບ 폼 + ○○ : ○○를 만나다
- ພົບກັບ 폼 깝 + ○○ : ○○와 만나다 ('○○를 만나다'라는 해석도 가능)
- ຂໍ 커-4 + 動詞 : 動詞하게 해주세요, 動詞하고 싶다, 動詞해 주세요(공손 표현)
- ຂ້ອຍຂໍ 커6-이 커-4 + 動詞 : 제가 動詞하고 싶습니다

2 ໄດ້. ເຈົ້າ/ຊື່/ຫຍັງ?

다20I.   짜2오 / 쓰-3으 / 냥4

가능.   당신 이름 ~다 무엇(의문사)

➡ 알겠습니다(가능합니다). 당신 이름은 무엇입니까?

- 질문에 대한 대답은
  ① 긍정이면 상대방의 질문의 동사를 반복한다.
  ② 부정이면 그 동사 앞에 「버5-」를 붙여 대답한다.

예 ໄດ້ບໍ? 다20I 버- 가능합니까?

→ (긍정) ໄດ້ 다20I 가능합니다(예)

(부정) ບໍ່ໄດ້ 버5- 다20I 불가능합니다.(아니오)

3 ຂ້ອຍ/ຊື່/ຄິມຮັນກຸກ/ມາ/ຈາກ/ປະເທດ/ເກົາຫຼີ

ຂ້ອຍ	ຊື່	ຄິມຮັນກຸກ	ມາ	ຈາກ	ປະເທດ	ເກົາຫຼີ
커6-이	쓰-3으	킴한꾹	마-아	짜-악	빠테-엗	까오리-40I
나, 저	이름 ~다	김한국	오다	~로부터	국가	한국

➡ 저는 한국에서 온 김한국이라고 합니다.

4 ກະລຸນາ/ຖ້າ/ບຶດໜຶ່ງ. ຂອບໃຈ/ຫຼາຍ

ກະລຸນາ	ຖ້າ	ບຶດໜຶ່ງ
까루나-아	타6-아	븓능5
~해 주세요	기다리다	잠시, 잠깐

➡ 잠깐만 기다려 주세요.

ຂອບໃຈ	ຫຼາຍ
커-4웁 짜이	라-40I
고맙습니다	많이

➡ 매우 고맙습니다.

- ກະລຸນາ 까루나-아 : ~해 주세요
  ① 공손의 의미이다.
  ② 개인적 가까운 사이에서는 잘 사용하지는 않는다.
  ③ 주로 공적인 관계에 사용한다. 방송, 관공서 등, 공식 안내에서 존대 표현으로 사용한다.
  ④ 방송 TV 등에서 「ຊ່ວຍ 쑤-3와이」나 「ຂໍ 커-4」보다 「ກະລຸນາ 까루나-아」가 많이 들리는 이유이다.

❶ ສະບາຍດີ.
❷ ຫ້ອງນີ້ເປັນຫ້ອງເຮັດວຽກຂອງທ່ານພິໄຊແມ່ນບໍ?
❸ ແມ່ນແລ້ວແຕ່ທ່ານພິໄຊບໍ່ຢູ່
❹ ເຈົ້າມີວຽກຫຍັງ?
❺ ຂ້ອຍຢາກຈະຂໍຄວາມຊ່ວຍເຫຼືອຈາກທ່ານພິໄຊ

❶ 안녕하세요.
❷ 이 방이 피싸이 씨 사무실입니까?
❸ 네, 그렇습니다. 그러나 피싸이 씨는 안 계십니다.
❹ 무슨 일로 오셨습니까? (무슨 일이 있습니까?)
❺ 저는 피싸이 씨에게 부탁드릴 것이 있어서요.

핵심 포인트

1 ສະບາຍດີ

싸4 바-이 디-이

➡ 안녕하세요.

2 ຫ້ອງ/ນີ້/ເປັນ/ຫ້ອງ/ເຮັດ/ວຽກ/ຂອງ/ທ່ານ/ພິໄຊ/ແມ່ນບໍ?

허6-엉	니2-이	뻰	허6-엉	헫	위-약	커-4엉	타-3안	피싸이	매-3앤 버-
방	이(것)	~이다	방	하다	일	~의	~씨	피싸이	~이지요?

➡ 이방이 피싸이 씨 사무실이지요?

- ຫ້ອງ 허6-엉 : '방, 실'을 나타낼 때 쓰는 접두사
- ເຮັດວຽກ 헫 위-약 : 일을 하다
- ວຽກ 위-약 : 일, 용무
- ຫ້ອງເຮັດວຽກ 허6-엉 헫 위-약 : ① 사무실(통상적인 의미) ② 서재

3 ແມ່ນແລ້ວ/ແຕ່/ທ່ານ/ພິໄຊ/ບໍ່/ຢູ່

매-3앤 래2-우 / 때5-애 / 타-3안 / 피싸이 / 버5- / 유5-우

그렇다 / 그러나 / ~씨 / 피싸이 / 안 / 있다(계시다)

➡ 네, 그렇습니다. 그러나 피싸이 씨는 안 계십니다.

- 질문 A : ~ແມ່ນບໍ 매-3앤 버- : 그렇습니까?, ~이지요?
- 대답 B : ແມ່ນແລ້ວ 매-3앤 래2-우 : 그렇습니다(긍정 표현)
- ຢູ່ 유5-우 : 있다, 계시다, 살다, 존재하다/~에, ~에 있다

4 ເຈົ້າ/ມີ/ວຽກ/ຫຍັງ?

짜2오 / 미-이 / 위-약 / 냥4

당신 / 있다 / 일 / 무엇, 무슨(의문사)

➡ 무슨 일로 오셨습니까? (직역 : 당신은 무슨 일이 있습니까?)

5 ຂ້ອຍ/ຢາກຈະ/ຂໍ/ຄວາມຊ່ວຍເຫຼືອ/ຈາກ/ທ່ານ/ພິໄຊ

커6-이 / 야-악짜 / 커-4 / 쿠와-암 쑤-3와이 르ㅓ으-40ㅏ / 짜-악 / 타-3안 / 피싸이

나, 저 / 원하다 / 요청 / 도움 / ~로부터 / ~씨 / 피싸이

➡ 저는 피싸이 씨에게 부탁드릴 것이 있어서요. (직역 : 저는 피싸이씨로부터 도움을 요청드리고 싶습니다.)

- ຢາກຈະ 야-악 짜 + 動사 : 動사하기를 원합니다
- ຂໍ 커-4 ① ຂໍ 커-4 + 動사 : 動사하는 것을 요청(부탁)하다, 動사해주세요
  ② ຂໍ 커-4 + 명사 : 명사을(를) 주세요
- ຊ່ວຍເຫຼືອ 쑤-3와이 르ㅓ으-40ㅏ : 도와주다, 원조하다
- ຄວາມຊ່ວຍເຫຼືອ 쿠와-암 쑤-3와이 르ㅓ으-40ㅏ : 도움, 원조
- ທ່ານ 타-3안
  ① 존경을 나타내는 접두사로 「타-3안 ○○○」 형식으로 직업, 이름에 붙여 사용한다.
    예 의사 : ທ່ານໝໍ 타-3안 머-4
  ② 남녀 관계없이 '○○○님, ○○ 씨' 표현도 「타-3안」을 붙여 사용 가능하다.
  ② 서로 잘 아는 가까운 관계에서는 잘 사용하지 않는다. 이름이나 닉네임(애칭)으로 주로 사용한다. 이미 다른 표현으로 사용하는 경우는 그대로 사용한다.
    예 교수님 : ອາຈານ 아-아 짜-안

❶ ຂໍໂທດ ທ່ານສົມຊາຍຢູ່ບໍ?
❷ ບໍ່ຢູ່ອອກໄປຂ້າງນອກ
❸ ຖ້າຢ່າງນັ້ນຊ່ວຍບອກທ່ານພິໄຊວ່າມິສເຕີລີມາຫາ
❹ ຂໍໂທດທີ່ມາລົບກວນ
❺ ບໍ່ເປັນຫຍັງ

❶ 죄송합니다만 쏨싸이 씨 계십니까?
❷ 안 계십니다. 외출하셨습니다. (밖에 나가셨습니다)
❸ 그러면 미스터 리가 방문했었다고 피사이 씨에게 전해 주세요.
❹ 폐를 끼쳐서 죄송합니다.
❺ 천만에요. (괜찮습니다.)

핵심 포인트

1 ຂໍໂທດ. ທ່ານ/ສົມຊາຍ/ຢູ່/ບໍ?

커-4 토-옫.	타-3안 /	쏨4싸-이	/ 유5-우	/ 버-
죄송	~씨, 님	쏨싸이	있다	~까?

➡ 죄송합니다만 쏨싸이 씨 계십니까?

2 ບໍ່ຢູ່/ອອກໄປ/ຂ້າງ/ນອກ

버5- 유5-우 /	어-억빠이 /	카6-앙 /	너-억
없다	외출	방향, 쪽	밖

➡ 안 계십니다. 외출하셨습니다. (밖에 나가셨습니다.)

- ຂ້າງ 카6-앙 : 방향, 측, 쪽
- ອອກ 어-억
  ① (어-억 빠이) 나가다, 나오다 ② (싹이) 나오다, 피다
  ③ 상당히, 다소, 약간, 좀, 정해놓다, 제정하다
  ④ 출발하다/나가다, 출범하다, 발행/발급하다

3 ຖ້າຢ່າງນັ້ນ/ຊ່ວຍ/ບອກ/ທ່ານ/ພິໄຊ/ວ່າ/ມິສເຕີລີ/ມາ/ຫາ

타6-아야5-앙난2 / 쑤-3와이 / 버-억 / 타-3안 / 피싸이 / 와-3아 / 미쓰4뜨ㅓ-리-이 / 마-아/ 하-4아

그럼 ~해주세요 전하다 ~씨 피싸이 ~라고 Mr. 리 오다 찾다

➡ 그러면 미스터리가 방문했었다고 피사이 씨에게 전해 주세요.

- ຖ້າຢ່າງນັ້ນ 타6-아 야5-앙 난2 : 그러면, 그럼
- ບອກ 버-억 : 말하다, 전해주다
- ວ່າ 와-3아 : ~라고 하다(뒤에 주로 문장[주어+동사]을 받음)
- ມິສເຕີລີ 미 쓰4 뜨ㅓ- 리-이 : 미스터 리(외래어)

4 ຂໍໂທດ/ທີ່/ມາ/ລົບກວນ

커-4토-옫 / 티-3이 / 마-아 / 롭꾸-완

죄송 ~해서 오다 폐를 끼치다

➡ 폐를 끼쳐서 죄송합니다.

- ຂໍໂທດທີ່~ 커-4 토-옫 티-3이 + 動詞 : 動詞해서 미안합니다, 죄송합니다

5 ບໍ່/ເປັນ/ຫຍັງ

버5- 뻰 냥4

괜찮습니다.

➡ 괜찮습니다.(천만에요.)

참고하세요

- ອອກຈາກບ້ານ 어-억 짜-악 바2-안 : (집에서) 외출하다
- ອອກນອກ 어-억 너-억 : 외출하다
- ອອກໄປຂ້າງນອກ 어-억 빠이 카6-앙 너-억 : 외출하다

❶ ຊ່ວຍຂ້ອຍແດ່

❷ ຂ້ອຍຢາກຈະຂໍຄວາມຊ່ວຍເຫຼືອ

❸ ເຈົ້າຊ່ວຍສອນພາສາລາວໃຫ້ຂ້ອຍໄດ້ບໍ?

❶ 저 좀 도와 주세요.
❷ 부탁드릴 것이 있어서요.
❸ 당신이 저에게 라오스어를 가르쳐 줄 수 있습니까?

핵심 포인트

1 ຊ່ວຍ/ຂ້ອຍ/ແດ່

쑤-3와이 / 커6-이 / 대5-애
돕다 / 나, 저 / 좀

➡ 저 좀 도와 주세요.

2 ຂ້ອຍ/ຢາກຈະ/ຂໍ/ຄວາມຊ່ວຍເຫຼືອ

커6-이 / 야-악 짜 / 커-4 / 쿠와-암 쑤-3와이 르ㅓ으-4아
나, 저 / 원하다 / 요청 / 도움

➡ 부탁드릴 것이 있어서요. (직역 : 도움을 요청드리고 싶습니다.)

- **ຢາກຈະ** 야-악 짜 + 동사 : ~하고 싶다, ~하기를 원하다
- **ຂໍ** 커-4 + 명사 (○○): ① ○○을/를 요청하다, 부탁하다 ② ○○을/를 주세요
- **ຂໍ/ຄວາມຊ່ວຍເຫຼືອ/ຈາກ/A** 커-4 / 쿠와-암 쑤-3와이 르ㅓ으-4아 / 짜-악 / A
  요청하다 도움 ~로부터 A ➡ A로부터 도움을 요청하다(부탁하다)
- **ຊ່ວຍ** 쑤-3와이 : 돕다
- **ຊ່ວຍເຫຼືອ** 쑤-3와이 르ㅓ으-4아 : 돕다, 원조하다
- **ຄວາມຊ່ວຍເຫຼືອ** 쿠와-암 쑤-3와이 르ㅓ으-4아
  ① 도움, 원조 ② 「쑤-3와이 르ㅓ으-4아」의 명사형

3 ເຈົ້າ/ຊ່ວຍ/ສອນ/ພາສາ/ລາວ/ໃຫ້/ຂ້ອຍ/ໄດ້/ບໍ?

짜2오	쑤-3와이	써-4언	파-아싸-40t	라-오	하6-이	커6-이	다20l	버-
당신	~해주세요	가르치다	말(어)	라오스	~에게	나, 저	가능	~까?

➡ 당신이 저에게 라오스어를 가르쳐 줄 수 있습니까?

- ໄດ້ບໍ 다20l 버- : 가능한가요?
- 動사 ~ ໄດ້ບໍ 다20l 버- : ~할 수 있나요?
- ຊ່ວຍ 쑤-3와이 + 動사 : 動사해 주세요
- ຊ່ວຍ 쑤-3와이 + 動사 + ~ໄດ້ບໍ 다20l 버-? : 動사해 주실 수 있나요?
- 쑤-3와이 + 動사 ~하60l + (사람) + 다20l 버-? : ~(를 위해/~에게) ~해 주실 수 있나요?
- 쑤-3와이 써-4언 : 가르쳐 주세요.
- 쑤-3와이 써-4언 다20l 버-? : 가르쳐 주실 수 있나요?
- 쑤-3와이 써-4언 하60l 커6-이 다20l 버-? : 저를 위해 가르쳐 주실 수 있나요?
- 쑤-3와이 써-4언 파-아 싸-40t 라-오 하60l 커6-이 다20l 버-? : 저를 위해 라오스어를 가르쳐 주실 수 있나요?

응용 문장 ①

❶ ຂໍໂທດທີ່ເຮັດໃຫ້ຖ້າດົນ

❷ ຂໍໂທດມື້ວານນີ້ຂ້ອຍບໍ່ຢູ່ຫ້ອງເຮັດວຽກ

❸ ບໍ່ເປັນຫຍັງ

❹ ຊ່ວຍບອກແດ່ວ່າຂ້ອຍຈະໄປປະເທດລາວ

❶ 당신을 오랫동안 기다리게 해서 죄송합니다.
❷ 어제 제가 사무실에 없어서 죄송했습니다.
❸ 괜찮습니다.
❹ 저가 라오스에 갈 것이라고 말씀해 주세요.

1 ຂໍໂທດ/ທີ່/ເຮັດໃຫ້/ຖ້າ/ດົນ

커-4 토-옫 / 티-3이 / 헫 하6이 / 타6-아 / 돈

죄송 / ~해서 / ~하게 하다 / 기다리다 / 오래

➡ 오랫동안 기다리게 해서 죄송합니다.

- ຂໍໂທດ 커-4 토-옫 : 죄송합니다
- (감정동사) + ທີ່ + 동사 : 동사하게 해서(원인, 이유를 설명)
- ຖ້າ 타6-아 : ① 기다리다 ② 만약에
- ດົນ 돈 : 오래
- ໃຫ້ 하6이 : ~하게 하다

  ① (주어) + 하6이 + 명사(○○) : (주어)는 ○○을 주다

  ② 동사 + 하6이 : 동사해주다

2 ຂໍໂທດ/ມື້ວານນີ້/ຂ້ອຍ/ບໍ່ຢູ່/ຫ້ອງ/ເຮັດ/ວຽກ

커-4 토-옫 / 므2-으와-안니2-이 / 커6-이 / 버5- 유5-우 / 허6-엉 / 헫 / 위-약

죄송 어제 나, 저 없다(~에) 방 ~하다 일

➡ 어제 제가 사무실에 없어서 죄송했습니다.

- 라오스어는 본문 문장이 현재라 해도 앞에 시제가 과거이면 내용도 과거가 된다.
- ຂໍໂທດ 커-4 토-옫 : 죄송합니다
- ມື້ວານນີ້ 므2-으 와-안 니2-이 : 어제
- ບໍ່ຢູ່ 버5- 유5-우 : 없다, 안 계시다
- ຫ້ອງເຮັດວຽກ 허6-엉 헫 위-약 : 사무실(직역 : 일을 하는 방)

3 ບໍ່/ເປັນ/ຫຍັງ

버5- / 뻰 / 냥4

아니다 ~이다 무엇(의문사)

➡ 괜찮습니다.

4 ຊ່ວຍ/ບອກ/ແດ່/ວ່າ/ຂ້ອຍ/ຈະ/ໄປ/ປະເທດ/ລາວ

쑤-3와이 / 버-억 / 대5-애 / 와-30ㅏ / 커6-이 / 짜 / 빠이 / 빠테-엔 / 라-오

~해 주세요 말하다(전달하다) 좀 ~라고 나, 저 ~일 것이다 가다 국가 라오스

➡ 제가 라오스에 갈 것이라고 말씀해 주세요.

- ຊ່ວຍບອກ 쑤-3와이 버-억 : 말씀해 주세요
- ແດ່ 대5-애 : 좀
- ວ່າ 와-30ㅏ + 문장 : (접속사) ~라고, ~기를, ~인지
- ປະເທດລາວ 빠테-엔 라-오 : 라오스

복습하기 1

다음 문장을 라오스어로 말해보세요.

01 안녕하세요. 피싸이 씨를 만나뵐 수 있겠습니까?

02 가능합니다. 당신의 이름은 무엇입니까?

03 저는 한국에서 온 김한국이라고 합니다.

04 잠깐만 기다리세요.

05 고맙습니다.

06 안녕하세요.

07 이 방이 피싸이씨 사무실입니까?

08 그렇습니다. 그러나 피싸이 씨는 안 계십니다.

09 무슨 일로 오셨습니까?

10 저는 피싸이 씨에게 부탁드릴 것이 있어서요.

11 죄송합니다만 쏨싸이 씨 계십니까?

12 안 계십니다. 외출하셨습니다. (밖에 나가셨습니다)

13 그러면 미스터 리가 방문했었다고 피사이 씨에게 전해주세요.

복습하기 2

다음 문장을 읽으면서 연습하세요.

01 싸4 바-이 디-이. 커6-이 커-4 폽 타-3안 피싸이 다2이 버-?

02 다2이. 짜2오 쓰-3으 냥4?

03 커6-이 쓰-3으 킴한꾹 마-아 짜-악 빠테-엔 까오리-4이

04 까루나-아 타6-아 븐능5

05 커-4업 짜이 라-4이

06 싸4 바-이 디-이

07 허6-엉 니2-이 뻰 허6-엉 헨 위-약 커-4엉 타-3안 피싸이 매-3앤 버-?

08 매-3앤 래2-우. 때5-애 타-3안 피싸이 버5- 유5-우

09 짜2오 미-이 위-약 냥4?

10 커6-이 야-악 짜 커-4 쿠와-암 쑤-3와이 르ㅓ으-4아 짜-악 타-3안 피싸이

11 커-4 토-온 타-3안 쏨4싸-이 유5-우버-?

12 버5- 유5-우 어-억 빠이 카6-앙 너-억

13 타6-아야5-앙난2 쑤-3와이 버-억 타-3안 피싸이 와-3아 미쓰4뜨ㅓ- 리-이 마-아 하-4아

20 위라 씨 좀 바꿔 주세요

❶ ອາໂຫຼ. ຂໍເວົ້າກັບທ່ານວິລະແນ່

❷ ທ່ານວິລະບໍ່ຢູ່ແມ່ນໃຜເວົ້າຢູ່?

❸ ຂ້ອຍຊື່ຄິມຮັນກຸກມາຈາກປະເທດເກົາຫຼີ

❹ ເຈົ້າຮູ້ບໍວ່າລາວຈະກັບມາຈັກໂມງ?

❶ 여보세요. 위라 씨 좀 바꿔 주세요.
❷ 위라 씨가 안 계신데 누구십니까?
❸ 저는 한국에서 온 김한국이라고 합니다.
❹ 당신은 그가 몇 시에 돌아오실지 아십니까?

핵심 포인트

1 ອາໂຫຼ. ຂໍ/ເວົ້າ/ກັບ/ທ່ານ/ວິລະ/ແນ່

아-아로-4오. 커-4 / 와2오 / 깝 / 타-3안 / 위라 / 내-30애

여보세요 요청 말, 통화 ~랑 ~씨 위라 ~하세요

➡ 여보세요. 위라 씨 좀 바꿔 주세요.(위라 씨와 통화하고 싶습니다.)

- ຂໍເວົ້າກັບ 커-4 와2오 깝 + ○○(대상)
  ① ○○를 바꿔 주세요 ② (직역) ○○와 말 하도록 요구합니다/○○하게 해 주세요

- ກັບ 깝 : ~와 함께(전치사이며 뒤에 명사, 대명사가 온다)
  예 ໄປ/ທ່ຽວ/ກັບ/ຂ້ອຍ/ບໍ? 빠이 / 티-30야우 / 깝 / 커6-이 / 버-
  가다 놀러 ~와 나 ~까? ➡ 나와 함께 놀러 갈래요?

2 ທ່ານ/ວິລະ/ບໍ່/ຢູ່/ແມ່ນ/ໃຜ/ເວົ້າ/ຢູ່?

타-3안 / 위라 / 버5- / 유5-우 / 매-3앤 / 파4이 / 와2오 / 유5-우

~씨, 님 위라 아니 있다(계시다) ~이다 누구(누가) 말하다 ~고 있다

◎ 위라씨가 안 계신데요. 누구신가요?

- ແມ່ນໃຜເວົ້າ(ຢູ່)? 매-3앤 파4이 와2오(유5-우) : 누구신가요?(Who is calling? 전화용어)

3 ຂ້ອຍ/ຊື່/ຄິມຮັນກຸກ/ມາ/ຈາກ/ປະເທດ/ເກົາຫຼີ

커6-이 / 쓰-3으 / 킴한꾹 / 마-아 / 짜-악 / 빠테-엔 / 까오리-4이

나, 저 이름 ~다 김한국 오다 ~로부터 국가 한국

◎ 저는 한국에서 온 김한국이라고 합니다.

- ມາຈາກ 마-아 짜-악 ○○ : ○○로부터(에서) 오다

4 ເຈົ້າ/ຮູ້/ບໍ/ວ່າ/ລາວ/ຈະ/ກັບມາ/ຈັກ/ໂມງ?

짜2오 / 후2-우 / 버- / 와-3아 / 라-오 / 짜 / 깝마-아 / 짝 / 모-옹

당신 알다 ~까 인지 그 / ~일 것이다 / 돌아오다 / 몇 / 시

◎ 당신은 그가 몇 시에 돌아오실지 아십니까?

- ເຈົ້າຮູ້ບໍ 짜2오 후2-우 버- + ວ່າ 와-3아 + 문장(○○)
  (당신은 아세요?) + (○○인지를)
  문장은 '주어+동사(~는/~다)'의 구조이며 주어는 생략 가능하다.
- ວ່າ 와-3아 : ~라고, ~인지(명사절을 이끄는 접속사)
- ລາວຈະກັບມາ 라-오 짜 깝 마-아
  ① 그가 돌아올 것이다
  ② ຈະ 짜 : ~일 것이다
  ③ ກັບມາ 깝 마-아 : 돌아오다(깝 빠이 : 돌아가다)
- ຈັກໂມງ? 짝 모-옹 : 몇 시?
- ຈັກໂມງແລ້ວ? 짝 모-옹 래2-우 : 몇 시입니까?, 몇 시가 되었나요?

❶ ມີຫຍັງສັ່ງຄວາມໄວ້ບໍ?
❷ ເມື່ອເຂົາກັບມາຂໍໃຫ້ໂທລະສັບເຖິງຂ້ອຍແດ່

❶ 전해 드릴 것이 있나요?
❷ 그가 돌아오면 저에게 전화 좀 하게 해주세요.

핵심 포인트

1 ມີ/ຫຍັງ/ສັ່ງ/ຄວາມ/ໄວ້/ບໍ?

ມີ	ຫຍັງ	ສັ່ງ	ຄວາມ	ໄວ້	ບໍ?
미-이	냥4	쌍5	쿠와-암	와2이	버-
있다	무엇	시키다	내용	~해두다	~까?

➡ 전해 드릴 것이 있나요?

- ມີ~ 미-이 + ບໍ 버- : ~가 있습니까?, ~가 있어요?
- ມີຫຍັງ 미-이 냥4 : 무엇이 있나요?
- ສັ່ງຄວາມໄວ້ 쌍5 쿠와-암 와2이 : 전할 말을 남기다
- ຫຍັງສັ່ງຄວາມໄວ້ 냥4 쌍5 쿠와-암 와2이
  ① 전할 말을 남길 것
  ② 이때 「ຫຍັງ 냥4」은 '무엇'이 아닌 '~하는 것'으로 해석한다.
- ມີຫຍັງສັ່ງຄວາມໄວ້ບໍ? 미-이 냥4 쌍5 쿠와-암 와2이 버-
  ① (직역) 전할 말을 남길 것이 있나요?
  ② (의역) 무엇을 전해 드릴까요? / 전해 드릴 것(메시지)이 있나요?
- ສັ່ງ 쌍5 : 명령(지시)하다, 시키다, 주문하다
- ຄວາມ 쿠와-암 : 내용
- ໄວ້ 와2이 : ~해 두다

2 ເມື່ອ/ເຂົາ/ກັບມາ/ຂໍໃຫ້/ໂທລະສັບ/ເຖິງ/ຂ້ອຍແດ່

므ㅓ으-30ㅏ	카4오	깝 마-아	커-4	하60ㅣ	토-오라쌉4	트ㅓ4ㅇ	커6-이	대5-애
~때	그	돌아오다	요청	~하게 하다	전화	~에게	나, 저	(존대)

➡ 그가 돌아오면 저에게 전화 좀 하게 해주세요.

- ເມື່ອ 므ㅓ으-30ㅏ : ~할 때 (접속사)
- ກັບມາ 깝 마-아 : 돌아오다
- ເຂົາກັບມາ 카4오 깝 마-아 : 그가 돌아오다
- ເມື່ອເຂົາກັບມາ 므ㅓ으-30ㅏ 카4오 깝 마-아 : 그가 돌아올 때, 그가 돌아오면
- ຂໍໃຫ້ 커-4 하60ㅣ + 동사 : ~하게 해주세요
- ຂໍໃຫ້ໂທລະສັບເຖິງຂ້ອຍແດ່ 커-4 하60ㅣ 토-오라쌉4 트ㅓ4ㅇ 커6-이 대5-애
  저에게 전화하게 해주세요.
- ໃຫ້(ເຂົາ)ໂທລະສັບເຖິງຂ້ອຍ 하60ㅣ(카4오)토-오라쌉4 트ㅓ4ㅇ 커6-이
  그로 하여금 (그가) 저에게 전화하게 해주세요.
  ① 이 문장에서 「ເຂົາ 카4오 : 그」는 생략 가능하다.
  ② 앞(시간/조건절)에서 「ເຂົາ 카4오」가 나와 있어서 생략이 가능하다.
- ເຖິງ 트ㅓ4ㅇ
  ① (동사) : 도착하다, 도달하다, 언급하다, ~에 이르다
  ② (전치사) : ~에서, 쪽으로, 까지, ~에(에게)

참고하세요

- ຂໍ້ຄວາມ 커6- 쿠와-암 : 메시지
- ສັ່ງຄວາມໄວ້ 쌍5 쿠와-암 와20ㅣ : 메시지를 남겨두다
- ຝາກຂໍ້ຄວາມໄວ້ 파f-악 커6- 쿠와-암 와20ㅣ : 메시지를 남기다(남겨놓다)
- ຊ່ວຍສົ່ງຂໍ້ຄວາມແດ່ 쑤-3와이 쏭5 커6- 쿠와-암 대-3애 : 문자 메시지 좀 주세요.

❶ ຂໍເບີໂທລະສັບເຈົ້າແດ່
❷ ເບີໂທລະສັບຂອງຂ້ອຍແມ່ນ 56 5621
❸ ໂທຫາຂ້ອຍແດ່
❹ ເຈົ້າໄດ້ໂທມາແລ້ວບໍ?
❺ ບາງທີມື້ອື່ນໂທຫາຂ້ອຍອີກເທື່ອໜຶ່ງໄດ້ບໍ?
❻ ໄດ້. ມື້ອື່ນຂ້ອຍຈະໂທຫາເຈົ້າ.

❶ 당신 전화번호를 주세요.
❷ 저의 전화번호는 56 5621입니다.
❸ 저에게 전화 좀 주세요.
❹ 당신 전화 하셨어요?
❺ 혹시 내일 저에게 다시 한번 전화 주실 수 있나요?
❻ 예, 내일 제가 전화드리겠습니다.

핵심 포인트

1 ຂໍ/ເບີ/ໂທລະສັບ/ເຈົ້າ/ແດ່

ຂໍ	ເບີ	ໂທລະສັບ	ເຈົ້າ	ແດ່
커-4	브ㅓ-	토-오라쌉4	짜2오	대5-애
주세요	번호	전화	당신	좀(존대)

➡ 당신 전화번호를 주세요.

- ຂໍ 커-4 + 명사(○○) : (○○)를 주세요
- ໃຫ້ 하6이 + 명사(○○) + 다2이 버- : (○○)를 주실 수 있나요?

2 ເບີ/ໂທລະສັບ/ຂອງ/ຂ້ອຍ/ແມ່ນ/56 56 21

브ㅓ- / 토-오라쌉4 / 커-4엉 / 커6-이 / 매-3앤 / 하6-아/혹4/하6-아/혹4/써-4엉/능5

번호 전화 ~의 나, 저 ~이다 5 6 5 6 2 1

➡ 저의 전화번호는 56 56 21입니다.

3 ໂທ/ຫາ/ຂ້ອຍ/ແດ່

토-오 / 하-40ㅏ / 커6-이 / 대5-애

전화 찾다 나, 저 ~세요(존대)

➡ 전화 좀 해주세요.(직역 : 저에게 전화해서 찾아주세요.)

4 ເຈົ້າ/ໄດ້/ໂທ/ມາ/ແລ້ວ/ບໍ?

짜2오 / 다2이 / 토-오 / 마-아 / 래2-우 / 버-

당신 했다 전화 오다 ~었다 까?

➡ 당신이 전화하셨어요?

- ໄດ້ 다2이 + 동사 : ~했다(과거)

5 ບາງທີ/ມື້ອື່ນ/ໂທ/ຫາ/ຂ້ອຍ/ອີກ/ເທື່ອ/ຫນຶ່ງ/ໄດ້ບໍ?

바-앙티-이 / 므2-으 으5-은 / 토-오 / 하-40ㅏ / 커6-이 / 이-익 / 트ㅓ으-30ㅏ / 능5 / 다2이 버-

혹시 내일 전화하다 찾다 나 다시, 더 번, 회 하나 가능합니까?

➡ 혹시 내일 저에게 다시 한번 전화 주실수 있나요?

- ບາງທີ 바-앙 티-이 : 혹시
- ອີກເທື່ອຫນຶ່ງ 이-익 트ㅓ으-30ㅏ 능5 : 다시 한번 더
- ອີກ 이-익 : 더, 다시

6 ໄດ້. ມື້ອື່ນ/ຂ້ອຍ/ຈະ/ໂທ/ຫາ/ເຈົ້າ

다2이 므2-으 으5-은 / 커6-이 / 짜 / 토-오/ 하-40ㅏ / 짜2오

가능 내일 나, 저 / ~일 것이다 / 전화하다 / 찾다 / 당신

➡ 예(가능합니다). 내일 제가 전화 드리겠습니다.

❶ ຕ້ອງວາງສາຍແລ້ວ ມີໂທລະສັບອື່ນດ່ວນ

❷ ຈະໂທໄປໃສ? ຈະໂທເຖິງໃຜ?

❸ ຕ້ອງການເວົ້າກັບໃຜ? ຂໍເວົ້າກັບທ່ານວິລະ

❹ ສະນັ້ນຂ້ອຍຈະປ່ຽນສາຍໃຫ້ລາວ

❺ ຊ່ອຍຢ່າວາງສາຍແລ້ວຖ້າບຶດໜຶ່ງແດ່

❶ 전화 끊어야겠어요. 다른 급한 전화가 있어요.
❷ 어디에 전화를 겁니까? 누구에게 전화할 겁니까?
❸ 누구랑 통화하고 싶은가요? 위라 씨와 통화하고 싶어요.
❹ 그럼 그를 바꾸어 드릴게요.
❺ 전화 끊지말고 잠시 기다려 주세요.

핵심 포인트

1 ຕ້ອງ/ວາງ/ສາຍ/ແລ້ວ

떠2-엉 / 와-앙 / 싸-40l / 래2-우

~해야 한다 / 놓다 / 선(전화) / ~었다

➡ 전화 끊어야겠어요.

ມີ/ໂທລະສັບ/ອື່ນ/ດ່ວນ

미-이 / 토-오 라쌉4 / 으5-은 / 두5-완

있다 / 전화 / 다른 / 급한

➡ 다른 급한 전화가 있어요.

- **ຕ້ອງ** 떠2-엉 + 동사 **~ແລ້ວ** 래2-우 : ~해야 겠다
- **ວາງສາຍ** 와-앙 싸-40l : 수화기(전화기)를 놓다, 전화를 끊다
- **ສາຍ** 싸-40l : [명사] 길, 선, 줄, 전화, 혈통 / [형용사·수식사] 늦다

2 ຈະ/ໂທໄປ/ໃສ?

짜 / 토-오빠이 / 싸4이
~할 것이다 전화하다 어디(의문사)

➡ 어디에 전화를 겁니까?

ຈະໂທເຖິງໃຜ?

짜 / 토-오 / 트ㅓ4ㅇ / 파4이
~할 것이다 / 전화하다 / ~에(게) / 누구(의문사)

➡ 누구에게 전화할 겁니까?

- ໂທລະສັບ 토-오 라 쌉4 : 전화
- ໂທ 토-오 : 전화, 전화하다
  ໂທມາ 토-오 마-아 : 전화를 하다(걸어오다)
  ໂທໄປ 토-오 빠이 : 전화를 걸다
  이때 「ມາ 마-아」와 「ໄປ 빠이」는 각각 방향을 나타내는 부동사이다.

3 ຕ້ອງການ/ເວົ້າ/ກັບ/ໃຜ?

떠2-엉까-안 / 와2오 / 깝 / 파4이?
필요하다 말하다 ~와 누구(의문사)

➡ 누구랑 통화하고 싶은가요?

ຂໍ/ເວົ້າ/ກັບ/ທ່ານ/ວິລະ

커-4 / 와2오 / 깝 / 타-3안 / 위라
요청, 부탁 말하다 ~와 ~씨, 님 위라

➡ 위라 씨와 통화하고 싶어요.

4 ສະນັ້ນ/ຂ້ອຍ/ຈະ/ປ່ຽນ/ສາຍ/ໃຫ້/ລາວ

싸4난2 / 커6-이 / 짜 / 삐5-얀 / 싸-4이 / 하6이 / 라-오
그럼 나, 저 ~일 것이다 바꾸다 선(전화) ~해주다(에게) 그

➡ 그럼 그를 바꾸어 드릴게요.

5 ຊ່ວຍ/ຢ່າ/ວາງສາຍ/ແລ້ວ/ຖ້າ/ບຶດໜຶ່ງ/ແດ່

쑤-3와이 / 야5-아 / 와-앙싸-4이 / 래2-우 / 타6-아 / 븓 능5 / 대5-애
~해주세요 ~하지 마라 전화 끊다 그리고 기다리다 잠시 (존중)

➡ 전화 끊지말고 잠시 기다려 주세요.

- ແນ່ 내-3애 & ແດ່ 대-3애 : 같은 의미로 바꾸어 사용할 수 있다.
  ① (부탁, 요청의 존대어) ~세요
  ② (좀) ~세요(=please)
  ③ 좀~

응용 문장 1

❶ ອາໂຫຼ. ທ່ານວິລະຢູ່ບໍ?
❷ ໂດຍ! ກໍາລັງເວົ້າຢູ່. ແມ່ນໃຜເວົ້າ?
❸ ຂ້ອຍຊື່ມິສເຕີລີຍອງຊູ
❹ ໂອ້! ເຈົ້າມາຮອດເມື່ອໃດ?
❺ ມາໄດ້ສອງມື້ແລ້ວ

❶ 여보세요. 위라 씨 계십니까?
❷ 네! 전데요. 누구십니까?
❸ 네. 저는 미스터 이영수입니다.
❹ 오! 당신 언제 오셨나요?
❺ 온 지 2일 됐습니다.

1 ອາໂຫຼ.
아-알로-4오
여보세요
➡ 여보세요.

ທ່ານ/ວິລະ/ຢູ່/ບໍ?
타-3안 / 위라 / 유5-우 / 버-
~씨, 님 위라 계시다 ~까
➡ 위라 씨 계십니까?

2 ໂດຍ! ກໍາລັງ/ເວົ້າ/ຢູ່
도-이! 깜랑 / 와2오 / 유5-우
네 ~중이다 말하다 ~고 있다
➡ 네! 전데요.

ແມ່ນ/ໃຜ/ເວົ້າ?
매-3앤 / 파4이 / 와2오
~이다 누구(의문사) ~이다
➡ 누구신가요?

- ໂດຍ 도-이 : 예('예'의 의미 표현인 「ເຈົ້າ 짜2오」보다 더 공손한 표현)
- ເຈົ້າ 짜2오 : ① 당신 ② 예(대답)

3 ຂ້ອຍ/ຊື່/ມິສເຕີ/ລີຍອງຊູ

커6-이 / 쓰-3으 / 미쓰4 뜨ㅓ- / 리-이여-엉쑤-우

나, 저 이름 ~다 Mr. 리영수

➡ 저는 이영수입니다.

4 ໂອ້! ເຈົ້າ/ມາ/ຮອດ/ເມື່ອໃດ?

오2-오! 짜2오 / 마-아 / 허-얻 / 므ㅓ으-3아 다이

오! 당신 오다 도착하다 언제(의문사)

➡ 오! 당신 언제 오셨나요?

5 ມາ/ໄດ້/ສອງ/ມື້/ແລ້ວ

마-아 / 다2이 / 써-4엉 / 므2-으 / 래2-우

오다 (~지/되다) 2 일 ~었다(완료)

➡ 온 지 2일 되었습니다.

- [동사] ~다2이 + [시간] + 래2-우 : [동사]한 지 [시간]되었다 (「다2이」는 생략 가능하다.)

누구신가요?

① ແມ່ນໃຜເວົ້າ? 매-3앤 파4이 와2오?

② ອັນນັ້ນແມ່ນໃຜເວົ້າຢູ່? 안난2 매-3앤 파4이 와2오 유5-우?

③ ແມ່ນໃຜກຳລັງເວົ້າຢູ່? 매-3앤 파4이 깜랑 와2오 유5-우?

④ ນັ້ນແມ່ນໃຜນໍ? 난2 매-3앤 파4이 너-?

⑤ ນັ້ນແມ່ນໃຜກຳລັງເວົ້ານໍ? 난2 매-3앤 파4이 깜랑 와2오 너-?

* ນໍ 너- : 정중 표현

전데요.

ກຳລັງເວົ້າຢູ່ 깜랑 와2오 유5-우

① (직역) 말하고 있습니다('전데요, Speaking'의 의미)

② (다른 표현) ຂ້ອຍວິລະເວົ້າຢູ່ 커6-이 위라 와2오 유5-우 : 위라입니다.

응용 문장 ②

❶ ມື້ອື່ນຖ້າເຈົ້າວ່າງຂໍພົບເຈົ້າໄດ້ບໍ?
❷ ໄດ້. ດ້ວຍຄວາມຍິນດີ ພົບກັນຢູ່ໃສລະ
❸ ຢູ່ໃສກໍ່ໄດ້ແລ້ວແຕ່ເຈົ້າສະດວກ
❹ ສະນັ້ນພົບກັນຢູ່ຄິງບັກສ໌ເດີ້
❺ ເວລາບ່າຍ2ໂມງຕົງ
❻ ຕົກລົງ. ມື້ອື່ນພົບກັນ

❶ 만약 내일 시간 있으면 만날 수 있습니까?
❷ 좋습니다. 기꺼이 그렇게 하겠습니다. 어디서 만날까요?
❸ 어디든 괜찮습니다. 당신이 편리한대로 하십시오.
❹ 그러면 킹박스에서 만납시다.
❺ 정각 오후 2시예요.
❻ 좋습니다. 내일 만납시다.

1 ມື້ອື່ນ/ຖ້າ/ເຈົ້າ/ວ່າງ/ຂໍ/ພົບ/ເຈົ້າ/ໄດ້/ບໍ

므2-으 으5-은 / 타6-아 / 짜2오 / 와-3앙 / 커-4 / 폽 / 짜2오 / 다20l / 버-

내일 만약 당신 한가하다 요청 만나다 당신 가능 ~까

➡ 만약 내일 시간 있으면 만날 수 있습니까?

- ວ່າງ 와-3앙 : 비다, 한가하다
- ມີເວລາ 미-이 웨-에 라-아 : 시간이 있다
- ຂໍພົບ ~ ໄດ້ບໍ 커-4 폽 ~ 다20l 버- : ~를 만날 수 있나요?

2 ໄດ້. ດ້ວຍຄວາມຍິນດີ

다2이. 두2-와이 / 쿠와-암 / 닌디-이

가능, 기꺼히

➡ 좋아요. 기꺼이 그러지요.

ພົບ/ກັນ/ຢູ່/ໃສ/ລະ?

폽 / 깐 / 유5-우 / 싸4이 / 라

만나다 같이 ~에서 어디 (강조)

➡ 어디서 만날까요?

3 ຢູ່/ໃສ/ກໍ່/ໄດ້

유5-우 / 싸4이 / 꺼5- / 다2이

~에 어디 ~도, ~든 가능

➡ 어디든 괜찮습니다.

ແລ້ວແຕ່/ເຈົ້າ/ສະດວກ

래2-우 때5-애 / 짜2오 / 싸4두-왁

(~한대로) 따르다 당신 편리한

➡ 당신이 편리한대로 하십시오.

- ແລ້ວແຕ່ 래2-우 때5-애 : ① ~에 달려 있다 ② ~를 따르다

ຕາມໃຈເຈົ້າ 따-암 짜이 짜2오 : 당신 뜻대로

4 ສະນັ້ນ/ພົບ/ກັນ/ຢູ່/ຄິງບັກສ໌/ເດີ້

싸4난2 / 폽 / 깐 / 유5-우 / 킹박쓰4 / 드ㅓ2-

그럼 만나다 같이 ~에서 킹박스 (존대)

➡ 그러면 킹박스에서 만납시다.

- ສະນັ້ນ 싸4 난2 : 그럼
- ຄິງບັກສ໌ 킹 박쓰 : 킹박스(King Box)
- ◌໌: 묵음 표시(외래어 표기 등에 사용)

5 ເວລາ/ບ່າຍ/2ໂມງ/ຕົງ

웨-에라-아 / 바5-이 / 써-4엉 모-옹 / 똥

시간 오후 2(둘, 이) 시 정각

➡ 오후 정각 2시입니다.

6 ຕົກລົງ. ມື້ອື່ນ/ພົບ/ກັນ

똑롱. 므2-으 으5-은 / 폽 / 깐

좋아요. 내일 만나다 같이

➡ 좋습니다. 내일 만납시다.

- ບ່າຍສອງໂມງ 바5-이 써-4엉 모-옹 : 오후 2시
- ຕົກລົງ 똑롱 : 좋아요, O.K(=ໂອເຄ 오-오 케-에)

응용 문장 ③

❶ ທ່ານທີ່ໂທຫາແມ່ນໃຜ?
❷ ຂ້ອຍຊື່ແກ້ວ. ຕ້ອງການເວົ້າກັບທ່ານວິລະ
❸ ຂໍໂທດ. ທ່ານວິລະບໍ່ຢູ່. ອອກໄປຂ້າງນອກ
❹ ຊ່ວຍແຈ້ງຊື່ໄວ້. ແລ້ວຈະແຈ້ງໃຫ້ຕິດຕໍ່ກັບໄປເອງ
❺ ອີກ30ນາທີຊ່ວຍໂທມາອີກເທື່ອໜຶ່ງໄດ້ບໍ?
❻ ຊ່ວຍບອກແມ່ນມິສເຕີລີໂທມາ

❶ 전화 하신 분은 누구시죠?
❷ 저는 깨우입니다. 위라 씨와 통화하고 싶습니다.
❸ 죄송합니다, 위라 씨 지금 안 계십니다. 외출하셨습니다.
❹ 성함을 말씀해 주세요. 그럼 바로 연락 드리도록 전할게요.
❺ 30분 뒤에 다시 한 번 걸어 주실 수 있나요?
❻ 미스터 리가 전화했었다고 말해 주세요.

1 ທ່ານ/ທີ່/ໂທ/ຫາ/ແມ່ນ/ໃຜ?

ທ່ານ	ທີ່	ໂທ	ຫາ	ແມ່ນ	ໃຜ?
타-3안	티-30ㅣ	토-오	하-40ㅏ	매-3앤	파40ㅣ?
님, 분, 씨	(~는, ~ㄴ)	전화하다	찾다	~이다	누구(의문사)

➡ 전화하신 분은 누구시죠?

2 ຂ້ອຍ/ຊື່/ແກ້ວ. ຕ້ອງການ/ເວົ້າ/ກັບ/ທ່ານ/ວິລະ

ຂ້ອຍ	ຊື່	ແກ້ວ.	ຕ້ອງການ	ເວົ້າ	ກັບ	ທ່ານ	ວິລະ
커6-이	쓰-3으	깨2-우.	떠2-엉 까-안	와2오	깝	타-3안	위라
나, 저	이름	깨우	원하다	말하다	~와	씨, 님	위라

➡ 저는 깨우입니다. 위라 씨와 통화하고 싶습니다.

3 ຂໍໂທດ. ທ່ານ/ວິລະ/ບໍ່/ຢູ່.　　ອອກ/ໄປ/ຂ້າງ/ນອກ

커-4 토-옫. 타-3안 / 위라 / 버5- / 유5-우　　어-억 / 빠이 / 카6-앙 / 너-억

미안　씨, 님　위라　아니　있다　　나가다　가다　쪽　밖

➡ 죄송합니다, 위라 씨 안 계십니다.　　➡ 외출하셨습니다.

- **ອອກ** 어-억 : 나가다, 나오다, 출발하다, 발행하다

4 ຊ່ວຍ/ແຈ້ງ/ຊື່/ໄວ້. ແລ້ວ/ຈະ/ແຈ້ງ/ໃຫ້/ຕິດຕໍ່/ກັບໄປ/ເອງ

쑤-3와이 / 째2-앵 / 쓰-3으 / 와20l. 래2-우 / 짜 / 째2-앵 / 하20l / 띧떠5- / 깝 빠이 / 에-엥

~해주세요 / 전하다 / 이름 / 두다 그러면 / ~일 것이다 / 전하다 / ~하도록 / 연락 / 돌아가다 / 바로

성함을 말씀해 주세요. 그럼 연락 드리도록 전할게요.

- **ເອງ** 에-엥 : 자기의, 스스로, 직접, 바로(앞 단어 강조)

5 ອີກ/30/ນາທີ/ຊ່ວຍ/ໂທ/ມາ/ອີກ/ເທື່ອ/ໜຶ່ງ/ໄດ້ບໍ?

이-익 / 30 / 나-아 티-이 / 쑤-3와이 / 토-오 / 마-아 / 이-익 / 트ㅓ으-30ㅏ / 능5 / 다20l버-?

뒤　30(싸-4암씹4)　분　~해주세요　전화　오다　다시　번　하나　가능합니까?

30분 뒤에 다시 한 번 전화해 주실 수 있나요?

- **ອີກ** 이-익
  - ① 더 (more)
  - ② 이-익 + 시간(○○) : ○○(시간) 뒤, 후(에)
- **ສາມສິບ** 싸-4암 씹4 : 30(서른)

6 ຊ່ວຍ/ບອກ/ແນ່/ມິສເຕີ/ລີ/ໂທ/ມາ

쑤-3와이 / 버-억 / 내-3애 / 미쓰4뜨ㅓ- / 리-이 / 토-오 / 마-아

~해주세요　전하다　좀(존대)　Mr.　리　전화　오다

미스터 리가 전화했었다고 전해 주세요.

응용 문장 ④

❶ ເຈົ້າຈະໂທໄປໃສ?

❷ ຈະໂທໄປປະເທດເກົາຫລີ

❸ ເວົ້າແຮງໆແດ່. ເວົ້າຄ່ອຍໆແດ່

❹ ສາຍບໍ່ວ່າງ. ໂທລະສັບໜ່ວຍນີ້ເພແລ້ວ

❺ ກະລຸນາວາງສາຍແດ່. ຢ່າວາງສາຍເດີ້

❻ ກະລຸນາຖືສາຍຖ້າບຶດໜຶ່ງ

❶ 당신은 어디에 전화하시겠습니까?
❷ 한국에 전화 할려고 하는데요.
❸ 좀 크게 말씀해 주십시오. 좀 작게 말씀해 주세요.
❹ 통화중입니다. 이 전화는 고장이 났습니다.
❺ 전화를 끊어 주세요. (전화) 끊지 마세요.
❻ 끊지 말고(전화를 들고) 잠시만 기다려 주세요.

1 ເຈົ້າ/ຈະ/ໂທໄປ/ໃສ?

짜2오 / 짜 / 토-오 빠이 / 싸4이

당신 ~할 것이다 전화 걸다 어디(의문사)

➡ 당신 어디에 전화 거시겠습니까?

2 ຈະ/ໂທໄປ/ປະເທດ/ເກົາຫລີ

짜 / 토-오 빠이 / 빠테-엔 / 까오리-4이

~할 것이다 전화 걸다 국가 한국

➡ 한국에 전화할려고 하는데요.

3 ເວົ້າ/ແຮງ/ໆ/ແດ່

와2오 / 해-앵 / 해-앵 / 대5-애
말하다 크다 크다 ~(해 주)세요

➡ 좀 크게 말씀해 주십시오.

ເວົ້າ/ຄ່ອຍ/ໆ/ແດ່

와2오 / 커-30l / 커-30l / 대5-애
말하다 작다 작다 ~(해) 주세요

➡ 좀 작게 말씀해 주십시오.

4 ສາຍ/ບໍ່/ວ່າງ

싸-40l / 버5- / 와-3앙
선(전화) 안, 아니 한가하다, 비다

➡ 통화중입니다.

ໂທລະສັບ/ໜ່ວຍ/ນີ້/ເພ/ແລ້ວ

토-오라쌉4 / 누5-와이 / 니2-이 / 페-에 / 래2-우
전화 유별사 이 고장 ~았다

➡ 이 전화는 고장이 났습니다.

- **ໜ່ວຍ** 누5-와이(유별사 : 물건을 세는 단위)
  ① 가전제품(전화, TV, 컴, 라디오 등) 및 가구(책상 & 의자), 가방
  ② (둥근 것) 공, 과일, 계란 등
  ③ (과일, 구름, 구성 단위) 등을 세는 유별사

5 ກະລຸນາ/ວາງ/ສາຍ/ແດ່

까루나-아 / 와-앙 / 싸-40l / 대5-애
부탁(요청) 놓다 전화(기) ~세요

➡ 전화를 끊어 주세요.

ຢ່າ/ວາງ/ສາຍ/ເດີ້

야5-아 / 와-앙 / 싸-40l / 드ㅓ2-
~하지 마라 놓다 전화(기) (존대)

➡ 전화 끊지 마세요.

- **ວາງ** 와-앙 : ① 내려놓다 ② 두다 ③ 놓다 ④ 설치하다 ⑤ 가설하다
- **ວາງສາຍ** 와-앙 싸-40l : 수화기를 놓다
- **ສາຍ** 싸-40l : 명사 길, 선, 줄, 전화, 혈통 [형용사/수식사] 늦다

6 ກະລຸນາ/ຖື/ສາຍ/ຖ້າ/ບຶດໜຶ່ງ

까루나-아 / 트-4으 / 싸-40l / 타6-아 / 븥 능5
~해 주세요 들다 선(전화) 기다리다 잠시

➡ 전화를 들고(끊지 말고) 잠시만 기다려 주세요.

응용 문장 5

1. ວັນອາທິດນີ້ເຈົ້າວ່າງບໍ? ເຮົາຈະພົບກັນຢູ່ໃສ?
2. ແລ້ວແຕ່ເຈົ້າ.
3. ຂ້ອຍຢາກຈະໂທໄປທາງໄກ
4. ຈະໂທໄປໃສ?
5. ຂ້ອຍຈະໂທໄປປະເທດເກົາຫຼີ
6. ນາທີລະເທົ່າໃດ? ສາມນາທີທຳອິດ 15000ກີບ
7. ແລ້ວແຕ່ລະນາທີ 5000 ກີບ

❶ 이번 일요일에 시간 있습니까? 우리 어디서 만날까요?
❷ 당신 마음대로 하세요.
❸ 저는 장거리 통화를 하고 싶은데요.
❹ 어디에 전화하시겠습니까?
❺ 저는 한국에 전화하고 싶습니다.
❻ 1분에 얼마입니까? 첫 3분은 15,000낍입니다
❼ 그리고 1분당 5,000낍입니다.

1 ວັນອາທິດ/ນີ້/ເຈົ້າ/ວ່າງ/ບໍ? ເຮົາ/ຈະ/ພົບ/ກັນ/ຢູ່/ໃສ?

완아-아팉	니2-이	짜2오	와-3앙	버5-	하오	짜	폽	깐	유5-우	싸4이
일요일	이	당신	한가하다	~까?	우리	~일 것이다	만나다	같이	~에	어디

➡ 이번 일요일에 시간 있습니까? ➡ 우리 어디서 만날까요?

- ວັນ 완 : 일, 날
- ອາທິດ 아-아팉 : 주(週)
- ວັນອາທິດ 완아-아팉 : 일요일

2 ແລ້ວແຕ່/ເຈົ້າ

래2-우 때5-애 / 짜2오

달려있다 당신

➡ 당신 뜻대로 하세요.

3 ຂ້ອຍ/ຢາກ/ຈະ/ໂທໄປ/ທາງ/ໄກ

커6-이 / 야-악 / 짜 / 토-오 빠이 / 타-앙 / 까이

나, 저 원하다 ~일 것이다 전화하다 길, 거리 멀리

➡ 저는 장거리 통화를 하고 싶은데요.

- ແລ້ວແຕ່ 래2-우 때5-애~

  ① ~를 따르다, ~에 따르다 ② ~에 달려 있다 ③ ~나름이다

4 ຈະ/ໂທໄປ/ໃສ?

짜 / 토-오 빠이 / 싸4이

~일 것이다 전화 걸다 어디

➡ 어디에 전화하시겠습니까?

5 ຂ້ອຍ/ຈະ/ໂທໄປ/ປະເທດ/ເກົາຫຼີ

커6-이 / 짜 / 토-오 빠이 / 빠테-엗 / 까오리-4이

나, 저 ~일 것이다 전화 걸다 국가 한국

➡ 저는 한국으로 전화를 걸려고 합니다.

6 ນາທີ/ລະ/ເທົ່າໃດ?

나-아 티-이 / 라 / 타3오다이

분 당 얼마(의문사)

➡ 1분에 얼마입니까?

ສາມ/ນາທີ/ທຳອິດ/15000/ກີບ

싸-4암 / 나-아 티-이 / 탐 읻 / 15000 / 끼-입

3 분 첫(번)째 씹4 하6-아 판 낍

➡ 첫 3분은 15,000낍입니다.

7 ແລ້ວ/ແຕ່ລະ/ນາທີ/5000/ກີບ

래2-우 / 때5-애라 / 나-아티-이 / 하6-아 판 / 끼-입

그리고 ~당 분 오 천 낍

➡ 그리고 1분당 5,000낍입니다.

복습하기 1

다음 문장을 라오스어로 말해보세요.

01 여보세요. 위라 씨 좀 바꿔 주세요.

02 위라 씨가 안 계신데 누구십니까?

03 저는 한국에서 온 김한국이라고 합니다.

04 당신은 그가 몇 시에 돌아오실지 아십니까?

05 전해 드릴 것이 있나요?

06 그가 돌아오면 저에게 전화 좀 하게 해주세요.

07 저에게 전화 좀 주세요.

08 당신 전화 하셨어요?

09 혹시 내일 저에게 다시 한번 전화 주실 수 있나요?

10 예, 내일 제가 전화드리겠습니다.

11 전화 끊어야겠어요. 다른 급한 전화가 있어요.

12 어디에 전화를 겁니까? 누구에게 전화할 겁니까?

13 누구랑 통화하고 싶은가요? 위라 씨와 통화하고 싶어요.

14 그럼 그를 바꾸어 드릴게요.

15 전화 끊지말고 잠시 기다려 주세요.

16 만약 내일 시간 있으면 만날 수 있습니까?

17 좋습니다. 기꺼이 그렇게 하겠습니다. 어디서 만날까요?

18 어디든 괜찮습니다. 당신이 편리한대로 하십시오.

19 그러면 킹박스에서 만납시다.

20 정각 오후 2시에요. 좋습니다.

복습하기 2

다음 문장을 읽으면서 연습하세요.

01 아-아 로-4오. 커-4 와2오 깝 타-3안 위라 내-3애
02 타-3안 위라 버5- 유5-우. 매-3앤 파4이 와2오 유5-우?
03 커6-이 쓰-3으 킴한꾹 마-아 짜-악 빠테-엔 까오리-4이
04 짜2오 후2-우 버- 와-3아 라-오 짜 깝 마-아 짝 모-옹

05 미-이 냥4 쌍5 쿠와-암 와2이 버-
06 므ㅓ으-3아 카4오 깝 마-아 커-4 하6이 토-오라쌉4 트ㅓ4ㅇ 커6-이 대5-애

07 토-오 하-4아 커6-이 대5-애
08 짜2오 다2이 토-오 마-아 래2-우 버-?
09 바-앙티-이 므2-으 으5-은 토-오 하-4아 커6-이 이-익 트ㅓ으-3아 능5 다2이 버-?
10 다2이. 므2-으 으5-은 커6-이 짜 토-오 하-4아 짜2오

11 떠2-엉 와-앙 싸-4이 래2-우. 미-이 토-오 라쌉4 으5-은 두5-완
12 짜 토-오 빠이 싸4이? 짜 토-오 트ㅓ4ㅇ 파4이?
13 떠2-엉 까-안 와2오 깝 파4이? 커-4 와2오 깝 타-3안 위라
14 싸4난2 커6-이 짜 삐5-야 싸-4이 하6이 라-오
15 쑤-3와이 야5-아 와-앙 싸-4이 래2-우 타6-아 븐능5 대5-애

16 므2-으 으5-은 타6-아 짜2오 와-3앙 커-4 폽 짜2오 다2이 버-?
17 다2이. 두2-와이 쿠와-암 닌디-이. 폽 깐 유5-우 싸4이 라?
18 유5-우 싸4이 꺼5- 다2이. 래2-우 때5-애 짜2오 싸4두-왁
19 싸4난2 폽깐 유5-우 킹박쓰4 드ㅓ2-
20 웨-에라-아 바5-이 써4엉 모-옹 똥. 똑롱.

21 비엔티엔에 놀러 오신 적이 있습니까?

❶ ເຈົ້າເຄີຍມາທ່ຽວວຽງຈັນບໍ?
❷ ບໍ່ເຄີຍ. ເທື່ອນີ້ເປັນເທື່ອທຳອິດ
❸ ເຈົ້າຢາກໄປທ່ຽວໃສ?
❹ ຂ້ອຍຢາກໄປທ່ຽວວັດຫໍພະແກ້ວແລະຕະຫຼາດເຊົ້າ

❶ 당신은 비엔티엔에 놀러 오신 적이 있습니까?
❷ 없습니다. 이번이 처음입니다.
❸ 당신은 어디를 관광하시길 원하십니까?
❹ 허파깨우 사원과 아침시장을 보고 싶습니다.

핵심 포인트

1 ເຈົ້າ/ເຄີຍ/ມາ/ທ່ຽວ/ວຽງຈັນ/ບໍ?

짜2오 / 크ㅓ-이 / 마-아 / 티-30야우 / 위-양짠 / 버-

당신 / ~한 적이 있다 / 오다 / 놀다, 여행하다 / 비엔티안 / ~까?

➡ 당신은 비엔티안에 놀러 오신 적이 있습니까?

- ເຄີຍ 크ㅓ-이 + 동사 : 동사한 적이 있다(과거 경험)
- ເຄີຍມາ 크ㅓ-이 마-아 : 온 적이 있다
- ເຄີຍມາທ່ຽວ 크ㅓ-이 마-아 티-30야우 : 놀러(여행) 온 적이 있다

2 ບໍ່/ເຄີຍ. ເທື່ອ/ນີ້/ເປັນ/ເທື່ອ/ທຳອິດ

버5- / 크ㅓ-이 / 트ㅓ으-30ㅏ / 니2-이 / 뻰 / 트ㅓ으-30ㅏ / 탐읻

안, 아니 / 적이 있다 / 번 / 이 / ~이다 / 번 / 첫, 처음

➡ 없습니다. ➡ 이번이 처음입니다.

- ເທື່ອ 트ㅓ으-30ㅏ : 번, 회, 차(횟수를 나타낼 때 사용)
- ໜຶ່ງເທື່ອ 능5 트ㅓ으-30ㅏ : 한 번
- ສອງເທື່ອ 써-4엉 트ㅓ으-30ㅏ : 두 번
- ທຳອິດ 탐 읻 : 첫, 처음
- ເທື່ອທຳອິດ 트ㅓ으-30ㅏ 탐읻 : 첫 번째(제1회)
  = ເທື່ອທີໜຶ່ງ 트ㅓ으-30ㅏ 티-이 능5
- ເທື່ອທີສອງ 트ㅓ으-30ㅏ 티-이 써-4엉 : 두 번째(제2회)

3 ເຈົ້າ/ຢາກ/ໄປ/ທ່ຽວ/ໃສ?

짜2오 / 야-악 / 빠이 / 티-30ㅑ우 / 싸4이

당신 / 원하다 / 가다 / 놀다, 여행, 관광 / 어디(의문사)

➡ 당신은 어디를 관광하시길 원하십니까?

4 ຂ້ອຍ/ຢາກ/ໄປ/ທ່ຽວ/ວັດ/ຫໍພະແກ້ວ/ແລະ/ຕະຫຼາດ/ເຊົ້າ

커6-이 / 야-악 / 빠이 / 티-30ㅑ우 / 왇 / 허-4 파 깨2-우 / 래 / 따라-4앋 / 싸2오

나, 저 / 원하다 / 가다 / 놀러 / 절(사원) / 허파깨우 / 그리고 / 시장 / 아침

➡ 저는 허파깨우 사원 그리고 아침시장에 놀러 가고 싶습니다.

- ຢາກໄປ 야-악 빠이 : 가고 싶다
- ໄປທ່ຽວ 빠이 티-30ㅑ우 : (~로/에) 여행하다, 놀러 가다
- ຫໍພະແກ້ວ 허-4 파 깨2-우 : 허파깨우
- ຕະຫຼາດເຊົ້າ 따라-4앋 싸2오 : 아침시장

❶ ຂ້ອຍຈະພາໄປ
❷ ອັນນັ້ນເປັນຫໍພະແກ້ວ
❸ ງາມຫຼາຍ. ຊ່ວຍຖ່າຍຮູບໃຫ້ຂ້ອຍໄດ້ບໍ?
❹ ຖ່າຍຮູບກັບຂ້ອຍບໍ?
❺ ຂໍຖ່າຍຮູບໄດ້ບໍ?

❶ 제가 모시고 가겠습니다.
❷ 저것이 허파깨우 사원입니다.
❸ 매우 아름답군요. 사진 좀 찍어주실 수 있겠습니까?
❹ 저와 사진 찍으시겠습니까?
❺ 사진 좀 찍어도 되겠습니까?

핵심 포인트

1 ຂ້ອຍ/ຈະ/ພາ/ໄປ

커6-이 / 짜 / 파-아 / 빠이
나, 저 ~할 것이다 데리고(모시고) 가다

➡ 제가 모시고 가겠습니다.

- ພາ 파-아 : 데리고 가다(오다), 안내하다, 이끌다
- ພາໄປ 파-아 빠이 : 데리고(모시고) 가다
- ພາມາ 파-아 마-아 : 데리고(모시고) 오다

2 ອັນນັ້ນ/ເປັນ/ຫໍພະແກ້ວ

안난2	뻰	허-4 파깨2-우
저것	~이다	허파깨우 사원

➡ 저것이 허파깨우 사원입니다.

3 ງາມ/ຫຼາຍ ຊ່ວຍ/ຖ່າຍ/ຮູບ/ໃຫ້/ຂ້ອຍ/ໄດ້ບໍ?

응아-암	라-4이	쑤-3와이	타5-이	후-웁	하6이	커6-이	다2이 버-
아름답다	많이	~해주세요	찍다	사진	~해 주다	나, 저	가능합니까?

➡ 매우 아름답군요. 사진 좀 찍어주실 수 있습니까?

- ຖ່າຍຮູບ 타5-이 후-웁 : 사진을 찍다
- ຖ່າຍ 타5-이 : 찍다, 사진을 찍다
- ຮູບ 후-웁 : 사진, 그림
- ຊ່ວຍ 쑤-3와이 + 동사 ~ແດ່ 대5-애 : ~(좀) 해 주세요
- ຊ່ວຍ 쑤-3와이 + 동사 ~ແນ່ 내-3애 : ~(좀) 해 주세요
- ຊ່ວຍ 쑤-3와이 + 동사 ~ໄດ້ບໍ 다2이 버- : ~(좀) 해 주실 수 있습니까?

4 ຖ່າຍ/ຮູບ/ກັບ/ຂ້ອຍ/ບໍ?

타5-이	후-웁	깝	커6-이	버-
찍다	사진	~와	나, 저	~까?

➡ 저와 사진 찍으시겠습니까?

5 ຂໍ/ຖ່າຍ/ຮູບ/ໄດ້/ບໍ?

커-4	타5-이	후-웁	다2이	버-
요청	찍다	사진	가능	~까?

➡ 사진 좀 찍어도 되겠습니까?

- ຂໍ 커-4 + 동사

  ① ~해주세요(요청, 부탁) : 공손 표현(가장 일반적)

  ② '~하고 싶습니다'의 정중 요청 : 양해를 구할 때 사용

  ③ ຂໍ 커-4 + 동사 + ~다2이 버- : 동사하려고 하는데, 동사하고 싶은데

  커-4(would like to) + 가능합니까, 괜찮겠습니까 : 「다2이 버-」의 뉘앙스

  ④ 커-4 타5-이 후-웁 다2이 버- : 사진을 찍고싶은데 괜찮습니까? (양해를 구하는 의미)

응용 문장 ①

❶ ເຈົ້າຈະຢູ່ເມືອງລາວຈັກວັນ?
❷ ຈະຢູ່ສາມວັນ. ຊ່ວຍພາຂ້ອຍໄປທ່ຽວໄດ້ບໍ?
❸ ດ້ວຍຄວາມຍິນດີ
❹ ຕອນນີ້ເຮົາກຳລັງໄປໃສ?
❺ ຖະໜົນນີ້ຖະໜົນຫຍັງ?
❻ ຕຶກທີ່ໄດ້ເຫັນດ້ານຊ້າຍນັ້ນແມ່ນຕຶກຫຍັງ?

❶ 당신은 라오스에 며칠간 계실 것입니까?
❷ 3일 있을 것입니다. 저를 관광안내해 주실 수 있겠습니까?
❸ 기꺼이 그렇게 하지요.
❹ 지금 우리는 어디로 가는 중입니까?
❺ 이 거리는 무슨 거리입니까?
❻ 저기 왼편에 보이는 건물은 무슨 건물입니까?

1 ເຈົ້າ/ຈະ/ຢູ່/ເມືອງ/ລາວ/ຈັກ/ວັນ?

짜2오 / 짜 / 유5-우 / 므ㅓ으-앙 / 라-오 / 짝 / 완

당신 / ~일 것이다 / 있다, 머물다 / 도시 / 라오스 / 몇 / 일

➡ 당신은 라오스에 며칠간 계실 것입니까?

- **짜 유5-우 짝 완** : 며칠 있을(머무를) 겁니까?
- **짜 유5-우** + 장소 + **짝 완** : ~에(장소) 며칠 머무를 겁니까?

2 ຈະ/ຢູ່/ສາມ/ວັນ.

짜 / 유5-우 / 싸-4암 / 완

~할 것이다 / 있다 / 3 / 일

➡ 3일 있을 것입니다.

ຊ່ວຍ/ພາ/ຂ້ອຍ/ໄປທ່ຽວ/ໄດ້/ບໍ

쑤-3와이 / 파-아 / 커6-이 / 빠이 티-30f우 / 다20I / 버-

~해 주세요 안내 나, 저 여행하다 가능 ~까?

➡ 저를 관광 안내해 주실 수 있겠습니까?

- 파-아 + 대상(○○) + 빠이 : (○○를 데리고(모시고) 가다
- 파-아 + 대상(○○) + 빠이 티-30f우 : ○○를 데리고(모시고) 여행하다(놀러 가다)
- 빠이 티-30f우 : ① 여행하다 ② 관광하다 ③ 놀러 가다

3 ດ້ວຍຄວາມຍິນດີ

두2-와이 쿠와-암 뉜 디-이

➡ 기꺼이 그렇게 하지요.

- 두2-와이 쿠와-암 뉜 디-이 : 기꺼이(관용어)

4 ຕອນນີ້/ເຮົາ/ກຳລັງ/ໄປ/ໃສ?

떠-언 니2-이 / 하오 / 깜랑 / 빠이 / 싸40I

지금 우리 ~고 있는중 가다 어디?(의문사)

➡ 지금 우리는 어디로 가는 중입니까?

- 깜랑 + 動사 : 動사하고 있는중(진행형)

5 ຖະໜົນ/ນີ້/ຖະໜົນ/ຫຍັງ?

타4논4 / 니2-이 / 타4논4 / 냥4

거리 이 거리 무슨

➡ 이 거리는 무슨 거리입니까?

6 ຕຶກ/ທີ່/ໄດ້ເຫັນ/ດ້ານ/ຊ້າຍ/ນັ້ນ/ແມ່ນ/ຕຶກ/ຫຍັງ?

뜩 / 티-30I / 다20I 헨4 / 다2-안 / 싸2-이 / 난2 / 매-3앤 / 뜩 / 냥4

건물 ~한, 하는 보이다 (측, 편, 쪽) 왼(쪽) 저 ~이다 건물 무슨(의문사)

➡ 저기 왼편에 보이는 건물은 무슨 건물입니까?

응용 문장 ❷

❶ ມື້ອື່ນຈະໄປທ່ຽວເມືອງຫລວງພະບາງ

❷ ເມືອງຫລວງພະບາງເປັນເມືອງບູຮານ

❸ ມີວັດແລະພະພຸດທະຮູບຢ່າງຫຼວງຫຼາຍ

❹ ໄປຂີ່ເຮືອທີ່ແມ່ນ້ຳຂອງດີກວ່າ

❺ ຈະໄດ້ເບິ່ງທິວທັດງາມໆ

❻ ທີ່ນັ້ນມີຫໍພິພິທະພັນດ້ວຍ

❶ 내일 루왕파방에 놀러 갑니다.
❷ 루왕파방은 오래된 도시(古都)입니다.
❸ 각종 사원과 불상이 많이 있습니다.
❹ 메콩강에서 배를 타고 가는 것이 좋습니다.
❺ 아름다운 경치를 볼 수 있을 겁니다.
❻ 그 곳에는 박물관도 있습니다.

1 ມື້ອື່ນ/ຈະ/ໄປທ່ຽວ/ເມືອງ/ຫລວງພະບາງ

ມື້ອື່ນ	ຈະ	ໄປທ່ຽວ	ເມືອງ	ຫລວງພະບາງ
므2-으 으5-은	짜	빠이 티-30ㅑ우	므ㅓ으-앙	루-4왕파바-앙
내일	~할 것이다	놀러 가다	도시	루왕파방

➡ 내일 루왕파방에 놀러 갑니다.

• ມື້ອື່ນ 므2-으 으5-은 : 내일

• 빠이 티-30ㅑ우 + 장소○○ : ○○로 놀러(여행) 가다

2 ເມືອງ/ຫລວງພະບາງ/ເປັນ/ເມືອງບູຮານ

므ㅓ으-앙 / 루-4왕파바-앙 / 뻰 / 므ㅓ으-앙 부-우하-안

도시 루왕파방 ~이다 고도(古都 오래된 도시)

➡ 루왕파방은 오래된 도시(고도 古都)입니다.

• 부-우 하-안 : 고대의, 옛날의, 오래되다, 옛스럽다

3 ມີ/ວັດ/ແລະ/ພະພຸດທະຮູບ/ຢ່າງ/ຫຼວງຫຼາຍ

미-이 / 왇 / 래 / 파 풑 타 후-웁 / 야5-앙 / 루-4왕 라-4이

있다 절 ~와(과) 불상 아주 많이(다수의)

➡ 사원과 불상이 아주 많이 있습니다.

4 ໄປ/ຂີ່/ເຮືອ/ທີ່/ແມ່ນ້ຳຂອງ/ດີ/ກວ່າ

빠이 / 키5-이 / 흐ㅓ으-아 / 티-3이 / 매-3애 남2 커-4엉 / 디-이 / 꾸와-3아

가서 타다 배 ~에서 메콩강 좋다 더

➡ 메콩강에서 배를 타고 가는 것이 더 좋습니다.

5 ຈະໄດ້/ເບິ່ງ/ທິວທັດ/ງາມ/ໆ

짜다2이 / 브ㅓ5ㅇ / 티우 탇 / 응아-암 / 응아-암

~할 수 있을 것이다 보다 경치 아름다운 아름다운(강조)

➡ 아름다운 경치를 볼 수 있을 겁니다.

• ຈະໄດ້ 짜 다2이 + 동사 : ~할 수 있을 것이다(가능할 것이다)

• ຈະ 짜 : ~할 것이다

• ໄດ້ 다2이 : ~할 수 있다

6 ທີ່/ນັ້ນ/ມີ/ຫໍພິພິທະພັນ/ດ້ວຍ

티-3이 / 난2 / 미-이 / 허-4 피피타판 / 두2-와이

곳(장소) 그 있다 박물관 ~도

➡ 그 곳에는 박물관도 있습니다.

• ○○A + 미-이 + ○○B : ① A(에)는 B가 있다 ② A는 B를 가지고 있다

• 티-3이 난2 + 미-이 + 허-4 피 피 타 판 : 그 곳에는 박물관이 있습니다.

복습하기 1

다음 문장을 라오스어로 말해보세요.

01 당신은 비엔티엔에 놀러 오신 적이 있습니까?

02 없습니다. 이번이 처음입니다.

03 당신은 어디를 관광하시길 원하십니까?

04 허파깨우 사원과 아침시장을 보고 싶습니다.

05 제가 모시고 가겠습니다.

06 저것이 허파깨우 사원입니다.

07 매우 아름답군요. 사진 좀 찍어주실 수 있습니까?

08 저와 사진 찍으시겠습니까?

09 사진 좀 찍어도 되겠습니까?

10 당신은 라오스에 며칠간 계실 것입니까?

11 3일 있을 것입니다. 저를 관광안내해 주실 수 있겠습니까?

12 기꺼이 그렇게 하지요.

13 지금 우리는 어디로 가는 중입니까?

14 이 거리는 무슨 거리입니까?

15 저기 왼편에 보이는 건물은 무슨 건물입니까?

16 내일 루왕파방에 놀러 갑니다.

17 루왕파방은 오래된 도시(고도 古都)입니다.

18 사원과 불상이 아주 많이 있습니다.

19 메콩강에서 배를 타고 가는 것이 좋습니다.

20 아름다운 경치를 볼 수 있을 겁니다.

21 그 곳에는 박물관도 있습니다.

복습하기 2

다음 문장을 읽으면서 연습하세요.

01 짜2오 크ㅓ-이 마-아 티-30ㅑ우 위-양짠 버-

02 버5- 크ㅓ-이 트ㅓ으-30ㅏ 니2-이 뻰 트ㅓ으-30ㅏ 탐읻

03 짜2오 야-악 빠이 티-30ㅑ우 싸40ㅣ

04 커6-이 야-악 빠이 티-30ㅑ우 왇 허-4 파 깨2-우 래 따라-4앋 싸2오

05 커6-이 짜 파-아 빠이

06 안난2 뻰 허-4 파 깨2-우

07 응아-암 라-40ㅣ. 쑤-3와이 타5-이 후-웁 하60ㅣ 커6-이 다20ㅣ 버-?

08 타5-이 후-웁 깝 커6-이 버-

09 커-4 타5-이 후-웁 다20ㅣ 버-

10 짜2오 짜 유5-우 므ㅓ으-앙 라-오 짝 완

11 짜 유5-우 싸-4암 완. 쑤-3와이 파-아 커6-이 빠이 티-30ㅑ우 다20ㅣ 버-

12 두2-와이 쿠와-암 닌 디-이

13 떠-언 니2-이 하오 깜랑 빠이 싸40ㅣ

14 타4논4 니2-이 타4논4 냥4

15 뜩 티-30ㅣ 다20ㅣ 헨4 다2-안 싸2-이 난2 매-3앤 뜩 냥4

16 므2-으으5-은 짜 빠이 티-30ㅑ우 므ㅓ으-앙 루-4왕 파바-앙

17 므ㅓ으-앙 루-4왕파바-앙 뻰 므ㅓ으-앙 부-우하-안

18 미-이 왇 래 파 퐅 타 후-웁 야5-앙 루-4왕 라-40ㅣ

19 빠이 키5-이 흐ㅓ으-아 티-30ㅣ 매-30ㅐ 남2 커-4엉 디-이 꾸와-30ㅏ

20 짜 다20ㅣ 브ㅓ5ㅇ 티우 탇 응아-암 응아-암

21 티-30ㅣ 난2 미-이 허-4 피피타판 두2-와이

22 환전하고 싶습니다

❶ ຕ້ອງການປ່ຽນເງິນ
❷ ປ່ຽນເງິນໄດ້ຢູ່ໃສ?
❸ ເຊີນໄປຊ່ອງທີສາມຢູ່ທາງພຸ້ນ
❹ ຂອບໃຈ
❺ ບໍ່ເປັນຫຍັງ

❶ 환전하고 싶습니다.
❷ 어디서 돈을 바꿀 수 있습니까?
❸ 저쪽 3번 창구로 가십시오.
❹ 고맙습니다.
❺ 천만에요.

핵심 포인트

1 ຕ້ອງການ/ປ່ຽນ/ເງິນ

떠2-엉 까-안 / 삐5-얀 / 응으ㅓㄴ
필요하다(~하고 싶다) 바꾸다 돈

➡ 환전을 하고 싶습니다.

- ຕ້ອງການ 떠2-엉 까-안 : 필요하다, 원하다
- ປ່ຽນ 삐5-얀 = ແລກ 래-액 : 바꾸다, 교환하다
- ປ່ຽນເງິນ 삐5-얀 응으ㅓㄴ = ແລກເງິນ 래-액 응으ㅓㄴ : 돈을 바꾸다

2 ປ່ຽນ/ເງິນ/ໄດ້/ຢູ່/ໃສ?

삐5-얀 / 응으ㅓㄴ / 다2이 / 유5-우 / 싸4이

바꾸다 돈 가능 ~에서 어디?(의문사)

➡ 어디서 돈을 바꿀 수 있습니까?

[라오스 지폐 종류]

- ຫ້າສິບກີບ 하6-아 씹4 끼-입 = 오십 낍[하6-아 = 5]
- ຮ້ອຍກີບ 허2-이 끼-입 = 백 낍[허2-이 = 100]
- ພັນກີບ 판 끼-입 = 천 낍[판 = 1000]
- ສອງພັນກີບ 써-4엉 판 끼-입 = 이천 낍[써-4엉 = 2]
- ຫ້າພັນກີບ 하6-아 판 끼-입 = 오천 낍
- ສິບພັນກີບ 씹4 판 끼-입 = 만 낍[씹4 = 10]
- ຊາວພັນກີບ 싸-우 판 끼-입 = 이만 낍[싸-우 = 20]

3 ເຊີນ/ໄປ/ຊ່ອງ/ທີ/ສາມ/ຢູ່/ທາງ/ພຸ້ນ

쓰ㅓ-ㄴ / 빠이 / 써-3엉 / 티-이 / 싸-4암 / 유5-우 / 타-앙 / 푼2

~하세요 가다 창구 ~째, ~번째 3 (~에) 있는 쪽 저기

➡ 저쪽 3번 창구로 가십시오.

- ຊ່ອງ 써-3엉 : ① 창구(우체국, 은행 등의) ② 구멍 ③ 채널 ④ 기회
- ທີ່ 티-3이 : ① 장소 ② ~것, ~인(관계대명사)
- ທີ 티-이 : ~째, 순서 등 서수사에 사용(생략 가능)

4 ຂອບ/ໃຈ

커-4업 / 짜이

➡ 고맙습니다.

5 ບໍ່/ເປັນ/ຫຍັງ

버5- / 뻰 / 냥4

➡ 천만에요.

응용 문장 ①

❶ ບ່ອນແລກປ່ຽນເງິນຢູ່ໃສ?

❷ ຂໍປ່ຽນເງິນໂດລາເປັນເງິນລາວແນ່

❸ ເຈົ້າຈະປ່ຽນເທົ່າໃດ? 100ໂດລາ (ຮ້ອຍໂດລາ)

❹ ເຈົ້າຈະເອົາເງິນໃບຫຍັງ?

❺ ຂ້ອຍຈະເອົາເງິນໃບຊາວພັນກີບແລະສິບພັນກີບ

❻ ກະລຸນາຖ້າບຶດໜຶ່ງ. ນີ້ຄ່າທຳນຽມຫ້າຮ້ອຍກີບ

❶ 환전소는 어디에 있습니까?
❷ 미국 달러를 라오스 돈으로 환전해 주세요.
❸ 얼마를 바꾸시렵니까? 100달러입니다.
❹ 무슨돈(지폐)으로 하시겠습니까?
❺ 이만 낍짜리와 만 낍짜리 지폐로 주십시오.
❻ 잠깐만 기다리세요. 여기 수수료 오백 낍입니다.

1 ບ່ອນ/ແລກປ່ຽນ/ເງິນ/ຢູ່/ໃສ?

버5-언 /	래-액 삐5-얀	/ 응으ㅓㄴ	/ 유5-우	/ 싸4이
장소	바꾸다	돈	~에서	어디?(의문사)

➡ 환전소는 어디에 있습니까?

- 버5-언 래-액 삐5-얀 응으ㅓㄴ : 환전소(은행, 호텔, 백화점 및 공항 등의 환전소에서 환전 가능)
- 화폐종류 : 라오스는 지폐만 있고 동전은 없다.

2 ຂໍ/ປ່ຽນ/ເງິນ/ໂດລາ/ເປັນ/ເງິນ/ລາວ/ແນ່

커-4 / 삐5-얀 / 응으ㅓㄴ / 도-오라-아 / 뻰 / 응으ㅓㄴ / 라-오 / 내-3애

요청 바꾸다 돈 달러 ~으로 돈 라오스 ~세요(존대)

➡ 미국 달러를 라오스 돈으로 환전해 주세요.

- ເປັນ 뻰 : 으로
- [간단표현 방법] 커-4 삐5-얀 응으ㅓㄴ 내-3애 : 환전 좀 해주세요.

3 ເຈົ້າ/ຈະປ່ຽນ/ເທົ່າໃດ?

짜2오 / 짜 삐5-얀 / 타3오 다이

당신 바꿀 것이다 얼마?(의문사)

➡ 얼마를 바꾸시렵니까?

100/ໂດລາ(ຮ້ອຍ=100)

100 / 도-오라-아 (허2-이 = 100)

100 달러

➡ 100달러입니다.

4 ເຈົ້າ/ຈະ/ເອົາ/ເງິນ/ໃບ/ຫຍັງ?

짜2오 / 짜 / 아오 / 응으ㅓㄴ / 바이 / 냥4

당신 ~일 것이다 원하다 돈 종이 무엇, 무슨

➡ 무슨 돈(지폐)으로 하시겠습니까?

5 ຂ້ອຍ/ຈະ/ເອົາ/ເງິນ/ໃບ/ຊາວ/ພັນ/ກີບ/ແລະ/ສິບ/ພັນ/ກີບ

커6-이 / 짜 / 아오 / 응으ㅓㄴ / 바이 / 싸-우 / 판 / 끼-입 / 래 / 씹4 / 판 / 끼-입

나, 저 ~일 것이다 원하다 돈 지폐 20 천 낍 과(와) 10 천 낍

➡ 이만낍 짜리와 만낍 짜리 지폐로 주십시오.

- ຈະເອົາ 짜 아오 + ○○ : ○○로 하겠습니다, ○○로 원합니다

6 ກະລຸນາ/ຖ້າ/ບຶດໜຶ່ງ

까루나-아 / 타6-아 / 븓 능5

~해주세요 기다리다 잠시

➡ 잠깐만 기다리세요.

ນີ້/ຄ່າທຳນຽມ/ຫ້າ/ຮ້ອຍ/ກີບ

니2-이 / 카-30아탐 늬-얌 / 하6-아 / 허2-이 / 끼-입

이것, 여기 수수료 5 백 낍

➡ 여기 수수료 오백 낍입니다.

- ຄ່າທຳນຽມ 카-30아 탐 늬-얌 : 수수료
- ຄ່າ 카-30아 : 가격, 금액

복습하기 1

다음 문장을 라오스어로 말해보세요.

01 환전을 하고 싶습니다.

02 어디서 돈을 바꿀 수 있습니까?

03 저쪽 3번 창구로 가십시오.

04 고맙습니다.

05 천만에요.

06 환전소는 어디에 있습니까?

07 미국 달러를 라오스 돈으로 환전해 주세요.

08 얼마를 바꾸시렵니까? 100 달러입니다.

09 무슨 돈(지폐)으로 하시겠습니까?

10 이만 낍짜리와 만 낍짜리 지폐로 주십시오.

11 잠깐만 기다리세요.

12 여기 수수료 오백 낍입니다.

복습하기 2

다음 문장을 읽으면서 연습하세요.

01 떠2-엉 까-안 삐5-얀 응으ㅓㄴ

02 삐5-얀 응으ㅓㄴ 다2이 유5-우 싸4이?

03 쓰ㅓ-ㄴ 빠이 써-3엉 티-이 싸-4암 유5-우 타-앙푼2

04 커-4업 짜이

05 버5- 뻰 냥4

06 버5-언 래-액 삐5-얀 응으ㅓㄴ 유5-우 싸4이?

07 커-4 삐5-얀 응으ㅓㄴ 도-오라-아 뻰 응으ㅓㄴ 라-오 내-3애

08 짜2오 짜 삐5-얀 타3오 다이? 100 도-오 라-아 (허2-이 = 100)

09 짜2오 짜 아오 응으ㅓㄴ 바이 냥4?

10 커6-이 짜 아오 응으ㅓㄴ 바이 싸-우 판 끼-입 래 씹4판 끼-입

11 까루나-아 타6-아 븓 능5

12 니2-이 카-3아 탐 늬-얌 하6-아 허2-이 끼-입

23 여권 좀 보여 주세요

① ຂໍເບິ່ງໜັງສືເດີນທາງແນ່
② ນີ້ເດ
③ ເຈົ້າຈະຢູ່ປະເທດລາວດົນປານໃດ
④ ປະມານ 2 ອາທິດ
⑤ ເຈົ້າມາເຮັດວຽກຫຍັງ? ຂ້ອຍມາທ່ຽວ

① 여권 좀 보여 주세요.
② 여기 있습니다.
③ 당신은 라오스에 얼마나 체류하실 것입니까?
④ 약 2주간입니다.
⑤ 무슨 용무(목적)로 오셨습니까? 여행입니다.

핵심 포인트

1 ຂໍ/ເບິ່ງ/ໜັງສືເດີນທາງ/ແນ່

커-4 / 브ㅓ5ㅇ / 낭4쓰-4으 드ㅓ-ㄴ 타-앙 / 내-3애

요청 보다 여권 ~세요(존대)

➡ 여권 좀 보여 주세요.

- ໜັງສືເດີນທາງ 낭4쓰-4으 드ㅓ-ㄴ 타-앙 : 여권
- ໜັງສື 낭4쓰-4으 : 책
- ເດີນທາງ 드ㅓ-ㄴ 타-앙 : 여행하다

2 ນີ້/ເດ

니2-이 / 데-에

여기 (강조)

➡ 여기 있습니다.

3 ເຈົ້າ/ຈະຢູ່/ປະເທດ/ລາວ/ດົນ/ປານໃດ?

짜2오 / 짜 유5-우 / 빠테-엗 / 라-오 / 돈 / 빠-안 다이

당신 ~있을 것이다 국가 라오스 오래 얼마나(의문사)

➡ 당신은 라오스에 얼마나 체류하실 것입니까?

- ດົນປານໃດ? 돈 빠-안 다이 : 얼마나 오래 ~일까?

4 ປະມານ/ 2 /ອາທິດ

빠마-안 / 써-4엉 / 아-아틷

약 2(둘, 이) 주, 주간

➡ 약 2주간입니다.

5 ເຈົ້າ/ມາ/ເຮັດ/ວຽກ/ຫຍັງ? ຂ້ອຍ/ມາ/ທ່ຽວ

짜2오 / 마-아 / 헫 / 위-약 / 냥4

당신 오다 하다 일 무엇(무슨)

➡ 무슨 용무(목적)로 오셨습니까?

커6-이 / 마-아 / 티-30야우

나, 저 오다 여행

➡ 여행입니다. (관광입니다.)

- ສະໜາມບິນສາກົນວັດໄຕ 싸4 나-4암 빈 싸-4아 꼰 왇 따이
왇따이 국제공항(라오스 공항)
- ໃບເຂົ້າອອກ 바이 카6오 어-억 : 출입국 신고서
- ໃບແຈ້ງພາສີ 바이 째2-앵 파-아 씨-4이 : 세관신고서
- ມາທ່ຽວ 마-아 티-30야우 : 놀러 오다, 여행 오다
- ໄປທ່ຽວ 빠이 티-30야우 : 놀러 가다, 여행 가다

❶ ມີຫຍັງຈະແຈ້ງບໍ່?

❷ ບໍ່ມີ. ຂ້ອຍບໍ່ມີຫຍັງຈະແຈ້ງ

❸ ເຈົ້າມາແຕ່ໃສ? ຂ້ອຍມາແຕ່ເກົາຫຼີໃຕ້

❹ ມີຫຍັງຢູ່ໃນກະເປົ໋າ?

❺ ມີແຕ່ເສື້ອຜ້າຫນັງສືແລະຂອງໃຊ້ສ່ວນຕົວເທົ່ານັ້ນ

❻ ໂອເຄ! ກວດຮຽບຮ້ອຍແລ້ວ

❶ 신고할 것이 있습니까?
❷ 없습니다. 신고할 것이 없습니다.
❸ 당신은 어디에서 오셨습니까? 한국에서 왔습니다.
❹ 가방 안에 무엇이 들어 있습니까?
❺ 옷 책 그리고 제 개인용품입니다.
❻ 좋습니다. 검사가 끝났습니다.

핵심 포인트

1 ມີ/ຫຍັງ/ຈະ/ແຈ້ງ/ບໍ່?

미-이 /	냥4 /	짜 /	째2-앵 /	버-
있다	무엇(것)	~할	신고	~까?

➡ 신고할 것이 있습니까?

• ແຈ້ງ 째2-앵 : ① 알리다 ② 보고하다 ③ 통지하다 ④ 신고하다

2 ບໍ່/ມີ

버5- / 미-이

아니 있다

➡ 없습니다.

ຂ້ອຍ/ບໍ່ມີ/ຫຍັງ/ຈະ/ແຈ້ງ

커6-이 / 버5- 미-이 / 냥4 / 짜 / 째2-앵

나, 저 없다 무엇(것) ~할 신고

➡ 나는 신고할 것이 아무 것도 없습니다.

3 ເຈົ້າ/ມາ/ແຕ່/ໃສ?

짜2오 / 마-아 / 때5-애 / 싸4이

당신 오다 ~로부터 어디(의문사)

➡ 당신은 어느 나라에서 오셨습니까?

ຂ້ອຍ/ມາ/ແຕ່/ເກົາຫຼີ/ໃຕ້

커6-이 / 마-아 / 때5-애 / 까오리-4이 / 따2이

나, 저 오다 ~부터 한국 남쪽

➡ 저는 한국(남한)에서 왔습니다.

4 ມີ/ຫຍັງ/ຢູ່/ໃນ/ກະເປົ໋າ?

미-이 / 냥4 / 유5-우 / 나이 / 까빠4오

있다 무엇 ~에 안 가방

➡ 가방 안에 무엇이 들어 있습니까?

5 ມີ/ແຕ່/ເສື້ອຜ້າ/ຫນັງສື/ແລະ/ຂອງ/ໃຊ້/ສ່ວນຕົວ/ເທົ່ານັ້ນ

미-이 / 때5-애 / 쓰ㅓ으6-아파6-아 / 낭4쓰-4으 / 래 / 커-4엉 / 싸2이 / 쑤5-완뚜-와 / 타3오 난2

있다 ~만 옷 책 그리고 물건 사용하다 개인 ~뿐

➡ 단지 옷 책 그리고 제 개인용품입니다.

6 ໂອເຄ!

오-오 케-에

OK(외래어)

➡ 좋습니다.

ກວດ/ຮຽບຮ້ອຍ/ແລ້ວ

꾸-왇 / 희-얍 허2-이 / 래2-우

검사하다 마치다 ~(ㅆ/었)습니다(완료)

➡ 검사가 끝났습니다.(검사가 다 됐습니다.)

- ຮຽບຮ້ອຍ 희-얍 허2-이

① 마치다, 끝나다, (만사가) 안정되다, 잘되다, 무사태평하다

② 산뜻하다, 말쑥하다, 깔끔하다, 질서정연하다(질서가 있다), 단정하다

③ 정중하다, 말씨나 예의범절이 바르다

응용 문장 1

❶ ຊ່ວຍເປີດກະເປົ໋າໃຫ້ແນ່
❷ ເຈົ້າມີຂອງຕ້ອງຫ້າມຫຍັງບໍ?
❸ ມີຫຍັງເວົ້າກັບຂ້ອຍບໍ?
❹ ມີຫຍັງໃຫ້ຂ້ອຍຊ່ວຍບໍ?
❺ ຂໍໃຫ້ເດີນທາງໂດຍສະຫວັດດີພາບ. ໂຊກດີເດີ້

❶ 가방 좀 열어 주세요.
❷ 당신은 금지품을 가지고 있습니까?
❸ 내게 말할 것이 있습니까?
❹ 뭐 도와드릴 것이 있습니까?
❺ 안전한 여행되시길 바랍니다.

1 ຊ່ວຍ/ເປີດ/ກະເປົ໋າ/ໃຫ້/ແນ່

ຊ່ວຍ	ເປີດ	ກະເປົ໋າ	ໃຫ້	ແນ່
쑤-3와이	쁘ㅓ-ㄷ	까빠4오	하6이	내-3애
돕다	열다	가방	~해주다	~세요(존대)

➡ 가방 좀 열어 주세요.

- ຊ່ວຍ 쑤-3와이 + 동사 ~ໃຫ້ແນ່ 하6이내-3애 : ~ (좀) 해 주세요
- ແນ່ 내-3애 = ແດ່ 대5-애 : ~세요(존대)

2 ເຈົ້າ/ມີ/ຂອງ/ຕ້ອງ/ຫ້າມ/ຫຍັງ/ບໍ?

ເຈົ້າ	ມີ	ຂອງ	ຕ້ອງ	ຫ້າມ	ຫຍັງ	ບໍ
짜2오	미-이	커-4엉	떠2-엉	하6-암	냥4	버-
당신	~있다	물건	~해야 하는	금지	무슨	~까?

➡ 당신은 금지품을 가지고 있습니까?

• ຂອງ 커-4엉 : ① ~의 (소유격) ② 물건, 것

• ຕ້ອງ 떠2-엉 : ~해야 한다

• ຫ້າມ 하6-암 : 금하다

• ຂອງຕ້ອງຫ້າມ 커-4엉 떠2-엉 하6-암 : 금지품

3 ມີ/ຫຍັງ/ເວົ້າ/ກັບ/ຂ້ອຍ/ບໍ?

ມີ	ຫຍັງ	ເວົ້າ	ກັບ	ຂ້ອຍ	ບໍ?
미-이	냥4	와2오	깝	커6-이	버-
있다	무엇(것)	말하다	~에게	나, 저	~까?

➡ 내게 말할 것이 있습니까?

• ເວົ້າກັບ 와2오 깝 + ○○ : ○○에게 말을 하다

• ກັບ 깝○○ : ○○와/과, ○○에게

4 ມີ/ຫຍັງ/ໃຫ້/ຂ້ອຍ/ຊ່ວຍ/ບໍ?

ມີ	ຫຍັງ	ໃຫ້	ຂ້ອຍ	ຊ່ວຍ	ບໍ?
미-이	냥4	하6이	커6-이	쑤-3와이	버-
있다	무엇	해줄	나, 저	돕다	~까

➡ 뭐 도와 드릴 것이 있습니까?

5 ຂໍໃຫ້/ເດີນທາງ/ໂດຍ/ສະຫວັດດີພາບ. ໂຊກດີເດີ້

ຂໍໃຫ້	ເດີນທາງ	ໂດຍ	ສະຫວັດດີພາບ	ໂຊກດີ	ເດີ້
커-4하6이	드ㅓ-ㄴ 타-앙	도-이	싸4왇4디-이파-압	쏘-옥 디-이	드ㅓ2-
바랍니다	여행하다	~로(~하게)	안전, 평안	행운	공손

➡ 안전한(평안한) 여행되시길 바랍니다. 행운을 빕니다.

• ສະຫວັດດີພາບ 싸4왇4디-이파-압 : 안전, 안녕, 평안

• ສະຫວັດດີ 싸4 왇4 디-이 : 평안, 안녕, 행복

• ຂໍໃຫ້ 커-4 하6이~ : ~하시기 바랍니다(기원, 바람)

• ໂຊກດີ 쏘-옥 디-이 : 행운, 좋은 운세

• ໂຊກດີເດີ້ 쏘-옥 디-이 드ㅓ2- : 행운을 빕니다(작별인사에 주로 많이 사용)

복습하기 1

다음 문장을 라오스어로 말해보세요.

01 여권 좀 보여 주세요.

02 여기 있습니다.

03 당신은 라오스에 얼마나 체류하실 것입니까?

04 약 2주간입니다.

05 무슨 용무(목적)로 오셨습니까?

06 여행입니다. (관광입니다.)

07 당신은 어디에서 오셨습니까? (어느 나라에서 오셨습니까?)

08 한국(남한)에서 왔습니다.

09 가방 좀 열어 주세요.

10 당신은 금지품을 가지고 있습니까?

11 내게 말할 것이 있습니까?

12 뭐 도와드릴 것이 있습니까?

13 안전한 여행되시길 바랍니다.

14 신고할 것이 있습니까?

15 없습니다. 신고할 것이 없습니다.

16 가방 안에 무엇이 들어 있습니까?

17 옷, 책 그리고 제 개인용품입니다.

18 좋습니다. 검사가 끝났습니다.

복습하기 2

다음 문장을 읽으면서 연습하세요.

01 커-4 브ㅓ5ㅇ 낭4쓰-4으 드ㅓ-ㄴ 타-앙 내-3애

02 니2-이 데-에

03 짜2오 짜 유5-우 빠테-엔 라-오 돈 빠-안 다이?

04 빠마-안 써-4엉 아-아 틴

05 짜2오 마-아 헨 위-약 냥4?

06 커6-이 마-아 티-3야우

07 짜2오 마-아 때5-애 싸4이?

08 커6-이 마-아 때5-애 까오리-4이 따2이

09 쑤-3와이 쁘ㅓ-ㄷ 까빠4오 하6이 내-3애

10 짜2오 미-이 커-4엉 떠2-엉 하6-암 냥4 버-

11 미-이 냥4 와2오 깝 커6-이 버-

12 미-이 냥4 하6이 커6-이 쑤-3와이 버-

13 커-4하6이 드ㅓ-ㄴ 타-앙 도-이 싸4왇4 디-이 파-압

14 미-이 냥4 짜 째2-앵 버-?

15 버5- 미-이. 커6-이 버5- 미-이 냥4 짜 째2-앵

16 미-이 냥4 유5-우 나이 까빠4오?

17 미-이 때5-애 쓰ㅓ으6-아파6-아 낭4쓰-4으 래
커-4엉 싸2이 쑤5-완 뚜-와 타3오 난2

18 오-오 케-에. 꾸-왇 희-얍 허2-이 래2-우

PART 03

기본 문법

12 동사 시제(현재진행, 과거, 미래)

문법 01

문장 구조 ❶

▶ 라오스어의 기본 문장 구조

❶ [~는/~다 + 을/를 + 장소]
❷ [주어 + 동사 + 목적어 + 장소(등등)]

ຂ້ອຍ/ພົບ/ລາວ
커6-이 / 폽 / 라-오
나 만납니다 그(그사람)

➡ 나는 그를 만납니다.

▶ 라오스어의 특징

① 가장 기본적으로 **[~는/~다]**로 시작합니다. (일부는 영어와 유사합니다.)

② 한국어와 같이 **[은/는/이/가]**라는 주격조사가 붙지 않습니다.

③ **[간다, 갈 것이다, 갔습니다]** 등과 같은 **동사**의 **어형변화**도 없습니다.

④ 각 단어의 성격과 문장에 놓인 위치에 따라 문장의 의미를 만들어 냅니다.
따라서 문장의 순서가 아주 중요합니다.

⑤ 문장의 **의문사**는 특별한 경우를 제외하고 문장 맨 뒤에 위치합니다.
단, 의문사라 해도 문장의 목적어**(을/를)**, 혹은 주어**(은/는/이/가)**에 해당하는 의미이면
주어(~는)와 **목적어**(~을, 를)의 위치에 놓이게 됩니다.

⑥ **[~이다]** 즉, 영어의 'be동사'에 해당하는 것이 2개가 있는데, **[뻰]**과 **[매-3앤]**입니다.

예 이것은 책입니다. → 이것 + ~이다 + 책
안니2-이 매-3앤 쁨2

⑦ 모든 문장은 **[~는/~다]** 공식으로 이루어지며, **[주어]** 다음에 **[동사/형용사]**가 바로 이어져 나옵니다.

[당신은 아름답습니다.]
당신 + 습니다(이다) + 아름답다(형용사)
You are beautiful
짜2오 + 뻰/매-3앤 + 응아-암
→ 짜2오 뻰 응아-암 (×) / 짜2오 매-3앤 응아-암 (×)
→ 짜2오 응아-암 (○)

▶ ~는/~다 + 을/를 + 장소

대부분의 라오스어 형태입니다. 다음 몇 가지 문장의 형태로 유추할 수 있습니다.

① ~는/~다
② ~는/~다 + 을/를
③ ~는/~다 + 을/를 + 장소
④ ~는/~다 + 장소

[시간]부사는 대부분 문장 앞에, [장소]부사는 문장 뒤에 위치합니다. 시간부사와 장소부사를 포함해 하나의 공식으로 만들어 보면 다음과 같습니다. 이 공식 하나면 대부분의 라오스어를 만들고 이해하는 데 도움이 됩니다.

▶ (시간) + ~는/~다 + 을/를 + 장소

① 나는 당신을 사랑합니다.	(~는/~다 + 을, 를)
② 당신은 돈을 가지고 있습니까?	(~는/~다 + 을, 를 + 의문사)
③ 그녀는 아름답습니다.	(~는/~다)
④ 나는 라오스로 갈겁니다.	(~는/~다 + 장소)
⑤ 당신은 이름이 무엇입니까?	(~는/~다 + 의문사)
⑥ 나는 김한국입니다.	(~는/~다)

ຂ້ອຍ/ຮັກ/ເຈົ້າ
커6-이 / 학 / 짜2오
나 사랑하다 당신(을)
➡ 나는 당신을 사랑합니다.

ເຈົ້າ/ມີ/ເງິນ/ບໍ?
짜2오 / 미-이 / 응으ㅓㄴ / 버-
당신 가지고 있다 돈 ~까(의문사)
➡ 당신은 돈을 가지고 있습니까?

ລາວ/ງາມ
라-오 / 응아-암
그, 그녀 아름답다
➡ 그녀는 아름답습니다.

ຂ້ອຍ/ຈະ/ໄປ/ລາວ
커6-이 / 짜 / 빠이 / 라-오
나 ~할 것이다 가다 라오스
➡ 나는 라오스로 갈것입니다.

ເຈົ້າ/ຊື່/ຫຍັງ?
짜2오 / 쓰-3으 / 냥4
당신 이름~다 무엇(의문사)
➡ 당신은 이름이 무엇입니까?

ຂ້ອຍ/ຊື່/ຄິມຮັນກຸກ
커6-이 쓰-3으 킴한꾹
나 이름~다 김한국
➡ 나는 이름이 김한국입니다.

문법 02 문장 구조 ②

라오스어는 **띄어쓰기가 없으며**, 시제(현재, 과거, 미래), 의문문, 평서문 등 어떤 상황에도 인칭, 성별, 수 등에 의한 동사 및 형용사 등의 **어형변화가 없습니다**.

▶ **지금 나는 그 사람을 만나고 있는 중입니다.**

ຕອນນີ້/ຂ້ອຍ/ກຳລັງ/ພົບ/ລາວ

떠-언 니2-이 / 커6-이 / 깜랑 / 폽 / 라-오

지금 / 나 / ~하고 있는중 / 만나다 / 그 사람

➲ 지금 나는 그 사람을 만나고 있는 중입니다.
(현재진행이나 동사에 영어의 ~ing와 같은 어형변화가 없다.)

▶ **어제 나는 그 사람을 만났습니다.**

ມື້ວານນີ້/ຂ້ອຍ/ພົບ/ລາວ

므2-으 와-안 니2-이 / 커6-이 / 폽 / 라-오

어제 / 나 / 만나다 / 그 사람

➲ 어제 난 그 사람을 만났습니다.
(문장 앞에 과거 시간부사(어제)가 있어 본동사 '만나다/폽'의 어형변화가 없어도 과거 의미가 가능하다.)

▶ **나는 내일 그 사람을 만납니다.**

ມື້ອື່ນ/ຂ້ອຍ/ພົບ/ລາວ

므2-으 으5-은 / 커6-이 / 폽 / 라-오

내일 / 나 / 만나다 / 그 사람

➲ 내일 난 그 사람을 만납니다.
(문장 앞에 미래 시간부사(내일)가 있어 동사'만나다/폽' 앞에 미래 조동사 '짜' 혹은 '씨'가 없어도 미래 의미가 가능하다.)

문법 03 인칭대명사

	단어	읽기	뜻	참고
1인칭 대명사	ຂ້ອຍ	커6-이	나, 저	남녀 공용으로 가장 보편적으로 사용
	ຂ້າພະເຈົ້າ	카6-아 파짜2오	나, 저, 본인	공용문이나 연설 등에 사용
	ຂ້ານ້ອຍ	카6-아 너2-이	저	손윗사람에게 겸손한 뜻으로 사용
2인칭 대명사	ເຈົ້າ	짜2오	당신	동년배나 윗사람에게 남녀 공용으로 사용
	ທ່ານ	타-3안	당신, 귀하	윗사람에게 사용
	ໂຕ/ມຶງ	또-오/믕	너	친한 사이에 사용
3인칭 대명사	ເຂົາ	카4오	그, 그녀, 그들	남녀 구별없이 사용
	ລາວ	라-오	그, 그녀	남녀 구별없이 사용
	ທ່ານ	타-3안	~님, ~분, ~씨	윗사람이나 손님, 지위가 높은 사람에게 사용
	ເພິ່ນ	프ㅓ3ㄴ	그 분	윗사람에게 사용
복수	ເຮົາ 하오 : 우리			
	ພວກເຮົາ 푸-왁 하오 : 우리들			
	ພວກເຈົ້າ 푸-왁 짜2오 : 당신네들			
	ພວກລາວ 푸-왁 라-오 : 그들			
	ຂະເຈົ້າ 카4 짜2오 : 그들/그사람들 (아는사람)			
	ເຂົາເຈົ້າ 카4오 짜2오 : 그들/그사람들			
	ທຸກທ່ານ 툭 타-3안 : 여러분			

문법 04 시간

시간	라오스어	참고 (예)
아침 (오전)	ເຊົ້າ **싸2오** 오전 6시~ 11시 ▶ [○○ **모-옹** + **싸2오**]	ຫົກໂມງເຊົ້າ **혹4 모-옹 싸2오** 오전 6시 ▶ 새벽 전체를 같이 사용하기도 함.
한낮	ສວາຍ **쑤4와-이** ▶ 오전 11시~오후 2시	① 낮시간(점심시간) ② 늦은 아침시간
정오	ທ່ຽງ **티-3양** 정오(낮 12시)	ສິບສອງໂມງທ່ຽງ **씹4 써-4엉 모-옹 티5-양** 정오(낮 12시)
오후	ບ່າຍ **바5-이** 점심 이후(오후 1시~5시까지) ▶ [**바5-이** + ○○ **모-옹**] ▶ 「**바5-이**」가 앞에 온다. (생략 가능)	ບ່າຍສາມໂມງ **바5-이 싸-4암 모-옹** 오후 3시 ▶ 오후 1시 (예외적 표현 방법 3가지) ① **바5-이 능5** ② **바5-이 능5 모-옹** ③ **바5-이 모-옹**
저녁	ແລງ **래-앵** 오후 6시 ~ 11시 사이 ▶ [○○ **모-옹** + **래-앵**]	ຫົກໂມງແລງ **혹4 모-옹 래-앵** : 저녁 6시 ▶ 오후 전체를 같이 사용하기도 함.
	ຄ່ຳ **캄3** 석양, 저녁, 야간, 밤	ສິບໂມງຄ່ຳ **씹4 모-옹 캄3** : 저녁 10시 ▶ **캄3** : 저녁 8시~11시경
자정	ທ່ຽງຄືນ **티-3양 크-은** 자정(저녁 12시)	ຄືນ **크-은** : 밤 ສິບສອງໂມງກາງຄືນ **씹4 써-4엉 모-옹 까-앙 크-은** : 저녁 12시
밤중 (새벽)	ກາງຄືນ **까-앙 크-은** 새벽 전체 사용 가능	ສີ່ໂມງກາງຄືນ **씨5-이 모-옹 까-앙 크-은** 새벽 4시 ▶ 「**까-앙 크-은**」 생략 가능

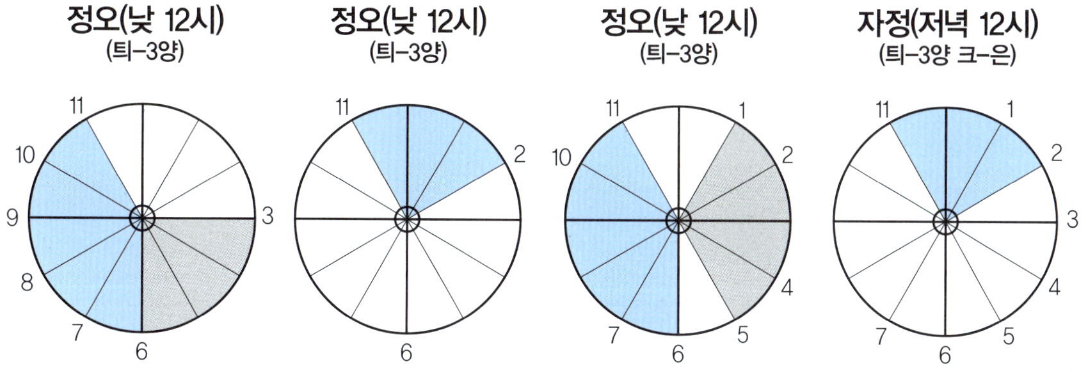

싸2오	**쑤4와-이**	**바5-이 / 래-앵**	**까-앙 크-은**
(오전 6~11시 / 오전 3~11시)	(오전 11시~오후 2시)	(오후 1~5시) (오후 6~11시) (오후 3~11시)	(밤 11시~새벽 2시)

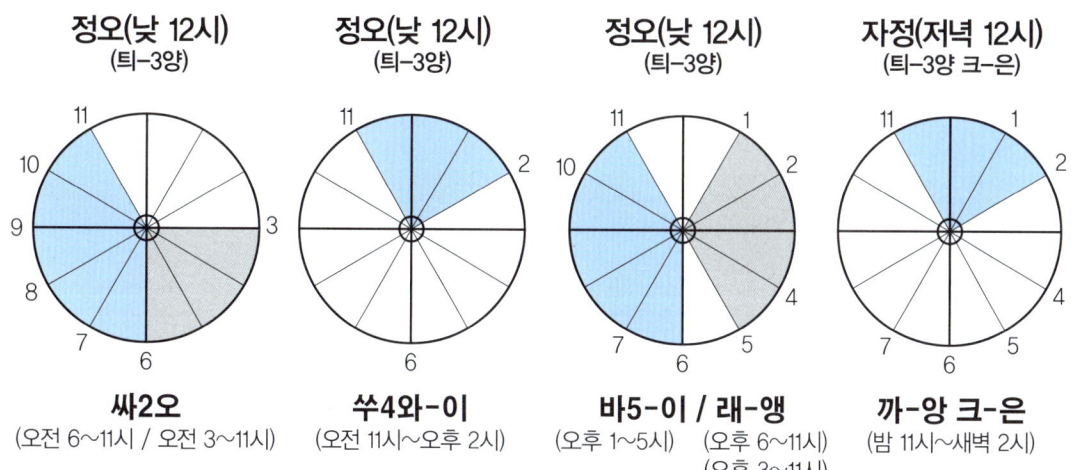

ເຈົ້າ/ຊິ/ໄປ/ຈັກ/ໂມງ?
짜2오 / 씨 / 빠이 / 짝 / 모-옹
당신 / ~일 것이다 / 가다 / 몇(의문사) / 시
➡ 몇 시에 갈 겁니까?

ຂ້ອຍ/ຊິ/ໄປ/ຫົກ/ໂມງ/ແລງ
커6-이 / 씨 / 빠이 / 혹4 / 모-옹 / 래-앵
나, 저 / ~일 것이다 / 가다 / 6 / 시 저녁
➡ 저녁 6시에 갑니다.

ຕອນນີ້/ຈັກ/ໂມງ/ແລ້ວ?
떠-언 니2-이 / 짝 / 모-옹 / 래2-우
지금 몇 시 ~었다(완료)
➡ 지금 몇 시입니까? (몇시가 되었나요?)

ສິບ/ໂມງ/ເຄິ່ງ
씹4 / 모-옹 / 크ㅓ3ㅇ
10 시 30(반, 절반)
➡ 10시 30분입니다.

ເຄິ່ງ 크ㅓ3ㅇ : 반(절반), 1/2 (시간일 땐 30분을 의미함.)

ຕອນນີ້ 떠-언 니2-이 = ດຽວນີ້ 듸-야우 니2-이 : 지금

시간 관련 단어

- ຕອນເຊົ້າ 떠-언 싸2오 : 아침에(오전에)
- ຕອນບ່າຍ 떠-언 바5-이 : 저녁에(오후에)
- ໂມງ 모-옹 : 시
- ຊົ່ວໂມງ 쑤-3와 모-옹 : 시간
- ສາມໂມງ 싸-4암 모-옹 : 3시 싸-4암 쑤-3와 모-옹 : 3시간

- ຕອນເຊົ້າ 떠-언 싸2오 : 오전(에) = [ກ່ອນທ່ຽງ 꺼5-언 티-3양]
- ຕອນແລງ 떠-언 래-앵 : 오후(에) = [ຕອນບ່າຍ 떠-언 바5-이], [ຫຼັງທ່ຽງ 랑4 티-3양]

문법 05 조동사

① 나는 그 사람(그녀)를 만날 것입니다.
② 나는 그 사람(그녀)를 만나고 싶습니다.
③ 나는 그 사람(그녀)를 만나야 합니다.
④ 당신은 그 사람(그녀)를 만나는 게 좋겠습니다.
⑤ 당신은 그 사람(그녀)를 안 만나도 돼요.
⑥ 난 그 사람(그녀)를 안 만날 겁니다.

조동사	읽기	의 미
ຈະ	짜	미래 혹은 의지를 나타내는 조동사 ① ~할 것이다. ② ~일 것이다 「**짜**」와 「**씨**」를 서로 바꾸어 사용 가능하다.
ຊິ	씨	
ຢາກ	야-악	~(을) 원하다, ~하고 싶다
ຕ້ອງການ	떠2-엉 까-안	~(을) 원하다, 필요하다
ຕ້ອງ	떠2-엉	~해야 한다
ຄວນ(ຈະ)	쿠-완(짜)	~하는 게 좋겠다, ~해야 한다

조동사는 반드시 아래와 같은 문형으로 **조동사** 다음에 **본동사**가 따라 옵니다.

주어 + (조동사 + 본동사)
~는 ~다

조동사의 부정은 조동사 앞에 「ບໍ່ 버5-」를 붙이면 됩니다.

① ຕ້ອງ 떠2-엉 + 동사 : 동사해야 한다
② ບໍ່ຕ້ອງ 버5- 떠2-엉 + 동사 : ① 동사하지 않아도 된다 ② 동사 안 해도 된다
③ 주의 : (주어) + 버5- 짜 + 동사 (×)
(주어) + 짜 버5- + 동사 (◯) : 동사하지 않을 것이다

야-악 + 동사 (◯) 야-악 + 명사 (×)
떠2-엉 까-안 + 동사 (◯) 떠2-엉 까-안 + 명사 (◯)

① ຂ້ອຍ/ຈະ/ພົບ/ລາວ
커6-이 / 짜 / 폽 / 라-오
나 ~일 것이다 만나다 그 사람(그녀)
➡ 나는 그 사람을 만날 것입니다.

ຂ້ອຍ/ຊິ/ພົບ/ລາວ
커6-이 / 씨 / 폽 / 라-오
나 ~일 것이다 만나다 그 사람(그녀)
➡ 나는 그 사람을 만날 것입니다.

• ລາວ 라오 : ① 그 ② 그녀 ③ 라오스

② ຂ້ອຍ/ຢາກ/ພົບ/ລາວ
커6-이 / 야-악 / 폽 / 라-오
나 ~하고 싶다 만나다 그 사람(그녀)
➡ 나는 그 사람을 만나고 싶습니다.

ຂ້ອຍ/ຕ້ອງການ/ພົບ/ລາວ
커6-이 / 떠2-엉까-안 / 폽 / 라-오
나 ~하고 싶다 만나다 그 사람(그녀)
➡ 나는 그 사람을 만나고 싶습니다.

• **커6-이 떠2-엉까-안 폽 라-오** : ① 나는 그 사람을 만나고 싶습니다.
② 나는 그 사람을 만날 필요가 있습니다. (상황에 따라 양쪽 의미 모두 가능)

③ ຂ້ອຍ/ຕ້ອງ/ພົບ/ລາວ
커6-이 / 떠2-엉 / 폽 / 라-오
나 ~해야 한다 만나다 그 사람(그녀)
➡ 나는 그 사람을 만나야 합니다.

④ ເຈົ້າ/ຄວນ/ພົບ/ລາວ
짜2오 / 쿠-완 / 폽 / 라-오
당신 ~하는 게 좋다 만나다 그(그녀)
➡ 당신은 그 사람을 만나는 게 좋겠네요.

• **떠2-엉** : ~해야 한다(반드시 뭔가를 해야 함을 의미)
• **쿠-완** : ① ~해야 한다 ② 다른 뉘앙스로는 '~하는 게 좋겠다'라는 강압적이지 않은 권유가 필요할 때도 사용
• **버5- 쿠-완** : ① ~하면 안 된다 ② ~하지 않는 게 좋겠다

⑤ ເຈົ້າ/ບໍ່/ຕ້ອງ/ພົບ/ລາວ
짜2오 / 버5- / 떠2-엉 / 폽 / 라-오
나 안 해도 된다 만나다 그 사람(그녀)
➡ 당신은 그 사람 안 만나도 돼요.

⑥ ຂ້ອຍ/ຊິ/ບໍ່ພົບ/ລາວ
커6-이 / 씨 / 버5-폽 / 라-오
나 ~일 것이다 / 안 만나다 / 그 사람(그녀)
➡ 난 그 사람을 안 만날거예요.

• **버5- 떠2-엉**
① 안 해도 된다, ~하지 않아도 된다
② ~해서는 안 된다
③ '~하지 마라'라는 문장은 「ຢ່າ 야5-아」라는 단어를 사용해도 된다. 예 **야5-아 빠이!** : 가지마 !

• **씨(짜) 버5-** + 동사 : 동사하지 않을 것이다, 안할 것이다

문법 06 의문사

의문사	
누가/누구 (who)	파4이 ໃຜ
	푸6-우 다이 ຜູ້ໃດ
언제 (when)	므ㅓ으-3아 다이 ເມື່ອໃດ
	웨-에 라-아 다이 ເວລາໃດ
어디 (where)	버5-언 다이 ບ່ອນໃດ
	싸4이 (*유5-우 싸4이 = ຢູ່ໃສ? 어디에 있어요?)
무엇 (what)	냥4 ຫຍັງ
	안 다이 ອັນໃດ (어느 것, 무엇)
어떻게 (how)	짱5 다이 ຈັ່ງໃດ
	내-우 다이 ແນວໃດ
왜 (why)	뻰 냥4 ເປັນຫຍັງ
얼마 (how much)	빠-안 다이 ປານໃດ
	타3오 다이 ເທົ່າໃດ
몇 (how many)	짝 ຈັກ
어느 (which)	다이 ໃດ
* ~까?	버- ~ບໍ (문장 끝에 위치해 의문문으로 만듬)
* ~인가요?	르-4으 ຫຼື (= ຫລື) ① 문장 끝에서 사실 확인 : ~인가요? ~이지요? ② 둘 중 하나를 선택할 때 : 또는(or)

문법 07

요일, 월, 계절, 주, 연도

요일	
월요일	ວັນຈັນ 완 짠
화요일	ວັນຄານ 완 카-안 ວັນອັງຄານ 완 앙 카-안
수요일	ວັນພຸດ 완 풑
목요일	ວັນພະຫັດ 완 파 핟4
금요일	ວັນສຸກ 완 쑥4
토요일	ວັນເສົາ 완 싸4오
일요일	ວັນອາທິດ 완 아-아 틷

오늘·내일·모레		
오늘	ມື້ນີ້	므2-으 니2-이
내일	ມື້ອື່ນ	므2-으 으5-은
모레	ມື້ຮື	므2-으 흐-으
어제	ມື້ວານນີ້	므2-으 와-안 니2-이
그제	ມື້ຊືນ	므2-으 쓰-은

* ມື້ນີ້ວັນຫຍັງ? 므2-으 니2-이 완 냥4 : 오늘은 무슨 요일입니까?

달·월			
1월	ມັງກອນ	망 꺼-언	ເດືອນໜຶ່ງ 드ㅓ으-안 능5
2월	ກຸມພາ	꿈 파-아	ເດືອນສອງ 드ㅓ으-안 써-4엉
3월	ມີນາ	미-이 나-아	ເດືອນສາມ 드ㅓ으-안 싸-4암
4월	ເມສາ	메-에 싸-4아	ເດືອນສີ່ 드ㅓ으-안 씨5-이
5월	ພຶດສະພາ	픋 싸4 파-아	ເດືອນຫ້າ 드ㅓ으-안 하6-아
6월	ມິຖຸນາ	미-이 투4 나-아	ເດືອນຫົກ 드ㅓ으-안 혹4
7월	ກໍລະກົດ	꺼- 라 꼳	ເດືອນເຈັດ 드ㅓ으-안 쩯
8월	ສິງຫາ	씽4 하-4아	ເດືອນແປດ 드ㅓ으-안 빼-앧
9월	ກັນຍາ	깐 냐-아	ເດືອນເກົ້າ 드ㅓ으-안 까2오
10월	ຕຸລາ	뚜 라-아	ເດືອນສິບ 드ㅓ으-안 씹4
11월	ພະຈິກ	파 찍	ເດືອນສິບເອັດ 드ㅓ으-안 씹4 엗
12월	ທັນວາ	탄 와-아	ເດືອນສິບສອງ 드ㅓ으-안 씹4 써-4엉

* **드ㅓ으-안** + (숫자) : ~번째 달

예 ເດືອນໜຶ່ງ 드ㅓ으-안 능5 : 첫 번째 달, 1월
[ມັງກອນ 망꺼-언 : 1월] 대신 사용 가능

계절			
봄	ລະດູບານໃໝ່ ລະດູໃບໄມ້ປົ່ງ	라두-우 바-안 마5이 라두-우 바이 마2이 뿅5	ລະດູແລ້ງ 라두-우 래2-앵 건기 ລະດູຝົນ 라두-우 폰f4 우기
여름	ລະດູຮ້ອນ	라두-우 허2-언	
가을	ລະດູໃບໄມ້ຫຼົ່ນ	라두-우 바이 마2이 론5	
겨울	ລະດູໜາວ	라두-우 나-4우	

기타 표현			
지난 주	ອາທິດແລ້ວ	아-아 팃 래2-우	ຕົ້ນເດືອນ 똔2 드ㅓ으-안 월초, 상순 ກາງເດືອນ 까-앙 드ㅓ으-안 중순 ທ້າຍເດືອນ 타2-이 드ㅓ으-안 월말, 하순
이번 주	ອາທິດນີ້	아-아 팃 니2-이	
다음 주	ອາທິດໜ້າ	아-아 팃 나6-아	
지난 달	ເດືອນແລ້ວ	드ㅓ으-안 래2-우	
이번 달	ເດືອນນີ້	드ㅓ으-안 니2-이	
다음 달	ເດືອນໜ້າ	드ㅓ으-안 나6-아	

기타 표현			
작년	ປີກາຍ	삐-이 까-이	ຄິດຕະສັກກະຫລາດ 킷 따 싹4 까 라-4앋 서기 ພຸດທະສັກກະຫລາດ 품 타 싹4 까 라-4앋 불기
금년, 올해	ປີນີ້	삐-이 니2-이	
내년	ປີໜ້າ	삐-이 나6-아	
새해	ປີໃໝ່	삐-이 마5이	

문법 08

숫자

숫자	기수사	고어	읽기	서수사	읽기	뜻
0	ສູນ	໐	쑤-4운	-	-	-
1	ໜຶ່ງ	໑	능5	ທີໜຶ່ງ	티-이 능5 [=ທຳອິດ 탐읻 : 처음]	첫째
2	ສອງ	໒	써-4엉	ທີສອງ	티-이 써-4엉	둘째
3	ສາມ	໓	싸-4암	ທີສາມ	티-이 싸-4암	셋째
4	ສີ່	໔	씨5-이	ທີສີ່	티-이 씨5-이	넷째
5	ຫ້າ	໕	하6-아	ທີຫ້າ	티-이 하6-아	다섯째
6	ຫົກ	໖	혹4	ທີຫົກ	티-이 혹4	여섯째
7	ເຈັດ	໗	쩬	ທີເຈັດ	티-이 쩬	일곱째
8	ແປດ	໘	빼-앤	ທີແປດ	티-이 빼-앤	여덟째
9	ເກົ້າ	໙	까2오	ທີເກົ້າ	티-이 까2오	아홉째
10	ສິບ	໑໐	씹4	ທີສິບ	티-이 씹4	열째
11	ສິບເອັດ 씹4 엗 ສິບໜຶ່ງ 씹4 능5 (×)					

* '고어'는 라오스 고유 숫자입니다. (고문에 주로 사용)

* 10단위 이상부터 일의 자리의 숫자 '1'은 [ໜຶ່ງ 능5]으로 하지 않고 [ເອັດ 엗]으로 한다.

20	21	30	31
ຊາວ 싸-우	ຊາວເອັດ 싸-우 엗	ສາມສິບ 싸-4암 씹4	ສາມສິບເອັດ 싸-4암 씹4 엗

40	41	50	51
ສີ່ສິບ 씨5-이 씹4	ສີ່ສິບເອັດ 씨5-이 씹4 엗	ຫ້າສິບ 하6-아 씹4	ຫ້າສິບເອັດ 하6-아 씹4 엗

60	61	70	71
ຫົກສິບ 혹4 씹4	ຫົກສິບເອັດ 혹4 씹4 엗	ເຈັດສິບ 쩬 씹4	ເຈັດສິບເອັດ 쩬 씹4 엗

80	81	90	91
ແປດສິບ 빼-앧 씹4	ແປດສິບເອັດ 빼-앧 씹4 엗	ເກົ້າສິບ 까2오 씹4	ເກົ້າສິບເອັດ 까2오 씹4 엗

* 20은 [ສອງສິບ **써-4엉 씹4**]이라 하지 않고 「ຊາວ **싸-우**」라 한다.
* 「ຊາວ **싸-우**」의 발음 : [**싸-우**] 혹은 [**싸-오**]

100(백) ຮ້ອຍ **허2-이** (혹은 태국어식 발음인 [러-이]로 말하기도 함)

1,000(천) ພັນ **판**

10,000(만) ສິບພັນ **씹4 판** = (ໜຶ່ງ)ໝື່ນ **(능5) 므5-은**

100,000(10만) ແສນ **쌔-4앤** = ສິບໝື່ນ **씹4 므5-은**

150,000(15만) ແສນຫ້າສິບພັນ **쌔-4앤 하6-아 씹4 판** * '**쌔-4앤 하6-아**'로도 표현

1,000,000(백만) ລ້ານ **라2-안** = ໜຶ່ງລ້ານ **능5 라2-안** (일백만)

10,000,000(천만) ສິບລ້ານ **씹4 라2-안** (10×백만 = 천만)

100,000,000(억) ຮ້ອຍລ້ານ **허2-이 라2-안** (100×백만 = 억)

1,000,000,000(십억) ພັນລ້ານ **판 라2-안** (1,000×백만 = 10억)

10,000,000,000(백억) ໝື່ນລ້ານ **므5-은 라2-안** (10,000×백만 = 100억)

문법 09 소유·장소(있다) : 「ມີ 미-이」와 「ຢູ່ 유5-우」

라오스어의 '있다'에 해당하는 단어 [미-이]와 [유5-우]에 대한 내용입니다. 두 단어 모두 뜻이 '있다'의 의미가 있어 어려움이 있을 수 있습니다. 기본 순서와 개념을 잘 익혀 주세요.

ມີ 미-이 (소유의 개념)	ຢູ່ 유5-우 (장소의 개념)
① 있다 ② 가지고 있다 + (~을) ③ 문장 순서** 예 책이 있다. 미-이 + 책 (○) 책 + 미-이 (×)	① 주어 + ຢູ່ 유5-우 있다, 계시다, 살다, 존재하다, 머물다, 묵다 ② 동사 + ຢູ່ 유5-우 + 명사(장소) ~에 …하다, ~에서 …하다

돈이 있습니까?(돈을 가지고 있습니까?)

① ເຈົ້າຢູ່ເງິນບໍ? 짜2오 유5-우 응으ㅓㄴ 버- (×)

② ເຈົ້າມີເງິນບໍ? 짜2오 미-이 응으ㅓㄴ 버- (○)

- ເງິນ 응으ㅓㄴ : 돈
- ມີ 미-이 : 있다, 가지고 있다(미-이 : 소유의 의미)

돈이 집에 있습니까?

① ເງິນມີເຮືອນບໍ? 응으ㅓㄴ 미-이 흐ㅓ으-안 버- (×)

② ເງິນຢູ່ເຮືອນບໍ? 응으ㅓㄴ 유5-우 흐ㅓ으-안 버- (○)

- 유5-우 : ~에 있다(장소의 의미)
- 「주어 + 유5-우 + 장소」 : 주어가 장소에 있다

어디에서 라오어를 공부하고 있습니까?

ເຈົ້າ/ກຳລັງ/ຮຽນ/ພາສາ/ລາວ/ຢູ່/ໃສ?

ເຈົ້າ	ກຳລັງ	ຮຽນ	ພາສາ	ລາວ	ຢູ່	ໃສ
짜2오	깜랑	희-얀	파-아 싸-4아	라-오	유5-우	싸4이
당신	~하고 있다	공부하다	언어	라오스	~에서	어디

- 깜랑 + 동사 : 동사하고 있다

문법 10

서수사(순서) : ທີ 티-이

라오스어의 서수사(첫 번째, 두 번째 등의 표현)에는 [ທີ 티-이]를 사용합니다.

명사 + [ທີ 티-이] + 수사(숫자) : (숫자/몇)번째

ມື້ນີ້/ວັນ/ທີ/ເທົ່າໃດ?
므2-으 니2-이 / 완 / 티-이 / 타3오다이
오늘 일 ~번째 몇(얼마)
➡ 오늘은 며칠입니까?

ມື້ນີ້/ວັນ/ທີ/ສາມ
므2-으 니2-이 / 완 / 티-이 / 싸-4암
오늘 일 ~번째 3
➡ 오늘은 3일입니다.

- **완 티-이 타3오 다이** : 몇 번째 날(직역), 며칠
- **완 티-이 싸-4암** : 세 번째 날(직역), 3일
- ທີ 티-이 : 순서를 셀 때 사용

ເຈົ້າ/ຈະ/ໄປ/ປະເທດ/ລາວ/ເມື່ອໃດ?
짜2오 / 짜 / 빠이 / 빠테-엔 / 라-오 / 므ㅓ으-3아 다이
당신 ~할 것이다 가다 나라 라오스 언제(의문사)
➡ 당신은 언제 라오스에 갈 겁니까?

ຂ້ອຍ/ຈະ/ໄປ/ວັນ/ທີ/ສາມ/ເດືອນ/ມີນາ
커6-이 / 짜 / 빠이 / 완 / 티-이 / 싸-4암 / 드ㅓ으-안 / 미-이나-아
나는 / ~할 것이다 /가다 / 일 / ~째 3 달 3월(月)
➡ 3월 3일에 갈 것입니다.

- ເດືອນ 드ㅓ으-안 : 달, 월
- ມີນາ 미-이 나-아 : 3월

문법 11 관계대명사·관계부사 : ທີ່ 티-30이

관계대명사	형용사적 역할(명사를 꾸며줌) : ~한, ~하는, ~인, ~ㄴ
	사람일 경우는 [ຜູ້ 푸6-우] 사물일 때는 [ອັນ 안]도 사용 가능
관계부사	원인, 이유 등을 설명하는 부사적 역할(동사를 꾸며줌) : ~해서, ~때문에
장소	장소의 의미 * ທີ່ 티-30이 : 곳, 장소, 자리

ຂໍ/ເອີ້ນ/ຄົນ/ທີ່/ຊ່ວຍ/ຂົນ/ຂອງນີ້/ໃຫ້/ແດ່
커-4 / 으ㅓ2-ㄴ / 콘 / 티-30이 / 쑤-3와이 / 콘4 / 커-4엉 / 니2-이 / 하6이 / 대5-애
요청 부르다 사람 ~하는 돕다 나르다 물건 이 ~해주다 ~세요(존대)

➡ 이 물건을 날라 줄 수 있는 사람을 좀 불러 주세요.

ຄົນ/ນັ້ນ/ເປັນ/ຄົນ/ທີ່/ດີ
콘 / 난2 / 뻰 / 콘 / 티-30이 / 디-이
사람 그 ~이다 사람 ~한, ~ㄴ 좋다

➡ 그 사람은 좋은 사람이다.

ຍິນດີ/ທີ່ໄດ້/ພົບ/ເຈົ້າ
닌디-이 / 티-30이 다20이 / 폽 / 짜2오
기쁘다 ~해서 만나다 당신

➡ 당신을 만나서 반갑습니다.

- [티-30이 다20이]에서 [티-30이] 생략 가능

ເສຍໃຈ/ຫຼາຍ/ທີ່/ພົບ/ເຈົ້າ/ບໍ່ໄດ້
씨-40야짜이 / 라-40이 / 티-30이 / 폽 / 짜2오 / 버5-다20이
서운하다 / 매우 / ~서 / 만나다 / 당신 / ~할 수 없다

➡ 당신을 만나지 못 한다니 매우 서운합니다.

ຕ້ອງການ/ທີ່/ແບບ/ໃດ?
떠2-엉까-안 / 티-30이 / 내-우 / 다이
필요하다(원하다) / 자리 / 종류 / 어떤

➡ 어떤 자리를 원하십니까?

- ທີ່ 티-30이 : 자리, 곳, 장소
- ທີ່ນັ່ງ 티-30이 낭3 : 좌석 (직역: 앉는 장소)
- ເສຍໃຈ 씨-40야 짜이 : 속상하다, 서운하다, 섭섭하다
- ທີ່ແບບໃດ? 티-30이 내-우 다이 : 어떤 종류의 장소(자리) *다이 : 어떤, 어느
- ແບບ 내-우 : 방법, 종류, 것, 어떻게, 어떠한

문법 12

동사 시제(현재진행, 과거, 미래)

시제	표현 방법
현재진행	① 주어 + **깜랑** + 동사 ② 주어 + **깜랑** + 동사 **~유5-우** ③ 주어 + 동사 **~유5-우**
과거	① 주어 + **(다2이)** + 동사 ② 주어 + 동사~ **(래2-우)** ~했다, ~었다, (ㅆ)다 : 완료, 과거 ③ 주어 + **(크ㅓ-이)** + 동사 ~ *과거의 경험 ④ 주어 + **(하-40ㅏ 꺼-)** + 동사~ *최근에 일어난 일 ⑤ [예외] 문장이 현재라 해도 문장 안에 과거시간이 포함되어 있으면 해당 문장은 과거로 이해함.
미래	① 주어 + **(짜)** + 동사 ***짜** : 미래 조동사임 ② 주어 + **(씨)** + 동사 ***씨** : 미래 조동사임 ③ [예외] 문장이 현재라 해도 문장 안에 미래시간이 포함되어 있으면 해당 문장은 미래로 이해함.

현재진행

ເຈົ້າ/ກຳລັງ/ເຮັດ/ຫຍັງ?
짜2오 / 깜 랑 / 헨 / 냥4
당신 ~하고 있다 ~하다 무엇(의문사)
➡ 당신은 무엇을 하고 있어요?

ເຈົ້າ/ກຳລັງ/ເຮັດ/ຫຍັງ/ຢູ່?
짜2오 / 깜 랑 / 헨 / 냥4 / 유5-우
당신 ~하고 있다 ~하다 무엇 있다
➡ 당신은 무엇을 하고 있어요?

• 진행형 : 주어 + 깜랑 + 동사 = 주어 + 깜랑 + 동사 ~유5-우 = 주어 + 동사 ~유5-우

ເຈົ້າ/ເຮັດ/ຫຍັງ/ຢູ່?
짜2오 / 헨 / 냥4 / 유5-우
당신 ~하다 무엇(의문사) 있다(~ing)
➡ 당신은 무엇을 하고 있어요?

ເຮັດ/ຫຍັງ/ຢູ່?
헨 / 냥4 / 유5-우
~하다 무엇(의문사) ~고 있다(~ing)
➡ 뭐 하고 있어요?

| 참고 |

교재의 문장은 초급 공부를 위해 「**주어/동사/목적어**」를 포함된 예문이 대부분입니다. 실제 회화에서 서로 마주 보고 있는 상황에서는 '**나**', '**너**'와 같은 명사는 생략되는 경우가 대부분입니다. 대신 동사는 '**네/아니오**'같은 대답도 「동사」를 반복 사용하므로 **동사**의 생략은 상황에 따라 주의가 필요합니다.

ເຂົາ/ກຳລັງ/ນອນ/ຢູ່

ເຂົາ	ກຳລັງ	ນອນ	ຢູ່
카4오	깜랑	너-언	유5-우
그	(진행)	자다	~고 있다

➡ 그는 자고 있습니다.

ນ້ອງ/ສາວ/ກຳລັງ/ໄປ/ໂຮງຮຽນ

ນ້ອງ	ສາວ	ກຳລັງ	ໄປ	ໂຮງຮຽນ
너2-엉	싸-4우	깜랑	빠이	호-옹 히-얀
동생	여자	~고 있다	가다	학교

➡ 여동생은 학교에 가고 있습니다 .

ແມ່/ກຳລັງ/ເບິ່ງ/ໂທລະທັດ

ແມ່	ກຳລັງ	ເບິ່ງ	ໂທລະທັດ
매-3애	깜랑	브ㅓ5ㅇ	토-오 라탇
어머니	~고 있다	보다	TV

➡ 어머니는 TV를 보고 계십니다.

ເດັກ/ໆ/ອ່ານ/ໜັງສື/ຢູ່

ເດັກ	ໆ	ອ່ານ	ໜັງສື	ຢູ່
덱	덱	아5-안	낭4 쓰-4으	유5-우
아이	아이	읽다	책	~고 있다

➡ 아이들은 책을 읽고 있습니다.

- ເດັກໆ 덱덱 : 아이들
- ເດັກ 덱 : 아이, 아동
- ໆ 크ㅓ으-3앙 마-4이 쌈2 (ເຄື່ອງໝາຍຊ້ຳ) : 앞의 단어나 단어의 집단을 반복 혹은 강조하는 부호 (45쪽, 86쪽, 186쪽 참조)

ງາມໆ	ແທ້ໆ	ຂາວໆ	ຫຼາຍໆ
응아-암 응아-암	태2-애 태2-애	카-4우 카-4우	라-4이 라-4이
아주 예쁜	정말로	새하얀	아주 많이

| 참고 |

* **빠이** + 장소(○○) : ○○로 가다
* **마-아** + 장소(○○) : ○○로 오다
* **폽** + **깝** + ○○ : ○○를 만나다(직역 : ○○와 함께 만나다)
  전치사 [**깝**]은 생략 가능하다. 예 **폽** ○○ : ○○를 만나다

과거

ຂ້ອຍ/ໄດ້/ພົບ/ກັບ/ລາວ
커6-이 / 다20l / 폽 / 깝 / 라-오
나, 저 ~했다 만나다 함께 그
➡ 나는 그를 만났다.

ຂ້ອຍ/ບໍ່ໄດ້/ພົບ/ລາວ
커6-이 / 버5- 다20l / 폽 / 라-오
나, 저 못(안)했다 만나다 그
➡ 나는 그를 만나지 못했다.

ກິນ/ເຂົ້າ/ແລ້ວ/ບໍ?
낀 / 카6오 / 래2-우 / 버-
먹다 밥 ~었다 ~까?
➡ 식사하셨어요?

ກິນ/ແລ້ວ
낀 / 래2-우
먹다 ~었다
➡ 먹었습니다.

ເຈົ້າ/ເຄີຍ/ໄປ/ເກົາຫລີ/ບໍ
짜2오 / 크ㅓ-이 / 빠이 / 까오 리-40l / 버-
당신 ~적이 있다 가다 한국 ~까?
➡ 당신은 한국에 가신 적이 있습니까?

ເຄີຍ/ໄປ
크ㅓ-이 / 빠이
~적이 있다 / 가다
➡ 간 적이 있습니다.

ຍັງ/ບໍ່/ເຄີຍ/ເທື່ອ
냥 / 버5- / 크ㅓ-이 / 트ㅓ으-30ㅏ
아직 아니다 ~적이 있다 번(한번)
➡ 아직 (경험이) 없습니다. (직역: 아직 한번도 해본 적이 없습니다.)

미래

ຂ້ອຍ/ຈະ/ພົບ/ເຂົາ/ໄດ້/ບໍ?
커6-이 / 짜 / 폽 / 카4오 / 다20l / 버-
나, 저 / ~일 것이다 / 만나다 / 그 / 가능 / ~까?
➡ 제가 그를 만날 수 있을까요?

ມື້ອື່ນ/ພົບ/ເຂົາ/ໄດ້
므2-으 으5-은 / 폽 / 카4오 / 다20l
내일 만나다 그 가능하다
➡ 내일 그를 만날 수 있을 거예요.

- **므2-으 으5-은 폽 카4오 다20l**

문장에 미래 조동사 [**짜/씨**]가 없어도 문장에 [므2-으 으5-은 : 내일]이라는 미래 시간 부사가 있어서 이 문장은 미래 문장으로 이해됩니다.

문법 13 명사형 만들기

라오스어는 동사와 형용사를 바꾸어 명사로 만들어 사용할 수 있습니다. 방법은 다음 두 가지입니다.

① **까-안** + 동사 = 명사

② **쿠와-암** + 형용사 = 명사

ຂ້ອຍ/ຮູ້ສຶກ/ມີ/ຄວາມສຸກ

커6-이 / 후2-우쓱4 / 미-이 / 쿠와-암쑥4

나, 저 / 느끼다 / 행복

➡ 저는 행복합니다. (직역 : 저는 행복함을 느낍니다.)

동 사	명 사
ກິນ 낀 : 먹다	ການກິນ 까-안 낀 : 식사
ຍ່າງ 냐-3앙 : 걷다	ການຍ່າງ 까-안 냐-3앙 : 보행, 걷기
ຄ້າ 카2-아 : 장사하다	ການຄ້າ 까-안 카2-아 : 상업

형용사	명 사
ສຸກ 쑥4 : 행복하다	ຄວາມສຸກ 쿠와-암 쑥4 : 행복
ງາມ 응아-암 : 아름답다, 예쁘다	ຄວາມງາມ 쿠와-암 응아-암 : 아름다움, 예쁨, 미
ຮັກ 학 : 사랑하다	ຄວາມຮັກ 쿠와-암 학 : 사랑

문법 14 형용사 만들기

라오스어의 문장 중 수식과 서술(설명) 역할을 하는 형용사구(절)의 대표적인 문형 4가지입니다.

의 미	문장 형태
~한, ~인, ~ㄴ	명사 + ທີ່ **티-3이** ◀ 한정(제한)적 용법
~한, ~하다	ມີ **미-이** + 명사~
~할만하다	ເປັນຕາ **뻰 따-아** + 동사~
마음	ໃຈ **짜이** (짜이 합성어) ◀ 감정 표현

① 명사 + ທີ່ 티-3이 + ~ = ~인 ○○(명사)

ເຂົາ/ເປັນ/ຄົນ/ທີ່/ມີຄວາມສຸກ
카4오 / 뻰 / 콘 / 티-3이 / 미-이 쿠와-암 쑥4
그 ~이다 사람 ~인 행복한
➡ 그는 행복한 사람입니다.

ຄົນ/ທີ່/ຍັງ/ໂສດ
콘 / 티-3이 / 냥 / 쏘-4옫
사람 ~인 아직 혼자
➡ 미혼자(미혼인 사람)

- ຄົນ + ທີ່~ 콘 티-3이 : ~인 사람
- ເຂົາເປັນ 카4오 뻰~ : 그는 ~이다
- ເຂົາເປັນຄົນທີ່ 카4오 뻰 콘 티-3이 + ~ : 그는 ~한 사람이다
- ມີຄວາມສຸກ 미-이 쿠와- 암 쑥4 : 행복한

② ມີ 미-이 + ○○ : ~하다

「ມີ 미-이」의 숙어 표현

- ມີວຽກຫຼາຍ 미-이 위-약 라-4이 : 매우 바쁘다(용무가 많이 있다)
- ມີວຽກຫຍັງ 미-이 위-약 냥4 : 무슨 용무가 있습니까?
- ມີຊື່ສຽງ 미-이 쓰-3으 씨-4양 : 유명한
- ເຂົາມີຊື່ສຽງ 카4오 미-이 쓰-3으 씨-4양 : 그는 명성이 있습니다
- ມີເປັນທຳ 미-이 뻰 탐 : 공정한
- ມີເປັນສຸກ 미-이 뻰 쑥4 : 행복한
- ມີສະເໜ່ 미-이 싸4 네5-에 : 매력있는
- ມີເປັນປະໂຫຍດ 미-이 뻰 빠뇨-4온 : 유익한

③ ເປັນຕາ 뻰따-아 + ○○ : ○○할만한, ○○스러운

- ເປັນຕາອ່ານ 뻰 따-아 아5-안 : 읽을 만한
- ເປັນຕາກິນ 뻰 따-아 낀 : 먹음직스러운
- ເດັກທີ່ເປັນຕາຮັກ 덱 티-3이 뻰 따-아 학 : 귀여운 아이
- ເຮືອນນີ້ເປັນຕາຢູ່ 흐ㅓ으-안니2-이 뻰 따-아유5-우 : 이 집은 있을 만하다(편안하다)
- ເປັນຕາຢ້ານ 뻰 따-아 야2-안 : 무서운, 무서울만한
- ໃຈໃຫຍ່ 짜이 냐5이 : 마음(도량)이 넓은

④ ໃຈ 짜이 : (짜이 합성어) 감정 표현

ໃຈດີ 짜이 디-이	친절한	ໃຈກວ້າງ 짜이 꾸와2-왕	관대한, 도량이 넓은
ໃຈອ່ອນ 짜이 어5-언	마음이 약한	ໃຈຮ້າຍ 짜이 하2-이	악한, 불친절한
ໃຈແຄບ 짜이 캐-앱	마음이 좁은	ໃຈແຂງ 짜이 캐-4앵	마음이 강한
ໃຈເຍັນ 짜이 옌	침착한, 냉담한	ສະບາຍໃຈ 싸4바-이 짜이	마음이 편한
ຕົກໃຈ 똑 짜이	놀라다	ພໍໃຈ 퍼- 짜이	만족하다
ເຂົ້າໃຈ 카6오 짜이	이해하다	ຕັ້ງໃຈ 땅2 짜이	결심하다
ໄວ້ວາງໃຈ 와2이 와-앙 짜이	신임하다	ເສຍໃຈ 씌-40ᅣ 짜이	속상하다, 후회하다
ເຫັນໃຈ 헨4 짜이	동정하다	ຫາຍໃຈ 하-40l 짜이	호흡하다
ຕັດສິນໃຈ 딷 씬4 짜이	결정하다	ສົນໃຈ 쏜4 짜이	관심을 갖다
ເອົາໃຈ 아오 짜이	관심을 갖다	ໃຈຮ້ອນ 짜이 허2-언	성미가 급한
ເອົາແຕ່ໃຈ 아오 때5-애 짜이	제멋대로하다	ສຸກໃຈ 쑥4 짜이	행복한

문법 15 일, 월, 연도

① '무슨 요일'과 '무슨 달'의 질문에 「ຫຍັງ 냥4」을 사용한다.
② 무슨 요일? : 완 냥4
③ 무슨 달? : 드ㅓ으-안 냥4

ມື້ນີ້/ວັນ/ຫຍັງ?
므2-으니2-이 / 완 / 냥4
오늘 날, 일 무슨(의문사)
➡ 오늘은 무슨 요일입니까?

ມື້ນີ້/ວັນສຸກ
므2-으니2-이 / 완쑥4
오늘 금요일
➡ 오늘은 금요일입니다.

•ວັນຫຍັງ 완냥4
① 의미 : 어떤 요일입니까?, 무슨 요일입니까? (직역: 무슨 날)
② 어떤 날, 무슨날 : 공휴일이나 행사일 등을 물을 때도 사용

ເດືອນ/ນີ້/ເດືອນ/ຫຍັງ?
드ㅓ으-안 / 니2-이 / 드ㅓ으-안 / 냥4
달 이 월(달) 무슨(의문사)
➡ 이달은 몇 월(무슨달)입니까?

ເດືອນ/ນີ້/ເດືອນ/ທີ/ເທົ່າໃດ?
드ㅓ으-안 / 니2-이 / 드ㅓ으-안 / 티-이 / 타3오 다이
달 이 월(달) ~번째 몇(의문사)
➡ 이달은 몇 번째 달입니까?

ເດືອນ/ຕຸລາ
드ㅓ으-안 / 뚜라-아
월, 달 10월
➡ 10월입니다.

ເດືອນ/ທີ/ສິບ
드ㅓ으-안 / 티-이 / 씹4
월, 달 ~째, ~번째 10
➡ 10월입니다. (직역: 10번째 달)

ວັນ/ທີ/ຫ້າ/ເດືອນ/ພຶດສະພາ/ເປັນ/ວັນ/ຫຍັງ?
완 / 티-이 / 하6-아 / 드ㅓ으-안 / 픋싸4파-아 / 뻰 / 완 / 냥4
날(일) ~번째 5 월(달) 오월(月) ~이다 날 무슨(의문사)
➡ 5월 5일은 무슨 날입니까?

ວັນ/ເດັກນ້ອຍ
완 / 덱너2-이
날 어린이
➡ 어린이날입니다.

「며칠」의 질문은 ວັນທີເທົ່າໃດ 완 티-이 타3오 다이

「몇 년」의 질문은 ປີທີເທົ່າໃດ 삐-이 티-이 타3오 다이

ມື້ນີ້/ວັນ/ທີ/ເທົ່າໃດ?
므2-으니2-이 / 완 / 티-이 / 타3오 다이
오늘 / 일, 날 / ~번째 / 몇, 얼마(의문사)
➡ 오늘은 며칠입니까?

ວັນ/ທີ/ສິບຫົກ
완 / 티-이 / 씹4혹4
일, 날 ~번째 16
➡ 16일입니다.

ເຈົ້າ/ເກີດ/ປີ/ທີ/ເທົ່າໃດ?
짜2오 / 끄ㅓ-ㄷ / 삐-이 / 티-이 / 타3오다이
당신 태어나다 년(해) 번째 얼마(의문사)
➡ 당신은 어느 해에 태어났습니까? (직역: 어느 해, 몇 번째 연도)

ຂ້ອຍ/ເກີດ/ປີ/ໜຶ່ງ/ພັນ/ເກົ້າ/ຮ້ອຍ/ແປດ/ສິບ
커6-이 / 끄ㅓ-ㄷ / 삐-이 / 능5 / 판 / 까2오 / 허2-이 / 빼-앧 / 씹4
나, 저 태어나다 년 일 천 구 백 팔 십
➡ 저는 1980년에 태어났습니다.

- ເກີດ 끄ㅓ-ㄷ : 출생하다, 태어나다, 일어나다
- ປີ 삐-이 : 년

「○○월 ○○일」 표현 방법
① (**완 티-이** + 숫자) + (**드ㅓ으-안** + 월(달))
② (**완 티-이** + 숫자) + (**드ㅓ으-안 티-이** + 숫자)

ວັນ/ທີ/ສິບ/ສອງ/ເດືອນ/ທັນວາ
완 / 티-3이 / 씹4 / 써-4엉 / 드ㅓ으-안 / 탄와-아
일 ~번째 10(십) 2 달, 월 12월
➡ 12월 12일 (문법 7과 '월·단어' 참고)

- ທັນວາ 탄와-아 : 12월
- ເດືອນ 드ㅓ으-안 : 달, 월
- ເດືອນທັນວາ 드ㅓ으-안 탄 와-아 : 12월
  = ເດືອນທີສິບສອງ 드ㅓ으-안 티-이 씹4 써-4엉 : 12월 (직역 : 열두 번째 달)

문법 16 부정 및 '예' '아니오'

대답(예, 아니오) 기본 패턴

질문		대답(예, 아니오)		
~버-?	~까?	긍정	① 예 ② 예(존대)	① **짜2오** ② **도-이**
			① 예, ~(합)니다 ② ~(합)니다	① **짜2오**, 동사 ② 동사
		부정	아니오	**버5-**
			안 ~(합)니다	**버5-** + 동사
(주어) + **뻬[매-3앤]** ○○ **버-?**	(~은) ○○입니까?	긍정	① 예 ② 예(존대)	① **짜2오** ② **도-이**
		부정	아니오	① **버5-** + 동사 ② **버5- 매-3앤**
~매-3앤 버-?	~인가요? ~이지요?	긍정	예	① **매-3앤** (○) ② **매-3앤 래2-우** (○) **뻬 래2-우** (×)
		부정	아니요	① **버5-** ② **버5- 매-3앤** (○) **버5- 뻬** (×)
~다20| 버-?	~할 수 있나요? ~가 가능한가요?	긍정	예	**다20|**
		부정	아니오 (~할 수 없어요)	**버5- 다20|**
~뻬 버-?	~할 줄 아세요? (배워서 습득한 것)	긍정	예(~할 줄 압니다)	**뻬**
		부정	아니오(못합니다)	**버5- 뻬**
동사~ **래2-우 버-**	~했습니까? ~(ㅆ)습니까?	긍정	예, (= ~했습니다)	동사 + **래2-우**
		부정	아니오, (못했습니다)	**버5- (다20|)** + 동사
			아직이요	**냐**
			아직 못(했)습니다 아직 안(했)습니다	**냐 버5-** + 동사

* 라오스어의 부정문은 동사 앞에 「ບໍ່ 버5-」를 붙여 사용합니다.

질문

ພາສາ/ລາວ/ຍາກ/ບໍ?

파-아 싸-4아 / 라-오 / 냐-악 / 버-

언어 라오 어렵다 ~까

➡ 라오스어가 어려운가요?

대답 유형

① 예 : **짜2오** ເຈົ້າ

② 예 : **도-이** ໂດຍ (존대)

③ 예 : **냐-악** ຍາກ (어렵습니다)

④ 아니오 : **버5- 냐-악** ບໍ່ຍາກ (안 어렵습니다)

ພາສາ/ລາວ/ງ່າຍ

파-아 싸-4아 / 라-오 / 응아-3이

언어 라오스 쉽다

➡ 라오스어는 쉽습니다

ພາສາ/ລາວ/ບໍ່/ງ່າຍ

파-아 싸-4아 / 라- 오/ 버5- / 응아-3이

언어 라오스 아니 쉽다

➡ 라오스어는 쉽지 않습니다

ເຈົ້າ/ຊື່/ລຸນ/ແມ່ນບໍ?

짜2오 / 쓰-3으 / 룬 / 매-3앤 버-

당신 이름 룬 맞지요?

➡ 당신이 룬(씨)이지요?.

ແມ່ນແລ້ວ

매-3앤래2-우

그렇습니다

➡ 네 그렇습니다.

ຂ້ອຍ/ຊື່/ລຸນ

커6-이 / 쓰-3으 / 룬

나, 저 이름~이다 룬

➡ 제가 룬입니다.

* ຊື່ 쓰-3으 : ① [명사] 이름 ② [동사] 이름이 ~다 ③ [부사] 똑바로, 곧장

ເຈົ້າ/ເປັນ/ຄົນ/ເກົາຫລີ/ແມ່ນບໍ?

짜2오 / 뻰 / 콘 / 까오리-4이 / 매-3앤 버-

당신 ~이다 사람 한국 ~이지요?

➡ 당신은 한국인이지요? (**~매-3앤 버-?** : ~이지요?)

ແມ່ນແລ້ວ. ຂ້ອຍ/ເປັນ/ຄົນ/ເກົາຫລີ

매-3앤 래2-우. 커6-이 / 뻰 / 콘 / 까오 리-4이

그렇습니다 나, 저 ~이다 사람 한국

➡ 예(그렇습니다). 저는 한국인입니다.

ບໍ່ແມ່ນ. ຂ້ອຍ/ບໍ່ແມ່ນ/ຄົນເກົາຫລີ
버5- 매-3앤. **커6-이 / 버5- 매-3앤 / 콘 까오리-4이**
아니다 나, 저 ~아니다 한국인
➡ 아닙니다. 저는 한국인이 아닙니다.

ມື້ອື່ນ/ເຈົ້າ/ຢາກ/ພົບ/ລາວ/ບໍ? ບໍ່/ຢາກ
므2-으 으5-은 / 짜2오 / 야-약 / 폽 / 라-오 / 버- **버 / 야-약**
내일 당신 ~하고 싶다 만나다 그 사람(그녀) ~까? 안/원하다
➡ 내일 당신 그 사람을 만나고 싶은가요? ➡ 아니오.(원치 않습니다)

ຢາກ ຢາກ/ພົບ ບໍ່/ຢາກ/ພົບ
야-약 **야-약 / 폽** **버5- / 야-약 / 폽**
원하다 원하다 만나다 아니다 원하다 만나다
➡ 예.(=원합니다) ➡ 만나고 싶어요. ➡ 만나고 싶지 않아요.

ລອຍນ້ຳ/ເປັນ/ບໍ? ລອຍນ້ຳ/ໄດ້/ບໍ? ລອຍນ້ຳ/ໄຫວ/ບໍ?
러-이 남2 / 뻰 / 버- **러-이 남2 / 다2이 / 버-** **러-이 남2 / 와4이 / 버-**
수영하다 / ~할 줄 알다 / ~까? 수영하다 / ~할 수 있다 / ~까? 수영하다 / ~할 수 있다 / ~까?
➡ 수영할 줄 아세요? ➡ 수영할 수 있습니까? ➡ 수영할 수 있습니까?

* **뻰 버-** : ~할 줄 알아요? (배워서 할 줄 아는지 여부를 질문)
* **다2이 버-** : ~할 수 있어요? (할 수 있는지 유무. 즉, 가능 여부를 질문)
* **와4이 버-** : ~할 수 있어요? (상황이 육체적으로 견딜 수 있는지 여부를 질문)

ກິນ/ເຂົ້າ/ແລ້ວ/ບໍ? ກິນ/ແລ້ວ ບໍ່ໄດ້/ກິນ
낀 / 카6오 / 래2-우 / 버- **낀 / 래2-우** **버5-다2이 / 낀**
먹다 밥 ~었다 ~까? 먹다 ~었다 안했다 먹다
➡ 밥 먹었어요? ➡ 먹었어요. ➡ 못 먹었어요.

ຍັງ ຍັງ/ບໍ່ໄດ້/ກິນ ຍັງ/ບໍ່ທັນ/ໄດ້ກິນ
냥 **냥 / 버5-다2이 / 낀** **냥 / 버5- 탄 / 다2이 / 낀**
아직 아직 안했다 먹다 아직 미처못 했다 먹다
➡ 아직입니다. ➡ 아직 못 먹었어요. ➡ 아직 (미처) 못 먹었어요.

* ທັນ 탄 : 따라잡다(붙다), 시간에 대다, 미처 ~(못)하다(부정문에서)

문법 17

비교급, 최상급 & 너무 ~하다

단어	읽기	내용
ກວ່າ	꾸와-3아	~보다 ~하다 (비교급)
ທີ່ສຸດ	티-3이 쑫4	가장 ~하다 (최상급)
ຫຼາຍກວ່າຫມູ່	라-4이 꾸와-3아 무5-우	가장 ~하다 (최상급)
ເກີນໄປ	끄ㅓ-ㄴ 빠이	너무 ~하다
ໂພດ	포-옫	너무 ~하다

문장 형식

① 형용사 + **꾸와-3아** : 더 ~하다

② 형용사 + **티5-이 쑫4** : 가장 ~하다

③ 형용사 + **라-4이 꾸와-3아 무5-우** : 가장 ~하다

④ 형용사 + **끄ㅓ-ㄴ 빠이** : 너무 ~하다

⑤ 형용사 + **포-옫** : 너무 ~하다

ອັນນີ້/ດີ/ກວ່າ
안니2-이 / 디-이 / 꾸와-3아
이것 좋다 더
➡ 이것이 더 좋습니다.

ແຕ່/ແພງ/ໂພດ
때5-애 / 패-앵 / 포-옫
그러나 비싸다 너무
➡ 그러나 너무 비싸요.

ອັນນັ້ນ/ໃຫຍ່/ເກີນໄປ
안난2 / 냐5이 / 끄ㅓ-ㄴ 빠이
저것 크다 너무
➡ 저건 너무 커요.

ມີ/ນ້ອຍ/ກວ່າ/ບໍ?
미-이 / 너2-이 / 꾸와-3아 / 버-
있다 작은 더(보다) 까?
➡ 더 작은 게 있나요?

ອັນນີ້/ດີ/ທີ່ສຸດ
안니2-이 / 디-이 / 티-3이쑫4
이것 좋다 가장
➡ 이것이 가장 좋네요.

ຂ້ອຍ/ມັກ/ອັນນີ້/ຫຼາຍກວ່າຫມູ່
커6-이 / 막 / 안니2-이 / 라-4이꾸와-아무5-우
나, 저 좋아하다 이것 가장
➡ 전 이것을 가장 좋아합니다.

문법 18 금지 (야5-아, 하6-암, 버5- 다2이, 버5- 떠2-엉)

단어	읽기	의 미
ຢ່າ	야5-아	~하지 마라
ຫ້າມ	하6-암	금지하다(안내문, 공고 등에 사용)
ບໍ່ໄດ້	버5- 다2이	① ~할 수 없다 ② ~하면 안 된다

ຢ່າ/ເປັນຫ່ວງ
야5-아 / 뻰후5-왕
~하지 마라 걱정하다
➡ 걱정마.

ຢ່າ/ໄຫ້
야5-아 / 하6이
하지마라 울다
➡ 울지마.

ຢ່າ/ໄປ/ຫັ້ນ
야5-아 / 빠이 / 한6
~하지 마라 / 가다 / 거기
➡ 그곳에 가지 마라.

ຫ້າມສູບຢາ
하6-암 / 쑤-4웁 / 야-아
금지 담배 피우다
➡ 금연

ຫ້າມຈອດລົດ
하6-암 / 쩌-얻 / 롣
금지 세우다 차
➡ 주차금지

ຫ້າມຜ່ານ
하6-암 / 파5-안
금지 통과하다
➡ 통행금지

ລືມ/ບໍ່ໄດ້
르-음 / 버5-다2이
잊다 안 된다
➡ 잊어서는 안 됩니다.

ຕົວະ/ບໍ່ໄດ້
뚜와 / 버5-다2이
거짓말하다 안 된다
➡ 거짓말을 해서는 안 됩니다.

ກິນ/ບໍ່ໄດ້
낀 / 버5-다2이
먹다 안 된다
➡ 먹으면 안 돼요.

단어	읽기	의 미
ບໍ່ຕ້ອງ	버5- 떠2-엉	① ~하지 않아도 좋다, ~하지 않아도 된다 ② ~할 필요가 없다 ③ ~해서는 안 된다 (안 해야 한다)
ບໍ່ຕ້ອງການ	버5- 떠2-엉까-안	① ~할 필요가 없다 ② ~해서는 안 된다
ຕ້ອງບໍ່	떠2-엉 버5-	~하면 안 된다
ບໍ່ຄວນ	버5- 쿠-완	① ~해서는 안 된다 ② ~하지 않는 게 좋겠다(권유)

ຮັກ/ຕ້ອງການ/ເວລາ/ບໍ?

학 / 떠2-엉 까-안 / 웨-에 라-아 / 버-

사랑 필요하다 시간 ~까?

➡ 사랑은 시간이 필요한가요?

ເຈົ້າ/ກຳລັງ/ລໍຖ້າ/ຄວາມຮັກ/ບໍ?

짜2오 / 깜랑 / 러- 타6-아 / 쿠와-암 학 / 버-

당신 ~하고 있다 기다리다 사랑 ~까?

➡ 당신은 사랑을 기다리고 있나요?

ຈະ/ຕ້ອງ/ບອກ/ລາວ/ກ່ອນ/ບໍ?

짜 / 떠2-엉 / 버-억 / 라-오 / 꺼5-언 / 버-

~일 것이다 / 해야 된다 / 말하다 / 그(에게) / 먼저 / 까?

➡ 그에게 먼저 말해야 할까요?

ຕ້ອງບໍ່/ບອກ/ລາວ/ກ່ອນ

떠2-엉버5- / 버-억 / 라-오 / 꺼5-언

~하면 안 된다 말하다 그(에게) 먼저

➡ 그에게 먼저 말하면 안돼요.

ບໍ່ຕ້ອງ/ບອກ/ລາວ

버5- 떠2-엉 / 버-억 / 라-오

~하지 않아도 된다 말하다 그(에게)

➡ 그에게 말하지 않아도 돼요.

ຄິດ/ວ່າ/ເຮົາ/ບໍ່ຄວນຈະ/ບອກ/ລາວ

킨 / 와-3아 / 하오 / 버5- 쿠-완 짜 / 버-억 / 라-오

생각하다 ~라고 우리 안 하는 게 좋겠다 말하다 그(에게)

➡ ① 생각엔 그에게 말하지 않는게 좋겠어요.

② 생각엔 그에게 말하지 말아야 합니다. (상황에 따라 둘다 해석 가능)

ຢ່າງໃດກໍ່ຕາມ/ດຽວນີ້/ເຈົ້າ/ຕ້ອງ/ກັບໄປ/ແມ່ນບໍ?

야5-앙다이꺼5- 따-암 / 듸-야우 니2-이 / 짜2오 / 떠2-엉 / 깝 빠이 / 매-3앤버-?

그건그렇고(어쨌든) 지금 당신 ~해야 한다 돌아가다 ~이지요?

➡ 그건 그렇고 당신 지금 돌아가야 하지요?

* ຢ່າງໃດກໍ່ຕາມ 야5-앙 다이 꺼5- 따-암 : 어쨌든간에, 그건 그렇고, 그런데

ບໍ່ ຍັງ/ບໍ່ຕ້ອງ/ໄປ

버5- 냥 / 버5- 떠2-엉 / 빠이

아니다! 아직 ~하지 않아도 된다 가다

➡ 아닙니다. 아직 가지 않아도 됩니다.

문법 19 가능 (다20l, 뻰, 와40l, 싸-40i 마-알)

단어	긍정	부정
ໄດ້ 다20l	가능하다, ~할 수 있다 (능력 및 할 수 있음의 가능을 의미)	ບໍ່ໄດ້ 버5- 다20l ~할 수 없다. 불가능하다
ເປັນ 뻰	~할 수 있다, ~할 줄 알다 (배우거나 익혀서 가능함을 의미)	ບໍ່ເປັນ 버5- 뻰 ~할 줄 모른다 (배우지 않아서)
ໄຫວ 와40l	~할 수 있다 (육제적 정신적 견딜 수 있는 가능 의미)	ບໍ່ໄຫວ 버5- 와40l ~할 수 없다, 못하겠다
참고	'가능하다[다20l, 뻰, 와40l]'의 공통점 : 모두 문장의 맨 마지막에 위치한다. ① (주어) + 동사 + (목적어) + ໄດ້ 다20l ② (주어) + 동사 + (목적어) + ເປັນ 뻰 ③ (주어) + 동사 + (목적어) + ໄຫວ 와40l ④ '~할 수 있나요?'에 대한 부정(대답) : → 동사 + 버5- + 다20l : 동사할 수 없어요 → 동사 + 버5- + 뻰 : 동사할 줄 몰라요 → 동사 + 버5- + 와40l : 동사할 수 없어요	

ໄດ້ບໍ່? 다20l 버- (가능합니까?) 질문일 때	
긍정 대답	대답방법 ① ໄດ້! 다20l : 예 (직역: 가능합니다) 대답방법 ② 동사 + (목적어) + ໄດ້ 다20l : 동사할 수 있습니다
부정 대답	① ບໍ່ 버5- : 아니오 ② ບໍ່ໄດ້ 버5- 다20l : 불가능하다, 할 수 없다(아니오) ③ 동사 + ບໍ່ໄດ້ 버5- 다20l : 동사하는 것이 불가능하다.

문장 비교	단어	참고 (늬앙스 차이)
❶ ຂ້ອຍ/ດື່ມ/ເຫຼົ້າ/ບໍ່ໄດ້ 커6-이 / 드5-음 / 라6오 / 버5- 다2이 나, 저 마시다 술 불가능하다 나는 술을 마실 수 없어요.	다2이 (가능)	(상황·입장)이 할 수 없음을 의미하는 가장 일반적 표현
❷ ຂ້ອຍ/ດື່ມ/ເຫຼົ້າ/ບໍ່ເປັນ 커6-이 / 드5-음 / 라6오 / 버5-뻰 나, 저 마시다 술 ~할 줄모르다 나는 술을 마실 줄 모릅니다.	뻰 (가능)	안 배워서 할 줄 모른다는 의미 *뻰 버-? = ~할 줄 알아요?
❸ ຂ້ອຍ/ດື່ມ/ເຫຼົ້າ/ບໍ່ໄຫວ 커6-이 / 드5-음 / 라6오 / 버5-와4이 나, 저 마시다 술 ~할 수없다 나는 술을 더 이상 마실수 없어요.	와4이 (가능)	(육체적 한계 등등 이유) 더 먹으면 안 되는 상황으로 불가능함을 의미

ໄດ້ 다2이

① 가능하다, ~할 수 있다
② (본동사) 얻다, 받다, 따다, 획득하다

질문

ເຈົ້າ/ກິນ/ເຂົ້າ/ນຳກັນ/ໄດ້/ບໍ?
짜2오 / 낀 / 카6오 / 남깐 / 다2이 / 버-
당신 먹다 밥 같이 가능하다 ~까?
당신은 식사를 같이 할 수 있습니까?

대답 ①

ບໍ່! 버5-! 아니
아니오.

대답 ②

ບໍ່ໄດ້! 버5- 다2이 ~할 수 없다
할 수 없어요.

대답 ③

ບໍ່! ກິນ/ເຂົ້າ/ນຳ/ບໍ່ໄດ້
버5-! 낀 / 카6오 / 남 / 버5- 다2이
아니다 먹다 밥 같이 불가능
아니오. 식사를 같이 할 수 없어요.

ມື້ອື່ນ/ເຈົ້າ/ມາ/ໄດ້/ບໍ?
므2-으 으5-은 / 짜2오 / 마-아 / 다20l / 버-?
내일 당신 오다 가능하다 ~까?

➡ 내일 당신은 올 수 있습니까?

ໄດ້! ມາ/ໄດ້
다20l 마-아 / 다20l
가능 오다 가능하다

➡ 네, 올 수 있습니다.

ບໍ່! ມາ/ບໍ່ໄດ້
버5- 마-아 / 버5- 다20l
아니오, 오다 불가능하다

➡ 아니오, 올 수 없습니다.

ເປັນ 뻰 ① ~이다 ② ~할 수 있다 ③ ~할 줄 알다(배워서)

ເຈົ້າ/ຂັບ/ລົດ/ເປັນ/ບໍ?
짜2오 / 캅4 / 롣 / 뻰 / 버-
당신 몰다 차 ~할줄알다 ~까?

➡ 당신은 운전 할 줄아세요?

ບໍ່ເປັນ
버5-뻰
못하다

➡ 못합니다. (안 배워서 할 줄 모릅니다)

ເຈົ້າ/ເວົ້າ/ພາສາ/ເກົາຫລີ/ເປັນ/ບໍ?
짜2오 / 와2오 / 파-아싸-40l / 까오리-40l / 뻰 / 버-
당신 말하다 어(語) 한국 ~할 줄 알다 ~까?

➡ 당신은 한국어를 할 줄 압니까?

ບໍ່/ເຄີຍ/ຮຽນ/ເວົ້າ/ບໍ່/ເປັນ
버5- / 크ㅓ-이 / 희-얀 / 와2오 / 버5- / 뻰
아니다 ~적이 있다 배우다 말하다 아니 ~할 줄 알다

➡ 배운적이 없어서 못합니다.

ເຈົ້າ/ສອນ/ພາສາ/ເກົາຫລີ/ໃຫ້/ຂ້ອຍ/ໄດ້ບໍ?
짜2오 / 써-4언 / 파-아 싸-40l / 까오리-40l / 하60l / 커6-이 / 다20l 버-
당신 가르치다 언어 한국 ~에게(위하여) 나, 저 가능합니까?

➡ 당신이 저에게 한국어를 가르쳐 주실 수 있습니까?

ໄຫວ 와-4이 ① 가능하다 ② 참을 수 있다(육체적 경제적 등)

ມື້ອື່ນ/ຕື່ນ/ແຕ່/ເຊົ້າ/ໄຫວບໍ? ຄົງ/ບໍ່ໄຫວ

므2-으으5-은 / 뜨5-은 / 때5-애 / 싸2오 / 와4이 / 버- 콩 / 버5-와4이

내일 일어나다 ~부터 아침 가능 ~까? ~일 것이다 ~할 수 없다

➡ 내일 아침 일찍 일어날 수 있습니까? ➡ 아마 안 될걸요.

- ຕື່ນແຕ່ເຊົ້າ 뜨5-은 때5-애 싸2오 : (아침) 일찍 눈을 뜨다
- ຕື່ນສາຍ 뜨5-은 싸-4이 : 아침 늦게 깨다
- ຕື່ນ 뜨5-은 : 깨다, 깨닫다, 흥분상태가 되다
- ຕື່ນນອນ 뜨5-은 너-언 : 깨어나다(잠에서) *너-언 : 자다
- ຕື່ນຢູ່ 뜨5-은 유5-우 : 자지 않고 있다, 눈을 뜨고 있다, 깨어 있다

ກະເປົ໋າ/ໜ່ວຍ/ນີ້/ໜັກ/ຫລາຍ/ຍົກ/ບໍ່ໄຫວ

까빠4오 / 누5-와이 / 니2-이 / 낙4 / 라-4이 / 녹 / 버5-와4이

가방 (유별사) 이 무겁다 많이 들다 불가능하다

➡ 이 가방은 너무 무거워 들지 못합니다.

ສາມາດ 싸-4아 마-앋 ① ~할 수 있다 ② 가능하다 ③ 능력있다, 정통하다

ເຂົາ/ສາມາດ/ແກ້ໄຂ/ບັນຫາ/ນີ້/ໄດ້

카4오 / 싸-4아마-앋 / 깨2-애카4이 / 반하-4아 / 니2-이 / 다2이

그 가능하다 해결하다 문제 이(것) ~할 수 있다

➡ 그는 이 문제를 해결할 수 있다. * 「싸-4아마-앋 ~ 다2이」 형태로 주로 사용한다.

ໂຮງງານ/ນີ້/ສາມາດ/ຜະລິດ/TV/ວັນ/ລະ/ໜຶ່ງພັນ/ໜ່ວຍ

호-옹응아-안 / 니2-이 / 싸-4아마-앋 / 파4릳 / 티-이 위-이 / 완 / 라 / 능5 판 / 누5-와이

공장 이 가능하다 생산하다 TV 날(하루) 당 일천 개(유별사)

➡ 이 공장은 하루에 천대의 TV를 생산할 수 있다. *티-이 위-이 : TV의 외래어

문법 20 존대, 요청, 부탁 (커-4, 쑤-3와이, 까루나-아, 쓰ㅓ-ㄴ)

단어	읽기	참 고
ຂໍ	커-4	존대어 • 커-4 + 동사 ① 요청하다, 부탁하다(가장 기본 의미임) ② ~해 주세요(의역) ③ (제가) ~하겠습니다 (제가) ~해 드리겠습니다(겸양) • 커-4 + 명사 : 명사(을/를) 주세요. ~해 주세요 (×)　~을 주세요 (○) • 윗사람이나 연장자에게 사용
ຊ່ວຍ	쑤-3와이	• 동년배나 아랫사람에게 사용 가능 ① ~해 주세요　② 돕다, 도와주다(본동사)
ກະລຸນາ	까루나-아	• 1 : 1, 개인 : 多(여러 명)의 경우 사용 가능 : ~해주세요 • 하나의 공식적인 존대어 • 방송, TV 공식멘트 등에서 많이 들을 수 있음.
ເຊີນ	쓰ㅓ-ㄴ	• 권유할 때 사용하는 존대어 : (어서) ~하세요
ຂໍໃຫ້	커-4 하6이	• 극존대어로 '바람'이나 '기원'에 사용 : ~하시기 바랍니다
ຂໍຊ່ວຍ	커-4 쑤-3와이	• [커-4]를 붙여 [쑤-3와이]를 좀더 높여 사용

ຂໍ 커-4 : 기본 문장 (요청/부탁하다, ~해주세요)

ຂໍ/ເບິ່ງ/ປຶ້ມ/ຂອງ/ເຈົ້າ/ແດ່ 커-4 / 브ㅓ5ㅇ / 쁨2 / 커-4엉 / 짜2오 / 대5-애 요청(~해 주세요) / 보다 / 책 / ~의 / 당신 / (존대) 당신의 책을 좀 보여주세요.	ຂໍເບິ່ງ~ 커-4 브ㅓ5ㅇ + ~(을) ~를 (좀) 보여 주세요 / ~를 (좀) 보겠습니다

ຂໍ 커-4 : 개념

① 첫째 : '요청하다, 부탁하다' 즉 '~해 주세요'의 의미로 주로 사용된다.
'~해주세요'의 의미로 [커-4 + 동사] 문장을 서로 가까운 관계에서는 실제 회화에 사용할 일은 많지 않다.

② 둘째 : '(제가) ~하겠습니다, ~합니다/~해 드리겠습니다'에 해당하는 의미로도 사용된다. 모든 단어가 그런 것이 아니며 [소개하다, 사용하다, 미안(죄송)하다, 질문하다, 빌리다] 등의 단어에서 의미 파악할 때 주의가 필요하다.

③ 셋째 : [커-4 + 명사]로 '~해 주세요'도 아니고 '~하겠습니다'도 아닌 '~을 주세요'로 대상(명사)을 직접 요구하는 문장에 사용한다.

ຂໍ 커-4 : 예문 비교

① (제가) ~하겠습니다/합니다 ② (제가) ~해 드리겠습니다
③ ~(을) 주세요 (커-4 + 명사)

ຂໍ/ສະແດງ/ຄວາມຍິນດີ 커-4 / 싸4대-앵 / 쿠와-암 닌디-이 ~합니다 표현하다 기쁨 축하합니다. 축하해 주세요. (×) 축하드립니다. (○)	ຂໍ/ນ້ຳ/ແດ່ 커-4 / 남2 / 대5-애 요청 물 ~세요(존대) 물 (좀) 주세요. (○) 물 해 주세요. (×) 물을 주세요. (○) (커-4 + 명사)
ຂໍ/ແນະນຳ/ລາວ/ໃຫ້/ເຈົ້າ/ຮູ້ຈັກ/ກັນ 커-4 / 내남 / 라-오 / 하6이 / 짜2오 / 후2-우 짝 / 깐 ~해 드리다 / 소개 / 그(를) / ~하도록 / 당신 / 알다 / 서로 당신이 알게 그를 소개해 드리겠습니다.	ຂໍແນະນຳ + ○○ 커-4 내남 + ○○ ○○를 소개해주세요(×) ○○를 소개드리겠습니다(○)
ຂໍ/ໃຊ້/ໂທລະສັບ/ໄດ້ບໍ? 커-4 / 싸2이 / 토-오 라쌉4 / 다2이 버- ~하겠습니다 / 사용하다 / 전화 / 가능합니까? 전화 좀 사용해도 되나요?	ຂໍໃຊ້ + ○○ 커-4 싸2이 + ○○ ○○를 사용해주세요. (×) ○○를 사용하겠습니다. (○)
ຂໍໂທດເດີ້ 커-4 / 토-옫 / 드ㅓ2- ~합니다 미안 (존대) → 미안합니다.	ຂໍໂທດ 커-4 토-옫 미안해주세요. (×) 미안합니다. (○)

ຊ່ວຍ 쑤-3와이 ① ~해 주세요 ② 돕다, 구하다

[쑤-3와이]는 동년배나 손아래 사람에게 주로 사용하는 표현으로 가볍게 뭔가를 부탁할 때 유용하게 사용할 수 있습니다. 가장 일반적인 부탁의 어법으로 '~해 주세요'로 이해하면 딱 떨어지겠습니다.

ຊ່ວຍ/ພາ/ຂ້ອຍ/ໄປ/ນຳກັນ/ແດ່
쑤-3와이 / 파-아 / 커6-이 / 빠이 / 남깐 / 대5-애
~해 주세요 데리고 나, 저(를) 가다 같이 (존대)

➡ 저를 같이 데려다 주세요.

ຊ່ວຍ/ຖາມ/ເຂົາ/ໃຫ້/ແນ່.
쑤-3와이 / 타-4암 / 카4오 / 하6이 / 내-3애
~해 주세요 묻다 그(에게) ~해 주다 (존대)

➡ 그에게 물어봐 주세요.

ຊ່ວຍ/ຂ້ອຍ/ແດ່
쑤-3와이 / 커6-이 / 대5-애
돕다 나, 저(를) ~세요(존대)

➡ 저를 도와 주세요.

ເຊີນ 쓰ㅓ-ㄴ (어서) ~하세요

존대어 '어서 ~하세요' 정도의 의미로 권유할 때 사용합니다. 단, 본동사로 사용될 때는 '초대하다'의 의미가 있습니다.

ເຊີນ/ເຂົ້າ/ມາ
쓰ㅓ-ㄴ / 카6오 / 마-아
~하세요 들어 오다

➡ 어서 들어 오세요.

ເຊີນ/ໆ
쓰ㅓ-ㄴ / 쓰ㅓ-ㄴ
어서 어서 ~하세요

➡ 어서 오세요.

ເຊີນ/ຂ້າງ/ໃນ
쓰ㅓ-ㄴ / 카6-앙 / 나이
~하세요 쪽 방향(으로) 안

➡ 안으로 들어 오세요

ເຊີນ/ກິນ/ຫຼາຍ/ໆ
쓰ㅓ-ㄴ / 낀 / 라-4이 / 라-4이
~하세요 먹다 많이 많이

➡ 많이 드세요.

ກະລຸນາ 까루나-아 ~해 주세요

관공나 공 적인 관계에서도 많이 사용되는 [까루나-아]는 [1:1]로도 사용하지만 [1:다(多)]의 사이에서도 많이 사용합니다. 따라서 대중연설이나 방송, TV뉴스 등에서 [까루나-아]를 많이 들을 수 있습니다. 가까운 사이에서 대화할 때 [커-4] 혹은 [까루나-아]와 같은 단어를 사용할 일은 많지 않습니다.

ກະລຸນາ/ເວົ້າ/ຊ້າ/ໆ/ແດ່

까루나-아 / 와2오 / 싸2-아 / 싸2-아 / 대5-애

~해 주세요 말하다 천천히 천천히 좀 ~세요(존대)

➡ 천천히 말해 주세요.

ຫາກ/ຕ້ອງການ/ຄວາມຊ່ວຍເຫລືອ/ກະລຸນາ/ບອກ/ໃຫ້/ແດ່

하-4악 / 떠2-엉 까-안 / 쿠와-암 쑤-3와이 르ㅓ으-4아 / 까루나-아 / 버-억 / 하6이 / 대5-애

만약 필요하다 도움('돕다'의 명사형) ~하세요 말하다 ~해주다 (존대)

➡ (만약) 도움이 필요하면 알려 주세요.

ຂໍໃຫ້/ໂຊກດີ/ປີໃຫມ່/ເດີ້

커4- 하6이 / 쏘-옥 디-이 / 삐-이 마5이 / 드ㅓ2-

~하시기 바랍니다 행운 새해 존대

➡ 새해 복 많이 받으시기 바랍니다.

*쏘-옥 디-이 : 행운, 좋은 운세

ຂໍໃຫ້ 커-4 하6이 ~하시기 바랍니다

존대어법으로 '~하시기 바랍니다, ~하시기를 기원합니다'의 내용으로 바람이나 기원에 사용합니다.

ຂໍໃຫ້/ເດີນທາງ/ໂດຍ/ສະຫວັດດີພາບ

커-하6이 / 드ㅓ-ㄴ타-앙 / 도-이 / 싸4왇4 디-이파-압

~하시기 바랍니다 여행 ~하게, ~으로 안전(평안, 안녕)

➡ 편안한(안전한) 여행이 되시기를 바랍니다(기원합니다).

* 도-이/싸4왇4 디-이파-압 : 평안히, 안전하게

문법 21

관계대명사 : ວ່າ 와-30ㅏ

단어	주요 의미	단어	의미
ວ່າ	~라고	ບອກວ່າ	버-억 와-30ㅏ : ~라고 말하다
		ຄິດວ່າ	킫 와-30ㅏ : ~라고 생각하다
		ນຶກວ່າ	늑 와-30ㅏ : ~라고 생각하다
		ເຫັນວ່າ	헨4 와-30ㅏ : ~라고 생각하다, ~라고 보여지다
		ຮູ້ສຶກວ່າ	후2-우 씈4 와-30ㅏ : ~라고 느끼다, 인식하다
		ເວົ້າວ່າ	와2오 와-30ㅏ : ~라고 말하다
		ເຂົ້າໃຈວ່າ	카6오 짜이 와-30ㅏ : ~라고 이해하다
		ສົງໃສວ່າ	쏭4 싸4이 와-30ㅏ : ~라고 의문이 간다
		ໄດ້ຍິນວ່າ	다2이 닌 와-30ㅏ : ~라고 듣다(들다)
		ບໍ່ແມ່ນວ່າ	버5- 매-3앤 와-30ㅏ : ~라는 건 아니다
		ແປວ່າ	빼-애 와-30ㅏ : ~라고 번역하다
	~인지	ຮູ້ວ່າ	후2-우 와-30ㅏ : ~인지 알다
		ບໍ່ຮູ້ວ່າ	버5- 후2-우 와-30ㅏ : ~인지 모른다
	~기를	ຫວັງວ່າ	왕4 와-30ㅏ : ~기를 바라다

「ວ່າ 와-30ㅏ」의 핵심 내용

① ~라고, ~인지, ~기를　② ~라고 말하다(~라고 하다), ~라고 부르다

ອັນນີ້/ພາສາ/ລາວ/ວ່າ/ຫຍັງ?

안니2-이 / 파-아싸-4아 / 라-오 / 와-30ㅏ / 냥4

이것　말(어)　라오스　~라고 하다　무엇(의문사)

➡ 이것은 라오스어로 뭐라고 해요?

ຄຳນີ້/ພາສາລາວ/ອ່ານ/ວ່າ/ຫຍັງ?

캄니2-이 / 파-아싸-4아 라-오 / 아5-안 / 와-30ㅏ / 냥4

이 말(단어)　라오스어　읽다　~라고 하다　무엇(의문사)

➡ 이 단어(말)는 라오스어로 뭐라고 읽어요?　* ຄຳ 캄 : 말, 단어

ຂ້ອຍ/ຄິດ/ວ່າ/ມື້ນີ້/ຝົນ/ຄົງຈະ/ຕົກ

커6-이 / 킨 / 와-30ㅏ / 므2-으니2-이 / 폰f4 / 콩짜 / 똑

나, 저　생각하다　~라고　오늘　비　~일 것이다　내리다

➡ 오늘 비가 올거라고 생각된다.

ຂ້ອຍ/ບໍ່/ຮູ້/ວ່າ/ລາວ/ຈະ/ມາ/ຫລື/ບໍ່ມາ

커6-이 / 버5- / 후2-우 / 와-30ㅏ / 라-오 / 짜 / 마-아 / 르-4으 / 버5-마-아

나, 저　아니　알다　~인지　그, 그녀 / ~일 것이다 / 오다 / 혹은 / 안 오다

➡ 나는 그가 올지 안 올지 몰라요.

ຂ້ອຍ/ບໍ່/ຮູ້/ວ່າ/ລາວ/ແຕ່ງງານ/ແລ້ວ

커6-이 / 버5-후2-우 / 와-30ㅏ / 라-오 / 때5-앵 응아-안 / 래2-우

나, 저　모르다　~인지　그, 그녀　결혼하다　~었다(완료, 과거)

➡ 나는 그가 결혼했는지를 몰랐어요.

ເຈົ້າ/ຮູ້/ບໍ/ວ່າ/ຂ້ອຍ/ເວົ້າ/ຫຍັງ?

짜2오 / 후2-우 / 버- / 와3-아 / 커6-이 / 와2오 / 냥4?

당신　알다　~까?　~인지　나,저　말하다　무엇

➡ 당신은 제가 뭐라했는지 아세요? (당신은 제 말이 무슨 뜻인지 알겠어요?)

ເຈົ້າ/ຮູ້/ບໍ/ວ່າ/ລາວ/ຈະ/ມາ/ເມື່ອໃດ?
짜2오 / 후2-우 / 버- / 와3-아 / 라-오 / 짜 / 마-아 / 므ㅓ으-3아 다이
당신 알다 ~까? ~인지 그 ~일 것이다 / 오다 / 언제
➡ 당신은 그가 언제 올건지 아세요?

ຂ້ອຍ/ຮູ້ສຶກ/ວ່າ/ລາວ/ເປັນ/ຄົນ/ໃຈດີ
커6-이 / 후2-우 쓱4 / 와-3아 / 라-오 / 뻰 / 콘 / 짜이디-이
나, 저 느끼다 ~라고 그(그사람) ~이다 사람 친절하다
➡ 나는 그 사람이 친절한 사람이라고 생각합니다

*후2-우 쓱4 : 느끼다, 생각하다(의역) *콘 짜이 디-이 : 친절한 사람

ຂ້ອຍ/ບໍ່/ເຂົ້າໃຈ/ວ່າ/ລາວ/ຄິດ/ແນວໃດ
커6-이 / 버5- / 카6오 짜이 / 와-3아 / 라-오 / 킫 / 내-우다이
나, 저 아니 이해하다 ~라고 그 생각하다 어떻게
➡ 나는 그가 어떻게 생각하는지 알 수 없어요. (이해를 못하겠어요)

ຂ້ອຍ/ໄດ້ຍິນ/ວ່າ/ລາວ/ຄິດຮອດ/ເຈົ້າ/ຫຼາຍ
커6-이 / 다2이 닌 / 와-3아 / 라-오 / 킫허-엇 / 짜2오 / 라-4이
나, 저 듣다 ~라고 그 그리워하다 당신 많이
➡ 나는 그가 당신을 매우 보고 싶다고 하는 것을 들었다.

ບໍ່ແມ່ນ/ວ່າ/ງາມ/ແຕ່/ເປັນຕາຮັກ
버5- 매-3앤 / 와-3아 / 응아-암 / 때5-애 / 뻰 따-아학
아니다 ~라고 하다 예쁘다 그러나 귀엽다(사랑스럽다)
➡ 예쁘지는 않지만 귀여워요.

ບໍ່ແມ່ນ/ວ່າ/ບໍ່ມາ/ເລີຍ/ແຕ່/ຈະ/ມາ/ຊ້າ
버5- 매-3앤 / 와-3아 / 버5-마-아 / 르ㅓ-이 / 때5-애 / 짜 / 마-아 / 싸2-아
아니다 ~라고 하다 안 오다 전혀 그러나 ~일 것이다 / 온다 / 늦게
➡ 안 온다는 것은 아니고 다만 늦게 올 겁니다.

ອັນນີ້/ໝາຍຄວາມ/ວ່າ/ຫຍັງ?
안 니2-이 / 마-4이 쿠와-암 / 와-3아 / 냥?
이것 의미하다 ~라고 무엇(의문사)
➡ 이것은 무슨 의미인가요? (이것은 무엇을 의미하는가요?)

ລົດຕິດ/ໝາຍຄວາມ/ວ່າ/ຫຍັງ

롣띧 / 마-40l 쿠와-암 / 와-30ㅏ / 냥4

롣띧 의미하다 ~라고 무엇(의문사)

➡ 롣띧은 무슨 의미입니까? (롣띧은 무엇을 의미합니까?)

ໝາຍຄວາມ/ວ່າ/ມີ/ລົດ/ຫລາຍ/ໄປ/ມາ/ບໍ່/ສະດວກ

마-40l 쿠와-암 / 와-30ㅏ / 미-이 / 롣 / 라-40l / 빠이 / 마-아 / 버5- / 싸4두-왁

의미하다 ~라고 있다 차 많다 가다 오다 아니 편하다

➡ 차가 많아 통행이 불편하다는 의미입니다.

- ໝາຍຄວາມວ່າ 마-40l 쿠와-암 와-30ㅏ : ~라는 의미이다
- ໝາຍຄວາມ 마-40l 쿠와-암 : 동 ~의미하다, 뜻하다
- ຄວາມໝາຍ 쿠와-암 마-40l : 명 의미
- ສະດວກ 싸4 두-왁 : 편하다, 편리하다
- ບໍ່ສະດວກ 버5- 싸4 두-왁 : 불편하다

* ແປວ່າ 빼-애 와-30ㅏ : ~라고 번역하다(해석하다, 이해하다)

ເຂົາ/ວ່າ/ວັນອາທິດ/ນີ້/ຈະ/ບໍ່ໄປ/ໃສ

카4오 / 와-30ㅏ / 완아-아틷 / 니2-이 / 짜 / 버5-빠이 / 싸40l

그, 그녀 / ~라고 말하다 / 일요일 / 이, 이것 / ~일 것이다 / 안 간다 / 어디(아무데도)

➡ 그는 이번 일요일에 아무 데도 안 갈거라고 해요.

문법 22

접속사

읽기	라오어	의 미
깝	ກັບ	~와, ~과
꺼5-	ກໍ່	~도
꺼5- 디-이	ກໍ່ດີ	~도 좋다
꺼5-언	ກ່ອນ	* ກ່ອນ 꺼5-언 : ~전(에) * ກ່ອນທີ່ 꺼5-언 티-3이~ : ~하기 앞서, ~하기 전에
때5-애	ແຕ່	그러나, ~이지만
때5-애 와-3아	ແຕ່ວ່າ	그러나, 그렇지만
래	ແລະ	그리고, ~와(~과)
래2-우	ແລ້ວ	그리고, 그리고 나서 (후에) 그러면, 그렇다면, 그런데 (부정문)
래2-우 꺼5-	ແລ້ວກໍ່	그리고 나서
래2-우 때5-애	ແລ້ວແຕ່	~나름이다, ~에 달려 있다 ~를 따르다, ~에 따르다
므ㅓ으-3아	ເມື່ອ	~할 때
* 싸4 난2	ສະນັ້ນ	그래서 그러므로, 그런 이유로 그런즉 이에 ~해서
* 퍼 싸4 난2	ເພາະສະນັ້ນ	
* 당5 난2	ດັ່ງນັ້ນ	
야5-앙 다이 꺼5- 따-암	ຢ່າງໃດກໍ່ຕາມ	여하튼 간에 어쨌든 간에
야5-앙 다이 꺼5- 디-이	ຢ່າງໃດກໍ່ດີ	

읽기	라오어	의 미
쫀, 쫀 꾸와-3아	ຈົນ, ຈົນກວ່າ	~하기까지
쯩5 (주어+ 쯩5+ 동사)	ຈຶ່ງ	그러므로, 그래서 ~하면, 그러고 나면
카4 나 티-3이	ຂະນະທີ່	~하는 시간 (때, 순간, 당시)
칸 싼2	ຄັນຊັ້ນ	그렇다면
크-으	ຄື	즉, 말하자면
* 타6-아	ຖ້າ	만약 (~이면) ~(한)다면,
* 타6-아 하-4악 와-3아	ຖ້າຫາກວ່າ	
* 쏨4 묻 와-3아	ສົມມຸດວ່າ	
탕A 래B	ທັງ(A) ~ ແລະ(B)	A와 B(양쪽) 모두
* 트ㅓ4ㅇ (와-3아) ~ (꺼5- 따-암)	ເຖິງ(ວ່າ) ~ ກໍ່ຕາມ	비록 ~일지라도 비록 ~할지라도
* 트ㅓ4ㅇ 매2-애 와-3아 (= 트ㅓ4ㅇ 매-3앤 와-3아) 꺼5- 따-암	ເຖິງແມ້ວ່າ (ເຖິງແມ່ນວ່າ) ~ ກໍ່ຕາມ	
퍼, 퍼 와-3아	ເພາະ, ເພາະວ່າ	~때문에 ~으로 인하여
* 느ㅓ으-3앙 짜-악	ເນື່ອງຈາກ	
퍼 싸4 난2	ເພາະສະນັ້ນ	그러므로, 그런즉 그런 이유로

[접속사 문장 연습]

[깝] ຂ້ອຍ/ກັບ/ລາວ/ເປັນ/ເພື່ອນ/ກັນ

커6-이 / 깝 / 라-오 / 뻰 / 프ㅓ으-3안 / 깐

나, 저 ~와(과) 그 ~이다 친구 사이, 서로

➡ 나와 그는 친구사이이다.

[꺼5-] ຖ້າ/ເຈົ້າ/ບໍ່/ໄປ/ຂ້ອຍ/ກໍ່/ບໍ່/ໄປ

타6-아 / 짜2오 / 버5- / 빠이 / 커6-이 / 꺼5- / 버5- / 빠이

만약 당신 안 가다 나, 저 ~도 안 가다

➡ (만약) 당신이 가지 않으면 나도 안 간다.

[꺼5-] ລາວ/ກໍ່/ຈະ/ໄປ/ຄືກັນ

라-오 / 꺼5- / 짜 / 빠이 / 크-으깐

그 ~도 ~일 것이다 가다 역시

➡ 그 사람도 역시 갈 것이다.

*크-으 깐 = 마찬가지(로), 똑같이, 역시(=too).

[꺼5- 다2이] ມາ/ກໍ່ໄດ້/ບໍ່/ມາ/ກໍ່ໄດ້

마-아 / 꺼5-다2이 / 버5- / 마-아 / 꺼5-다2이

오다 ~도 좋다 아니 오다 ~도 좋다

➡ 와도 좋고 안 와도 좋다

[꺼5-언] ລາວ/ຕາຍ/ກ່ອນ/ທ່ານໝໍ/ມາ

라-오 / 따-이 / 꺼5-언 / 타-3안 머-4 / 마-아

그 죽다 전에(먼저) 의사 오다

➡ 그는 의사가 오기 전에 죽었습니다.

[꺼5-언] ກະລຸນາ/ໄປ/ເຖິງ/ສະໜາມບິນ/ກ່ອນ/ຍົນ/ອອກ/ສອງ/ຊົ່ວໂມງ

까루나-아 / 빠이 / 트ㅓ4ㅇ / 싸4나-4암빈 / 꺼5-언 / 논 / 어-억 / 써-4엉 / 쑤-3와 모-옹

~해주세요 가다 도착하다 공항 (전에 먼저) / 비행기 / 출발하다 / 2(둘) / 시간

➡ 공항으로 가서 비행기 출발 2시간 전에 도착해 주십시오.

「ກ່ອນ 꺼5-언」 용법 정리

① [동사 + 꺼5-언] : 먼저 ~하다
② [꺼5-언 + 문장] : (~가) ~하기 전에 [조건부]
③ [꺼5-언 + 문장 + 시간] : (~가) ~하기 전(에) [조건부]
꺼5-언 + 시간 : ~전(에)
④ [시간/날짜 + 꺼5-언] : (지금부터) 시간/날짜 전 (과거 표현)

① ໄປ/ກ່ອນ
빠이 꺼5-언
➡ 먼저 갈게요. (작별인사)

② ກ່ອນ/ໄປ/ເຮັດ/ວຽກ/ເຈົ້າ/ຊິ/ເຮັດ/ຫຍັງ?
꺼5-언 / 빠이 / 헫 / 위-약 / 짜2오 / 씨 / 헫 / 냥4
전에 가다 ~하다 일 당신 ~할 것이다 ~하다 무엇(의문사)
➡ 일하러 가기 전에 당신은 무엇을 할건가요?

③ ມາ/ກ່ອນ/ກິນ/ເຂົ້າ/ເຄິ່ງ/ຊົ່ວໂມງ/ແດ່
마-아 / 꺼5-언 / 낀 / 카6오 / 크ㅓ3ㅇ / 쑤-3와 모-옹 / 대5-애
오다 전에(먼저) 먹다 밥 반(1/2) 시간 ~세요(좀)
➡ 밥 먹기 30분 전에 오세요.

- 꺼5-언 싸-4암 쑤-3와 모-옹 : 3시간 전(에) [조건부 시간]
- 마-아 꺼5-언 크ㅓ3ㅇ 쑤-3와 모-옹 대5-애 : 30분 전에 오세요.

④ ສາມ/ຊົ່ວໂມງ/ກ່ອນ
싸4-암 / 쑤-3와 모-옹 / 꺼5-언
3 시간 전
➡ 3시간 전(에) [과거]

[때5-애]

ລາວ/ເວົ້າ/ຮ້າຍ/ແຕ່/ໃຈດີ

라-오 / 와2오 / 하2-이 / 때5-애 / 짜이 / 디-이

그 말하다 험하다 그러나 마음 좋다

➡ 그는 말은 험하지만 마음은 좋아요. (인정이 많아요). * 짜이 디-이 : 인정이 많다, 친절하다

[때5-애]

ອະທິບາຍ/ແລ້ວ/ແຕ່/ຍັງ/ບໍ່/ເຂົ້າໃຈ

아티바-이 / 래2-우 / 때5-애 / 냥 / 버5- / 카6오짜이

설명하다 ~었다 그러나 아직 아니 이해하다

➡ 설명은 했지만 아직 이해를 못하겠다.

[때5-애 와-3아]

ແຕ່ວ່າ/ຄິດຮອດ/ເຈົ້າ/ສະເໝີ/ແລະ/ຢາກ/ຮູ້/ວ່າ/ເຈົ້າ/ເປັນແນວໃດ

때5-애 와-3아 / 킨허-언 / 짜2오 / 싸4 므ㅓ-4 / 래 / 야-악 / 후2-우 / 와-3아 / 짜2오 / 뻰 내-우다이

그렇지만 그립다 당신 늘(항상) 그리고 원하다 알다 ~인지 당신 어때요

➡ 그렇지만, 난 당신이 늘 그리워요. 그리고 당신이 어떻게 지내는지 궁금합니다.

- ສະເໝີ 싸4 므ㅓ-4
  ① 똑같다, 평등하다, 상호 동등하다 ② 평탄하다 ③ 늘, 항상
- ເປັນແນວໃດ 뻰 내-우다이 : 어때요? (의문사)

[때5-애 와-3아]

(ຂ້ອຍ)ບໍ່ຮູ້/ວ່າ/ລາຄາ/ເທົ່າໃດ/ແຕ່ວ່າ/ມັນກໍ່/ແພງ/ຫຼາຍ/ຄືກັນ

(커6-이)버5-후2-우 / 와-3아 / 라-아 카-아 / 타3오다이 / 때5-애와-3아 / 만꺼5- / 패-앵 / 라-4이 / 크-으깐

(나, 저) 모른다 ~인지 가격 얼마 그러나 그것도 비싸다 매우 역시

➡ (나는) 가격은 모르겠습니다(만), 그러나 그것도 역시 비쌌습니다.

- ຮູ້ 후2-우 : 알다
- ບໍ່ຮູ້ 버5- 후2-우 : 모르다
- ມັນ 만 : 그것

[래]

ຝົນ/ຕົກ/ໜັກ/ແລະ/ລົມ/ພັດ/ແຮງ
폰f4 / 똑 / 낙4 / 래 / 롬 / 팓 / 해-앵
비 내리다 무겁다 그리고 바람 불다 강하다

➡ 비가 몹시 내리고 바람도 세차게 분다.

- ຕົກ 똑 : 떨어지다, 빠지다, 내리다, (해, 달이) 지다
- ໜັກ 낙4 : 무겁다, 엄중(격렬)하다

[래2-우]

ຊ່ວຍ/ແຈ້ງ/ຊື່/ໄວ້. ແລ້ວ/ຈະ/ແຈ້ງ/ໃຫ້/ຕິດຕໍ່/ກັບໄປ/ເອງ
쑤-3와이 / 째2-앵 / 쓰-3으 / 와2이. 래2-우 / 짜 / 째2-앵 / 하6이 / 띧떠5- / 깝 빠이 / 에-엥
~해 주세요 / 전하다 / 이름 / 두다 그러면 / ~일 것이다 / 전하다 / ~하도록 / 연락 / 돌아가다 / 바로

➡ 성함을 말씀해 주세요. 그럼 바로 연락 드리도록 전할게요.

[래2-우 꺼5-]

ເບິ່ງ/ໂທລະທັດ/ແລ້ວກໍ່/ນອນ
브ㅓ5ㅇ / 토-오 라탇 / 래2-우 꺼5- / 너-언
보다 TV 그리고나서 자다

➡ 텔레비전을 보고 나서 잠을 잤습니다.

[래2-우 때5-애]

ຈະ/ໄປ/ຫລື/ບໍ່ໄປ/ກໍ່/ແລ້ວແຕ່/ເຈົ້າ
짜 / 빠이 / 르-4으 / 버5- 빠이 / 꺼5- / 래2-우 때5-애 / 짜2오
~일 것이다 / 가다 / 혹은 / 안 가다 / ~도 / (~에) 달려 있다 / 당신

➡ 갈지 안 갈지도 당신 하기에 달려 있다.

[므ㅓ으-3아]

ລາວ/ແຕ່ງງານ/ເມື່ອ/ຍັງ/ເປັນ/ນັກຮຽນ
라-오 / 때5-앵 응아-안 / 므ㅓ으-3아 / 냥 / 뻰 / 낙 희-얀
그 결혼하다 때 아직 ~이다 학생

➡ 그는 (아직) 학생일 때 결혼하였다.

[싸4 난2]

ມື້ນີ້/ຝົນ/ອາດຈະ/ບໍ່/ຕົກ/ສະນັ້ນ/ບໍ່ຕ້ອງ/ເອົາ/ຄັນຮົ່ມ/ໄປ

므2-으니2-이 / 폰f4 / 아-앋짜 / 버5- / 똑 / 싸4난2 / 버5- 떠2-엉 / 아오 / 칸 홈3 / 빠이

오늘 아마 (~일 것) 아니 내리다 그래서 안해도 된다 가지고 우산 가다

➡ 오늘 비가 안 올 것 같습니다. 그래서 우산을 안 가지고 가도 되겠어요.

- ສະນັ້ນ 싸4난2 : 그러므로, 그런즉, 그런 이유로(그래서)
- ອາດຈະ 아-앋짜 : (아마) ~일 것이다(미래)

[야5-앙 다이 꺼5- 따-암]

ຢ່າງໃດກໍ່ຕາມ/ຂ້ອຍ/ຈະ/ຕິດຕໍ່/ກັບ/ເຈົ້າ/ອີກ/ເທື່ອ/ໜຶ່ງ

야5-앙다이꺼5- 따-암 / 커6-이 / 짜 / 띧떠5- / 깝 / 짜2오 / 이-익 / 트ㅓ으-3아 / 능5

어쨌든간(에) 나 ~일 것이다 연락하다 ~에게 당신 더 번, 회 하나

➡ 어쨌든간에 (다시) 한 번 더 당신에게 연락하겠습니다.

- ຢ່າງໃດກໍ່ຕາມ 야5-앙다이꺼5-따-암 : 어쨌든간(에)
- ອີກ 이-익 : 더, 다시
- ອີກເທື່ອໜຶ່ງ 이-익 트ㅓ으-3아 능5 : 한 번 더
- ຕິດຕໍ່ກັບ~ 띧떠5- 깝~ : ~에게 연락하다

[쫀]

ຊ່ວຍ/ຮຽນ/ຈົນ/ຕິດປາກ

쑤-3와이 / 희-얀 / 쫀 / 띧 빠-악

하시오 연습하다 ~까지 붙다/입(에)

➡ 입에 붙을 때까지 공부하세요.

- ຕິດປາກ 띧 빠-악 : 입버릇이 되다
- ຕິດ 띧 : 붙다, 달라 붙다
- ປາກ 빠-악 : 입

[쫀] → [꾸와-30ㅏ 짜]

ຈົ່ງ/ຝຶກຫັດ/ຈົນກວ່າຈະ/ເປັນ

쫑5 /	픅f4 할4 /	쫀 꾸와-30ㅏ짜 /	뻰
하시오	연습하다	~할 때까지	~할 수 있다

➡ 할 수 있을 때까지 연습하시오.

- ຈົນ + 동사 : 동사할 때까지
- ຈົນກວ່າ(ຈະ) + 동사 : 동사할 때까지, 동사에 이를 때까지

[쯩5]

ເຈົ້າ/ບໍ່ຮັກສາ/ຄຳສັນຍາ/ຂ້ອຍ/ຈຶ່ງ/ເສຍໃຈ/ຫລາຍ

짜2오 /	버5- 학 싸4-아 /	캄 싼4냐-아	커6-이 /	쯩5 /	씌4-야 짜이 /	라4-이
당신	지키지 않다	약속	나, 저	그래서	속상하다	많이

➡ 당신이 약속을 지키지 않아서 저는 너무 속상합니다.

- ຮັກສາ 학 싸4-아 : 지키다, 준수하다, 보호하다
- ບໍ່ຮັກສາ 버5- 학 싸4-아 : 지키지 않다
- ສັນຍາ 싼4 냐-아 : 약속
- ຄຳສັນຍາ 캄 싼4 냐-아 : 서약 　　*ຄຳ 캄 : 단어, 말　*ຄ່ຳ 캄3 : 저녁
- ຈຶ່ງ 쯩5 : 그래서　　*순서 : 주어 + 쯩5 + 동사~
- ເສຍໃຈ 씌4-야 짜이 : 속상하다

[카4 나 티-30ㅣ]

ພໍ່/ເຂົາ/ເສັຍ/ຂະນະທີ່/ເຂົາ/ຮຽນ/ຢູ່/ສະຫະລັດອະເມລິກາ

퍼-3 /	카4오 /	씌-40ㅑ /	카4나티-30ㅣ /	카4오 /	희-얀 /	유5-우 /	싸4하4랃 아메-에 리 까-아
아버지	그	돌아가시다	~때(당시)	그	공부하다	~에서	미국

➡ 그가 미국에서 공부할 당시 그의 아버지가 돌아가셨다.

- ສະຫະລັດອະເມລິກາ 싸4 하4랃 아 메-에 리 까-아 = 미국
- ເສັຍ 씌-40ㅑ : 상하다, 잃다, 고장나다, 돌아가시다 (*죽다 : 따-이)

[칸 싼2]

ດັ່ນຊັ້ນ/ຂ້ອຍ/ຈະ/ປ່ຽນ/ສາຍ/ໃຫ້/ລາວ

칸싼2 / 커6-이 / 짜 / 삐5-얀 / 싸-4이 / 하6이 / 라-오

그럼 나, 저 ~일 것이다 바꾸다 (전화)선 ~해 주다 그

➡ 그럼 그를 바꾸어 드릴게요.

- ປ່ຽນສາຍ 삐5-얀 싸-4이 : 전화를 바꾸다
- ປ່ຽນສາຍໃຫ້ 삐5-얀 싸-4이 하6이 : 전화를 바꾸어주다

[크-으]

ຂໍໂທດ. ເວົ້າ/ອີກ/ເທື່ອ/ໜຶ່ງ/ຄື/ເພິ່ນ/ຈະ/ມາ/ບໍ່ໄດ້

커-4 토-옫. 와2오 / (이-익 / 트ㅓ으-3아 / 능5) / 크-으 / 프ㅓ3ㄴ / 짜 / 마-아 / 버5- 다2이

죄송 말하다 (한번 더) / 즉(말하자면) / 그분 / ~일 것이다 / 오다 / ~할 수 없다

➡ 죄송합니다. 다시 말씀 드리면 그분은 올 수 없겠습니다.

- ຄື 크-으
  ① [동사] 같다, ~이다, 동등하다, 즉(바로) ~이다
  ② [접속사] 말하자면 (즉, 말하자면)

[타6-아]

ຖ້າ/ເຈົ້າ/ໄປ/ລາວ/ກໍ່/ຈະ/ໄປ/ນຳກັນ

타6-아 / 짜2오 / 빠이 / 라-오 / 꺼5- / 짜 / 빠이 / 남깐

만약 당신 가다 그 ~도 ~일 것이다 / 가다 / 같이

➡ 당신이 간다면 그도 갈 것이다. * 남깐 : 같이, 함께

[쏨4 뭄 와-3아]

ສົມມຸດວ່າ/ເຈົ້າ/ເປັນ/ຜູ້ຈັດການ/ເຈົ້າ/ຈະ/ເຮັດ/ຢ່າງໃດ?

쏨4뭄와-3아 / 짜2오 / 뻰 / 푸6-우짠까-안 / 짜2오 / 짜 / 헫 / 야5-앙다이

만약 ~라면 당신 ~이다 매니저 당신 ~일 것이다 하다 어떻게

➡ 당신이 매니저라면 어떻게 하시겠습니까?

- ສົມມຸດວ່າ 쏨4뭄와-3아 : 만약 (가정)
- ຜູ້ຈັດການ 푸6-우짠 까-안 : 매니저(manager), 지배인
- ຜູ້ 푸6-우 : 사람
- ຈັດການ 짠 까-안 : 처리하다

[탕~ 래~]

ລາວ/ມີ/ທັງ/ເຮືອນ/ແລະ/ລົດ
라-오 / 미-이 / 탕 / 흐ㅓ으-안 / 래 / 롣
그 있다 모두 집 ~도 차

➡ 그는 집도 차도 모두 다 있다. * 탕A 래B : A와 B(양쪽) 모두 (다)

[주요 유사 의미 단어]

의미	라오어
그리고, 그리고 나서(후에) 그러면, 그렇다면, 그런데	ແລ້ວ 래2-우 * ຖ້າແນວນັ້ນ 타6-아 내-우 난2 : 그렇다면
그렇다면	ຄັນຊັ້ນ 칸 싼2
그래서, 그러므로, 그런 이유로, 그런즉(한즉), 이에	ສະນັ້ນ 싸4 난2 ເພາະສະນັ້ນ 퍼 싸4 난2 ດັ່ງນັ້ນ 당5 난2

[트ㅓ4ㅇ]

ເຖິງ/ຝົນ/ຈະ/ຕົກ/ແຮງ/ຫຼາຍ/ປານໃດ/ກໍ່ຕາມ/ຈະ/ໄປ/ໃຫ້ໄດ້
트ㅓ4ㅇ / 폰f4 / 짜 / 똑 / 해-앵 / 라-4이 / 빠-안다이 / 꺼5- 따-암 / 짜 / 빠이 / 하6이다2이
아무리 비 ~일 것이다 내리다 많이 얼마나 ~라도 ~일 것이다 가다 꼭

➡ 아무리 비가 많이 오더라도 반드시(꼭) 가겠습니다.

- ເຖິງ 트ㅓ4ㅇ~ : 비록 ~일지라도
- ເຖິງ 트ㅓ4ㅇ~ ກໍ່ຕາມ 꺼5- 따-암 : 비록 ~일지라도
- ເຖິງ~ ປານໃດ ກໍ່ຕາມ 트ㅓ4ㅇ~ 빠-안다이 꺼5- 따-암 : 아무리 ~일지라도
- ປານໃດ 빠-안다이 : 얼마 (*부정/강조문장 : '아무리'로 해석 가능)

[퍼]

ລາວ/ອອກຈາກ/ບໍລິສັດ/ເພາະ/ວຽກ/ເບັນຕາເບື່ອ
라-오 / 어-억짜-악 / 버-리쌋4 / 퍼 / 위-약 / 뻰 따-아 브ㅓ으5-아
그 나가다(~로부터) 회사 왜냐하면(때문에) 일 싫증나다

➡ 그는 업무에 싫증을 느껴 회사를 그만두었다.

문법 23 유별사

라오어	읽기	의 미
ກ້ານ	**까2-안**	**~개** : 연필, 수저, 포크, 볼펜 (자루가 긴 것)
ແກ້ວ	**깨2-우**	**~병** : 유리제품을 세는 유별사 (병 등)
ກ້ອນ	**꺼2-언**	**~개, ~장, ~덩어리** : 돌, 얼음, 빵 등 덩어리로 된 것
ກິ່ງ	**낑5**	**~짝** : 짝을 이룬 것의 한 짝(쪽) (신발 등)
ໜ່ວຍ	**누5-와이**	**~개, ~대** ① 가전제품 : 전화, 텔레비전, 컴퓨터, 라디오 등 ② 가구 : 책상, 의자 등 ③ 가방, 모자 ④ 둥근 것 : 공, 과일, 계란 등
ດອກ	**더-억**	**~송이, ~개** : 꽃송이, 전등(램프, 손톱)
ໂຕ, ຕົວ	**또-오, 뚜-와**	**~마리, ~개** ① 동물, 곤충, 물고기, 새, 옷 등 ② 옷(의상), 알파벳 글자 등
ຕົ້ນ	**똔2**	**~포기, ~그루, ~뿌리** : 풀, 나무, 기둥등
ລຳ	**람**	**~대, ~척** : 비행기, 기선
ຫຼັງ	**랑4**	**~채, ~동** : 집, 빌딩, 건물 등
ເຫຼັມ	**렘4**	**~권, ~자루** : 책, 공책, 칼 등 가늘고 길게 생긴 것
ເມັດ	**멧**	**~알, ~정, ~개** : 알약, 씨앗, 보석, 곡식, 단추
ໃບ	**바이**	**~장, ~개** : 접시, 종이, 나뭇잎 *가방
ສະບັບ	**싸4 밥**	**~장, ~통** : 신문, 잡지, 편지, 서류
ຊັ້ນ	**싼2**	① **~층, 등급** : 건물의 층, 정도의 등급 ② **~층, 등급** : 학교의 급, 기차의 등급

라오어	읽기	의 미
ຊອງ	써-엉	~장, ~갑 : 봉투, 담배
ຊຸດ	쑫	~벌 : 의복과 같이 벌이나 세트로 되어 있는 것
ອັນ	안	~개, ~것 : ① 과자 장신구 등 형태가 뚜렷하지 않은 것 ② 또는 유별사가 불분명한 것
ອົງ	옹	~분 : 왕국, 승려
ຈານ	짜-안	~접시, ~개 : 접시
ຈອກ	쩌-억	~잔, ~컵 : 음료수 등 물을 담는 용기
ຄັນ	칸	~대, ~개 : 자동차, 우산
ຄົນ	콘	~사람 : 사람
ຄູ່	쿠-3우	~짝, 쌍, 켤레 : 짝으로 된 것, 눈, 귀, 구두, 양말
ຄີກ	킥	~짝 : 짝을 이룬 것의 한 짝(편), 눈·귀·양말 등 * (예외) 신발은 「ກີ່ງ 낑5」을 사용
ແຜ່ນ	패5-앤	~장 : 종이, 유리, 레코드, 널빤지
ຜືນ	프5-은	~장, ~개 : 옷감, 담요, 수건
ຫ້ອງ	허6-엉	~개, ~실 : 방
ໂຮງ	호-옹	~곳 : 극장, 병원, 건물 등
ຮູບ	후-웁	~개, ~점 : 사진, 그림
ຫົວ	후-4와	~개 : 모자

[유별사의 위치 및 순서]

- '유별사'란 명사를 셀 때나 명사를 대신 표현할 수 있는 단위입니다.
- 유별사는 기본적으로 **[명사·형용사·수사·유별사·지시형용사]**의 순서로 사용됩니다.
  줄여서 **[명·형·수·유·지]**로 표시합니다.
- '지시형용사'는 '이, 그, 저'를 말합니다.

유별사 표현 예	① 명·형·수·유·지	기본적 전체 순서
	② 명·형·수·유	지시형용사가 없을 때
	③ 명·형·유·지	수사가 없을 때 「명·유·형·지」의 형태로도 사용 가능**
	④ 명·수·유·지	형용사가 없을 때
	⑤ 명·수·유	형용사 & 지시형용사가 없을 때
	⑥ 명·유·지	형용사 & 수사가 없을 때
	⑦ *명·유·형	수사, 지시형용사가 모두 없을 때

- 라오스어의 유별사 표현 방법은 우리말과 같습니다.
  공책 한 공책, 공책 두 공책 (×) → 공책 한 권, 공책 두 권 (○)
  종이 한 종이, 종이 두 종이 (×) → 종이 한 장, 종이 두 장 (○)
  꽃 한 꽃, 꽃 두 꽃 (×) → 꽃 한 송이, 꽃 두 송이 (○)
  위의 예와 같이 각 명사를 대신하여 셀 수 있는 단위가 '유별사'입니다.

예 ດອກໄມ້/ງາມ/ສອງ/ດອກ/ນີ້

ດອກໄມ້	ງາມ	ສອງ	ດອກ	ນີ້
더-억마2이	응아-암	써-4엉	더-억	니2-이
꽃	아름다운	둘(2)	송이	이
명	**형**	**수**	**유**	**지**

➡ 이 아름다운 두 **송이**의 꽃

유별사의 위치

① 기본적인 형태는 [명·형·수·유·지]의 순서를 사용한다.

② 수사(숫자)가 오면 그 다음에 '유별사'가 온다.

③ 지시형용사(이, 그, 저)가 오면 그 앞에 '유별사'가 온다.

④ 수사, 지시형용사가 모두 없을 때 : [명·유·형] 가능

예 흐ㅓ으-안 랑4 까5오 : 오래된 집

⑤ 기타 형태 : [수·유] 혹은 [유·수]

⑥ 특정한 형태가 없는 명사(도시, 사람, 나라 등)는 그 명사 자체를 유별사로 사용한다. (생략 가능)

* ເມືອງສີ່ເມືອງ 므ㅓ으-앙 씨5-이 므ㅓ으-앙 : 4개 도시

* ຄົນສອງຄົນ 콘 써-4엉 콘 : 두 사람

* ປະເທດສີ່ປະເທດ 빠테-엔 씨5-이 빠테-엔 : 네 국가

⑦ 하나를 셀 때는 유별사 위치를 앞뒤로 바꾸어도 무방하다.

ຄົນ/ຕຸ້ຍ/ສີ່/ຄົນ

콘 / 뚜2이 / 씨5-이 / 콘

사람 뚱뚱한 넷(4) 사람

명 형 수 유

➡ 네 사람의 뚱뚱한 사람

ສະບູ/ຫ້າ/ກ້ອນ

싸4부-우 / 하6-아 / 꺼2-언

비누 오(5) 장(개)

명 수 유

➡ 비누 다섯 장

ຜ້າເຊັດໜ້າ/ໃຫຍ່/ຜືນ/ນັ້ນ

파6-아쎋나6-아 / 냐5이 / 프5-은 / 난2

수건 큰 (유별사) 그

명 형 유 지

➡ 그 큰 수건

ເຮືອນ/ເກົ່າ/ຫຼັງ/ນີ້

흐ㅓ으-안 / 까5오 / 랑4 / 니2-이

집 오래된 (유별사) 이

명 형 유 지

➡ 이 오래된 집

ຢາສູບ/ຫ້າ/ຊອງ

야-아쑤-4웁 / 하6-아 / 써-엉

담배 다섯(5) 갑

명 수 유

➡ 담배 다섯 갑

ຢາສູບ/ຫ້າ/ຊອງ/ນີ້

야-아쑤-4웁 / 하6-아 / 써-엉 / 니2-이

담배 다섯(5) 갑 이

명 수 유 지

➡ 이 담배 다섯 갑

ເຮືອນ/ຫຼັງ/ເກົ່າ
흐ㅓ으-안 / 랑4 / 까5오
집 (유별사) 오래된
명 유 형
➡ 오래된 집 (*명유지 : 유별사 생략 가능)

ໜັງສື/ເຫຼັ້ມ/ນີ້
낭4쓰-4으 / 렘6 / 니2-이
책 (유별사) 이
명 유 지
➡ 이 책 (*명유지 : 유별사 생략 가능)

(*「명형수유지」 중 수사, 지시형용사가 모두 없는 경우)

ຂ້ອຍ/ຊື້/ລົດ/ຄັນ/ເກົ່າ
커6-이 / 쓰2-으 / 롣 / 칸 / 까5오
나, 저 사다 차 (유별사) 오래된
명 유 형
➡ 나는 중고차를 샀습니다.

ເຂົາ/ມີ/ລູກ/ສອງ/ຄົນ
카4오 / 미-이 / 루-욱 / 써-4엉 / 콘
그 있다 아이 둘(2) 사람(명)
명 수 유
➡ 그는 자녀가 둘이 있다.

ຜູ້ຊາຍ/ຄົນ/ນັ້ນ/ໃຈດີ/ຫລາຍ
푸6-우싸-이 / 콘 / 난2 / 짜이디-이 / 라-4이
남자 (유별사) 그 친절한 매우
명 유 지
➡ 그 남자는 매우 친절하다.

ເຮືອ/ເຂົ້າ/ຫລາຍ/ລຳ
흐ㅓ으-아 / 카6오 / 라-4이 / 람
배 들어오다 여러 척(유별사)
수식사 유
➡ 배가 여러 척 들어왔다

ເຈົ້າ/ຊື້/ໜັງສື/ຈັກ/ເຫລັ້ມ
짜2오 / 쓰2- 으 / 낭4쓰-4으 / 짝 / 렘6
당신 사다 책 몇 권
명 수식사 유
➡ 책을 몇 권 샀습니까?

ເຈ້ຍ/ແຜ່ນ/ໃໝ່
찌2-야 / 패5-앤 / 마5이
종이 (유별사) 새로운
명 유 형
➡ 새 종이

ຂໍ/ເບຍ/ໜຶ່ງ/ແກ້ວ
커-4 / 븨-야 / 능5 / 깨2-우
주세요 맥주 하나 병
명 수 유
➡ 맥주 한 병 주세요.

ຂໍ/ເບຍ/ແກ້ວ/ໜຶ່ງ
커-4 / 븨-야 / 깨2-우 / 능5
주세요 맥주 병 하나
명 유 수
➡ 맥주 한 병 주세요.

ເຊົ້າ/ນີ້/ເຈົ້າ/ກິນ/ເຂົ້າ/ຈັກ/ຈານ
싸2오 / 니2-이 / 짜2오 / 낀 / 카6오 / 짝 / 짜-안
아침 이 당신 먹다 밥 몇 접시(유별사)
명 의문사 유
➡ 오늘 아침 밥을 몇 접시(그릇) 드셨습니까?

ເຮືອນ/	ຫຼັງ/	ນີ້/	ເປັນ/	ຂອງ/	ໃຜ?
흐ㅓ으-안 /	랑4 /	니2-이 /	뻰 /	커-4엉 /	파4이
집	(유별사)	이	~이다	것(물건)	누구
명	**유**	**지**			

➡ 이집은 누구의 것입니까?

ພັດລົມ/	ອັນ/	ນີ້/	ຊື້/	ຢູ່/	ໃສ?
팓롬 /	안 /	니2-이 /	쓰2-으 /	유5-우 /	싸4이
선풍기	것	이	사다	~에서	어디
명	**유**	**지**			

➡ 이 선풍기는 어디서 샀습니까?

ເອົາ/	ເສື້ອ/	ໂຕ/	ນີ້
아오 /	쓰ㅓ으6-아 /	또-오 /	니2-이
원하다	옷	(유별사)	이
(동사)	**명**	**유**	**지**

➡ 이 옷으로 할게요.

ເຂົາ/	ຮຽນ/	ຊັ້ນ/	ຕົ້ນ
카4오 /	희-얀 /	싼2 /	똔2
그	공부하다	(유별사)	처음
(명)	**(동사)**	**유**	**수식사**

➡ 그는 초급 코스에서 공부합니다.

참고하세요

- ໜຶ່ງແກ້ວ 능5 깨2-우 : 한 병
- ແກ້ວໜຶ່ງ 깨2-우 능5 : 한 병 (*하나를 셀 때 : 유별사 위치가 앞뒤로 바꾸어도 무방)

문법 24 사역동사

사역동사는 '~하게 하다'의 의미를 가진 동사로 라오스어 중 가장 어려운 부분 중 하나이기도 합니다.

사역동사 ❶

[~는 ~다] + 하60l + [~는/~다]

사역 문장의 대표 형식 중 하나는 다음과 같습니다.
① 「**하60l**를 중심으로 [~는/~다]가 양쪽에 위치합니다.
② 라오스어의 대표 공식인 [~는/~다 + 을/를 + 장소]는 꼭 기억해주세요.
③ [~다(동사)] 뒤에는 목적어(~을/를)는 올 수도 안 올 수도 있습니다.

ແມ່/ສັ່ງ/ໃຫ້/ລູກ/ໄປ/ຊື້/ໜັງສື/ມາ
매-3애 / 쌍5 / 하60l / 루-욱 / 빠이 / 쓰2-으 / 낭4쓰-4으 / 마-아
어머니 시키다 ~하도록 아이 가다 사다 책 오다
➡ 어머니는 아이에게 책을 사오도록 시켰다.

- 빠이 쓰2-으 : 가서 사다
  → 가서 사다, 사러 가다 : 쓰2-으 빠이 (×), 빠이 쓰2-으 (○)
- 빠이 쓰2-으 마-아 : 가서 사가지고 오다 (*동작의 순서대로 표현)
- 빠이 쓰2-으 + (책) : 가서 책을 사다
  → 책 : ① 낭4 쓰-4으 / ② 쁨2 ປຶ້ມ
- 빠이 쓰2-으 + (책) + 마-아 : 가서 책을 사가지고 오다
- 매-3애 쌍5 : 엄마는 시킨다(엄마는 시켰다) → 시제는 상황에 따라 해석한다.

매-3애 쌍5 (하60l~)
[~는 ~다] + (~하도록)
엄마는(주어) 시켰다(동사) (~하도록/~하게) + (문장: ~는/~다)

- 매-3애 쌍5 + [(하60l) + 루-욱/빠이/쓰2-으/낭4쓰-4으/마-아]
  엄마는 / 시켰다(~하도록) + 아이가 / 가서 / 사다 / 책을 / (그리고) 오다(오게)

[사역문장 작문 연습]

① 작문 문장 : 그는 내가 일을 하도록 말을 했습니다.(말로 시켰다는 의미)

② 단어 : 그 (라-오 ລາວ)　　　　　　　나 (커6-이 ຂ້ອຍ)

　　일을 하다 (헤 위-약 ເຮັດວຽກ)　　말을하다 (버-억 ບອກ)

③ 공식 대입 : [~는 ~다] + 하6이 + [~는/~다]

그	시키다	(하도록)	나	하다 +	일(을)
라-오	버-억	하6이	커6-이	헤	위-약
ລາວ	ບອກ	ໃຫ້	ຂ້ອຍ	ເຮັດ	ວຽກ

ລາວ/ບອກ/ໃຫ້/ຂ້ອຍ/ເຮັດ/ວຽກ

라-오 / 버-억 / 하6이 / 커6-이 / 헤 / 위-약

그　말을 하다　~하도록　나　~하다　일

➡ 그는 내가 일을 하도록 말했습니다. (일하게 '말로' 시켰다는 의미임)

ຂ້ອຍ/ຢາກ/ເຮັດໃຫ້/ພໍ່ແມ່/ດີໃຈ

커6-이 / 야-악 / 헤하6이 / 퍼-3 매-3애 / 디-이짜이

나　원하다　~하게 하다　부모님　기쁘다

➡ 나는 부모님이 기쁘게 해드리고 싶어요.　　*헤 하6이 : ~하 게하다, 하게 해드리다

• ຢາກເຮັດໃຫ້ 야-악 헤 하6이~ : ~하게 하고 싶다, 하게 해드리고 싶다

ເຂົາ/ເຮັດໃຫ້/ເຮົາ/ຕົກໃຈ

카4오 / 헤하6이 / 하오 / 똑짜이

그　~하게 하다　우리　놀라다

➡ 그는 우리가(우리를) 놀라게 하였다.

사역동사 ❷

(1) **(하6이)** + [~는/~다]
(2) 동사 + **(하6이)** + [~는/~다]

사역의 완전문장 [(~는, ~다) + ~(**하6이**) + (~는/~다)] 중
① 앞부분의 [~는/~다]가 없이 뒷부분 [**하6이** + ~는/~다]만 남는 형태
② 문장 앞에 주어 [~는] 없이 동사로 시작하는 [동사 + **하6이** + ~는/~다]의 문장 형식입니다.

주요 문장 패턴	의 미
하6이 + 2인칭 주어(당신) + 동사(~다)	(당신이) 동사해 주세요 (당신이) 동사하시오 (당신이) 동사하도록 하시오
하6이 + 동사(~다)	동사하게 하시오, 동사하세요
하6이 + 3인칭 주어(그, 그들 등) + 동사(~다)	(그, 그들 등이) ~하게 해 주세요
동사(~다) + **하6이** + 형용사	형용사하게 하다, 형용사하게 해주세요

ມື້ນີ້/ໃຫ້/ເຈົ້າ/ເຮັດ/ອາຫານ/ນີ້/ໃຫ້/ຂ້ອຍ
므2-으 니2-이 / 하6이 / 짜2오 / 헨/ 아-아 하-4안 / 니2-이 / 하6이 / 커6-이
오늘 ~하게 하다 / 당신 / 만들다 / 음식 이 주다 나, 저(에게)

➡ 오늘 당신이 이 음식을 만들어 제게 주세요.

ມື້ອື່ນ/ໃຫ້/ມາ/ແຕ່/ເຊົ້າ
므2-으 으5-은 / 하6이 / 마-아 / 때5-애 / 싸2오
내일 ~하게 하다 오다 부터 아침

➡ 내일 일찍 오세요. (직역: 내일 일찍 오게 하세요.)

- 하6이 짜2오 마-아 때5-애싸2오 : '짜2오(당신)' 2인칭이 생략된 형태
- 때5-애 싸2오 : 일찍, 일찍부터
- 마-아 때5-애 싸2오 : 일찍 오다 (직역 : 아침부터 오다)

ໃຫ້/ເດັກ/ໄປ/ຫຼິ້ນ/ກັບ/ໝູ່

하6이 / 덱 / 빠이 / 린6 / 깝 / 무5-우

~하게 하다 아이 가다 놀다 ~와 친구

➡ 아이가 친구들과 놀러 가게 해 주세요.

ໃຫ້/ໄປ/ເຮັດ/ວຽກ

하6이 / 빠이 / 헫 / 위-약

~하게 하다 가다 ~하다 일

➡ 일하러 가게 해 주세요.

ໃຫ້/ເຂົາ/ໄປ/ເຮັດ/ວຽກ

하6이 / 카4오 / 빠이 / 헫 / 위-약

~하게 하다 그 가다 ~하다 일

➡ 그가 일하러 가게 해 주세요.

ຕ້ອງ/ເຮັດ/ວຽກ/ໃຫ້/ດີ

떠2-엉 / 헫 / 위-약 / 하6이 / 디-이

~해야 한다 ~하다 일 ~하게 하다 좋다

➡ 훌륭하게 (잘) 일을 해야 합니다.

ແກ້/ປະໂຫຍກ/ໃຫ້/ຖືກຕ້ອງ

깨2-애 / 빠뇨-4옥 / 하6이 / 트-4윽떠2-엉

고치다 문장 ~하게 하다 맞다(올바르다)

➡ 문장을 올바르게 고치시오.

• 깨2-애 ① 고치다, 수정하다 ② 치료하다, 해결(처리)하다, 해석하다, 변명(변호하다)

| 참고 |

[하6이]의 다른 용법		
(주어) + **하6이** + 대상	(주어)가 대상을 주다	(본동사)
(주어) + 동사 ~ **하6이**	(주어)가 동사해 주다	(보조동사)
(주어) + 동사 ~ **하6이** + 대상	(주어)가 대상(을/를)위해 동사해 주다 (주어)가 대상에게 동사해주다	(여격동사)

ລາວ/ໃຫ້/ເງິນ

라-오 / 하6이 / 응어ㄴ

그 주다 돈

➡ 그가 돈을 주었습니다.

ໃຜ/ສອນ/ພາສາ/ລາວ/ໃຫ້/ເຈົ້າ?

파4이 / 써-4언 / 파-아싸-4아 / 라-오 / 하6이 / 짜2오

누가 가르치다 언어 라오스 ~해주다(위해) 당신

➡ 누가 당신에게 라오어를 가르쳐 주었습니까?

ຊ່ວຍ/ສົ່ງ/ເງິນ/ໄປ/ໃຫ້/ລາວ

쑤-3와이 / 쏭5 / 응어ㄴ / 빠이 / 하6이 / 라-오

~해 주세요 보내다 돈 가다 ~해 주다 그(그녀)

➡ 그 에게 돈을 보내 주세요.

문법 25 전치사

<table>
<tr><th>전치사</th><th>읽기</th><th colspan="2">의 미</th></tr>
<tr><td>ຢູ່</td><td>유5-우</td><td colspan="2">~에, ~에서 (동사 + 유5-우 + 장소)</td></tr>
<tr><td>ກັບ</td><td>깝</td><td colspan="2">~와 함께, ~랑 같이</td></tr>
<tr><td>ໃນ</td><td>나이</td><td colspan="2">~에, 안(에), 안(에서)</td></tr>
<tr><td>ເປັນ</td><td>뻰</td><td colspan="2">~으로(자격격 전치사) *동사 : ~이다</td></tr>
<tr><td>ຫາ</td><td>하-4아</td><td rowspan="3">~까지</td><td rowspan="2">~에서 ~까지
① ແຕ່ (때5-애)~ ຫາ~ (하-4아)
② ແຕ່ (때5-애)~ ເຖິງ~ (트ㅓ4ㅇ)
③ ແຕ່ (때5-애)~ ຮອດ~ (허-얻)</td></tr>
<tr><td>ເຖິງ</td><td>트ㅓ4ㅇ</td></tr>
<tr><td>ຮອດ</td><td>허-얻</td><td>ເຖິງ(트ㅓ4ㅇ) = ຮອດ(허-얻) : 도착하다(동사)</td></tr>
<tr><td>ຈາກ</td><td>짜-악</td><td colspan="2" rowspan="2">~로 부터, ~에서
「짜-악」은 주로 먼거리, 「때5-애」는 주로 가까운 거리이나 거의 구분없이 사용</td></tr>
<tr><td>ແຕ່</td><td>때5-애</td></tr>
<tr><td>ດ້ວຍ</td><td>두2-와이</td><td colspan="2">~으로(수단)</td></tr>
<tr><td>ເພື່ອ</td><td>프ㅓ으-3아</td><td colspan="2">~을 위해서(위하여)</td></tr>
<tr><td>ກ່ຽວກັບ</td><td>끼5-야우깝</td><td colspan="2">~에 대해서, ~에 관해서</td></tr>
<tr><td>ນຳ</td><td>남</td><td colspan="2">~으로, ~와 함께</td></tr>
<tr><td>ຂອງ</td><td>커-4엉</td><td colspan="2">~의(소유격)</td></tr>
<tr><td>ນອກຈາກ</td><td>너-억 짜-악</td><td colspan="2">~을 제외하고, ~외에는</td></tr>
<tr><td>ແກ່</td><td>깨5-애</td><td colspan="2">~에게</td></tr>
<tr><td>ສຳລັບ</td><td>쌈4랍</td><td colspan="2">위하여, 대하여, 한하여, ~용, ~에게, ~에 있어
→ 위·대·한·용·에게·있어</td></tr>
</table>

ເຈົ້າ/ຢູ່/ກັບ/ໃຜ?
짜2오 / 유5-우 / 깝 / 파4이
당신 살다 함께 누구(의문사)
➡ 당신은 누구와 살고 있나요?

ຂ້ອຍ/ຢູ່/ກັບ/ຄອບຄົວ
커6-이 / 유5-우 / 깝 / 커-업쿠-와
나, 저 살다 함께 가족
➡ 저는 가족과 함께 살고 있어요.

ນອກຈາກ/ລາວ/ຈະ/ໄປ/ໝົດທຸກຄົນ
너-억 짜-악 / 라-오 / 짜 / 빠이 / 몯4 쑤-3우 콘
제외하고 그 ~일 것이다 가다 모두(모든 사람)
➡ 그를 제외하고 모두 갈 겁니다.

ເຈົ້າ/ຈະ/ມາ/ທີ່ນີ້/ນຳ/ຫຍັງ?
짜2오 / 짜 / 마-아 / 티-3이 니2이 / 남 / 냥4
당신 ~일 것이다 오다 여기 ~으로 무엇(의문사)
➡ 당신은 여기 무엇으로 올 겁니까?

ຈະ/ມາ/ດ້ວຍ/ລົດເມ
짜 / 마-아 / 두2-와이 / 롣메-에
~일 것이다 오다 ~로 버스
➡ 버스로 올 겁니다.

- ດ້ວຍລົດຕຸກໆ 두2-와이 롣 뚝 뚝 : 뚝뚝이로
- ດ້ວຍລົດເມ 두2-와이 롣 메-에 : 버스로

ເຈົ້າ/ຈະ/ໄປ/ທີ່ນັ້ນ/ນຳ/ໃຜ?
짜2오 / 짜 / 빠이 / 티-3이난2 / 남 / 파4이
당신/일것이다/가다/거기 /함께/누구
➡ 당신은 거기에 누구와 함께 갈 겁니까?

ຂ້ອຍ/ໄປ/ຜູ້ດຽວ
커6-이 / 빠이 / 푸6-우 듸-야우
나, 저 가다 혼자
➡ 저는 혼자 갑니다.

ມີ/ຫຍັງ/ຢູ່/ໃນ/ກະເປົ໋າຂອງເຈົ້າ?
미-이 / 냥4 / 유5-우 / 나이 / 까빠4오 / 커-4엉 / 짜2오
있다 무엇 ~에 안 가방 ~의 당신
➡ 당신의 가방 안에는 무엇이 있습니까?

- ◌໋ (4성부호) 마2이 짠 따와-아 : 21쪽, 97쪽 참고

ແຕ່/ນີ້/ຮອດ/ບ່ອນນັ້ນ/ໄກ/ເທົ່າໃດ?

때5-애 / 니2-이 / 허-얻 / 버5-언 난2 / 까이 / 타3오 다이

~부터 여기 까지 거기 멀다 얼마(의문사)

➡ 여기서 거기까지 얼마나 멀어요?

ບໍ່ໄກປານໃດ

버5- / 까이 / 빠-안다이

안 멀다 얼마

➡ 그다지 멀지 않아요.

ຂ້ອຍ/ຢາກ/ເວົ້າ/ນຳ/ເຈົ້າ/ກ່ຽວກັບ/ໝູ່/ຂອງ/ເຈົ້າ

커6-이 / 야-악 / 와2오 / 남 / 짜2오 / 끼5-야우 깝 / 무5-우 / 커-4엉 / 짜2오

너, 저 ~하고 싶다 이야기 함께 당신 ~에 대하여 친구 ~의 당신

➡ 당신 친구에 대해 당신과 이야기를 하고 싶어요.

ສຳລັບ/ໂຮງແຮມ/ທີ່/ເຈົ້າ/ຈະ/ພັກ/ຈອງ/ໄວ້/ຮຽບຮ້ອຍ/ແລ້ວ

쌈4랍 / 호-옹 해-앰 / 티3-이 / 짜2오 / 짜 / 팍 / 쩌-엉 / 와2이 / 희-얍 허2-이 / 래2-우

~경우 호텔 ~하는 당신 ~일 것이다 / 묵다 / 예약하다 / 두다 / 잘 / ~었습니다(완료)

➡ 당신이 머물 호텔은 (이미) 예약이 잘 되어 있습니다.

• ຮຽບຮ້ອຍ 희-얍 허2-이

① 모든 것이 잘 되다, 잘 끝나다 ② 예의 바른, 정숙한(사람에 쓰일 경우)

ຂ້ອຍ/ຢາກ/ຊື້/ອັນນີ້

커6-이 / 야-악 / 쓰2-으 / 안니2-이

나 ~하고 싶다 사다 이것

➡ 이 물건을 사고싶어요.

* 안니2-이 : 이것, 이 물건

ເຈົ້າ/ຈະ/ຊື້/ອັນນັ້ນ/ເພື່ອ/ໃຜ?

짜2오 / 짜 / 쓰2-으 / 안난2 / 프ㅓ으-3아 / 파4이

당신 ~일 것이다 사다 그것 위하여 누구(의문사)

➡ 당신은 그것을 누구를 위해 살것인가요?

ຂ້ອຍ/ຢາກ/ຊື້/ກາເຟ/ລາວ/ໃຫ້/ແກ່/ເຈົ້າ

커6-이 / 야-악 / 쓰2-으 / 까-아 페f-에 / 라-오 / 하6이 / 깨5-애 / 짜2오

나 ~하고 싶다 사다 커피 라오스 주다 ~에게 당신

➡ 저는 라오스 커피를 사서 당신에게 주고 싶습니다.